增长操盘实战

制定长期策略，跨越周期持续增长

廖润 著

電子工業出版社
Publishing House of Electronics Industry
北京·BEIJING

内容简介

长期从事企业运营管理培训工作的笔者，在实践中发现企业一线运营团队往往不能准确理解业务负责人的意图，导致制定的增长策略流于形式，缺乏系统规划。基于此，笔者认为增长必须建立在系统化的经营体系之上。而让企业一线运营团队真正理解增长、实施增长策略，正是本书写作的初衷。

本书围绕“经营定向图”的五层模型展开，系统讲解了如何从行业判断出发，制定长期战略，拆解年度目标，并构建拉新、激活、留存的全链路策略。同时，以指标体系、数据驱动和组织能力建设作为支撑，是一本兼顾战略与实操的增长经营指南。

本书适合企业的产品、运营、增长负责人以及中高层管理者阅读，能够帮助他们建立从目标设定到具体执行、从市场洞察到落地实施的完整增长操盘能力。

图书在版编目（CIP）数据

增长操盘实战 ： 制定长期策略，跨越周期持续增长 / 廖润著. -- 北京 ： 电子工业出版社，2025. 8. -- ISBN 978-7-121-50632-1

Ⅰ. F273-49

中国国家版本馆CIP数据核字第2025Z543V0号

责任编辑：林瑞和
印　　刷：天津画中画印刷有限公司
装　　订：天津画中画印刷有限公司
出版发行：电子工业出版社
　　　　　北京市海淀区万寿路173信箱　　邮编：100036
开　　本：720×1000　1/16　印张：19　字数：334.4千字
版　　次：2025年8月第1版
印　　次：2025年8月第1次印刷
定　　价：59.00元

凡所购买电子工业出版社图书有缺损问题，请向购买书店调换。若书店售缺，请与本社发行部联系，联系及邮购电话：（010）88254888，88258888。

质量投诉请发邮件至zlts@phei.com.cn，盗版侵权举报请发邮件至dbqq@phei.com.cn。

本书咨询联系方式：faq@phei.com.cn。

推荐序1

增长的底层结构：从指标体系到组织能力

在企业经营中，一个看似简单却至关重要的问题是：我们所做的事情是否真正推动了业务向前发展？很多企业并不缺乏想法和资源，而是缺乏一种能力——能让决策回归业务本质的能力。而这种能力的核心在于指标体系的构建与数据驱动的反馈机制。

这本书的价值在于，它不仅讨论了如何选择好市场、好模式，更重要的是，它讲清楚了在一个可行的战略方向下，如何将目标层层拆解为可执行的业务动作，并通过指标体系进行持续度量与优化。它将“增长”还原为一个结构性、系统性的过程，而不是灵光一现的战术组合。

在我们服务企业客户的过程中，我们发现真正实现数据驱动的组织往往具备两个特征。其一，目标拆解能力强。他们能把战略目标转化为用户增长、留存、转化率、ARPU等核心指标，责任分配清晰，过程可追踪、结果可反馈。其二，跨部门协同机制健全。很多公司受限于数据孤岛、口径不统一、职责重叠，而无法形成有效的业务判断闭环。优秀的组织会通过统一数据平台、指标标准化、自动化分析工具，建立“用数据说话”的文化。

从指标到执行的闭环，不仅是工具问题，更是组织能力问题。数据驱动不仅是分析方式，更是组织在复杂环境中保持判断力的保障。

神策这些年服务了数千家企业，我们深刻体会到：能够持续增长的企业从不把成功寄托在某一个爆款策略上，而是更重视底层结构的搭建，包括数据体系、指标口径、行为采集、分析模型和组织协作方式。这才是决定长期胜负的关键。

很高兴看到这本书用实践者的语言讲述了这些复杂命题，尤其是本书关于如何建立业务指标体系、实现策略拆解的内容，正是我们在推动客户指标化经营中经常遇到的核心挑战。在数字化时代，数据不该只是报表，更应成为企业“看清方向、验证路径、调整动作”的基础设施。数据驱动的本质是让组织具备感知—决策—行动—反馈的能力闭环。

如果你正在思考如何让战略真正落地、如何让团队对结果负责、如何让数据变成真正的生产力，那么这本书会给你明确的路径感。增长并非偶然，它可以被设计、被管理，也可以被持续优化。

神策数据创始人兼CEO　桑文锋

推荐序2

回归经营本质，做有质量的增长

每当夜深人静时，我常常会思考一个问题：在今天这个充满不确定性的商业世界里，“增长”的本质究竟是什么？过去十年，我们见证了移动互联网浪潮带来的巨大红利。在那个野蛮生长的年代，“增长黑客”的理念应运而生，AARRR模型、病毒裂变、流量玩法等“奇兵巧计”帮助无数企业实现了爆发式的用户扩张。这无疑是那个时代的最佳解法，以最小的成本撬动了最大的市场杠杆。

然而，当潮水退去时，我们发现，仅仅依赖流量技巧和增长裂变的模式正变得难以为继。一方面，流量成本日益高昂，获客难度呈指数级上升，企业间的竞争进入了残酷的存量博弈阶段；另一方面，许多企业虽然在短期内获得了海量用户，却因为缺乏健康的商业模式和可持续的经营能力，最终昙花一现。过往那些被奉为圭臬的“术”，在结构性的挑战面前似乎显得有些力不从心。

这正是我们创立“增长研习社”的初衷。我们认为，商业世界已经走过了那个“点增长”的时代，进入了一个需要“线增长”和“面增长”的全新时代。增长不再是某个独立部门的KPI（关键绩效指标），而是贯穿于企业战略、产品、运营、组织等所有环节的顶层设计和系统性工程。我们致力于成为一个聚焦于企业增长的商业咨询与研究机构，深入商业实践一线，与最优秀的操盘手们共同探索和沉淀这个时代真正行之有效的增长之“道”。

在研习社的众多教练中，廖润是尤为出色的一位。他身上有一种独特的品质：既有在业务一线摸爬滚打出来的实战锐度，又有能够将复杂问题体系化、结构化的深度思考能力。他从不满足于分享一些零散的案例或技巧，而是始终在追问表象背后的第一性原理。他所操盘的业务总能看到清晰的逻辑框架和严谨的量化思维。多年来，他将自己的思考与实践不断打磨、总结，最终汇成了摆在大家面前的这本心血之作——《增长操盘实战》。当我第一次拿到这本书的初稿时，内心是极为振奋的。因为它精准地回应了我对“增长”本质的思考，并构建了一套完整、可落地的思想体系与方法论。这本书的珍贵之处，在于它完成了从“增长黑客”到“增长操盘手”的认知升级。所谓“黑客”，精于单点突破，寻找规则的漏洞；而“操盘手”则需要运筹帷幄，驾驭全局。廖润在书中提出的“经营定向图”模型便是一个极佳的操盘手思维框架。它将企业的经营活动解构为五个层次：行业终局、长期经营策略、年度经营策略、年度经营策略的实施方案（拉新、激活、留存），以及组织能力与壁垒建设。这个框架如同一张清晰的作战地图，指导着企业的决策者如何从宏观的行业判断，层层递进到微观的日常运营动作，确保每一步行动都服务于最终的战略目标。

这本书令我印象深刻的还有对“Y认知”的强调。在一个信息高度透明的时代，企业间的竞争在很大程度上是认知水平的竞争。当大多数人都认为行业真相是X时，你能否洞察到那个反共识但更接近本质的Y，往往决定了你能否找到结构性的增长机会。书中通过瑞幸咖啡等案例，深刻阐释了如何通过对行业终局的深度洞察，形成独特的Y认知，从而在红海市场中开辟出全新的蓝海。这已经超越了单纯的运营技巧，上升到了战略智慧的层面。

更难能可贵的是，这本书并未停留在高阶的战略思辨，而是给出了详尽的量化方法。从如何测算市场规模，到如何搭建指标体系；从如何通过数据分析洞察问题，到如何用AB实验科学度量每一个经营动作的价值；再到如何从零开始组建一支量化经营团队。廖润将那些看似复杂的商业分析方法用清晰的逻辑和生动的案例进行拆解，让读者不仅能“知其然”，还能“知其所以然”，并真正应用到自己的业务中去。可以说，这本书既是一本提升商业认知的心法秘籍，也是一本可供随时查阅、按图索骥的实操手册。

展望未来，我相信“增长”的内涵将持续演进。它将不再仅仅等同于用户量或GMV的提升，而是指向一种更有质量、更可持续的发展模式。它考验的，是一家企业能否在深刻理解用户价值的基础上，构建起高效的价值交付链条；考验的，是一家企业能否在快速变化的市场中，找到并夯实自己独特的竞争壁垒；考验的，是一家企业能否建立起数据驱动的组织文化，让每一次决策都有据可依，每一次迭代都有的放矢。未来的商业领袖必然是一位优秀的“增长操盘手”。他们需要具备望远镜般的战略视野，也需要具备显微镜般的细节洞察力；他们要懂商业、懂产品、懂用户，更要懂数据、懂组织。他们所追求的不再是昙花一现的“风口”，而是能够穿越周期的“飞轮”。

廖润的这本《增长操盘实战》，无疑为所有致力于成为优秀操盘手的企业家、管理者和业务骨干们提供了一份宝贵的航海图。我相信，每一位认真阅读并实践本书内容的读者，都将从中获得很大的启发和力量。是为序。

增长研习社发起人　李云龙

自序

后红利时代，企业如何跨越周期

自苹果公司发布 iPhone 开启移动互联网时代以来，中国在这一背景下探索了各种商业模式，从 O2O、新零售到网约车、外卖、直播和短视频，涌现了一批独角兽企业。然而，随着市场红利的逐渐消失，回顾过去十几年的高速增长企业，哪些能够穿越经济周期，哪些倒在黎明之前，研究它们的得与失变得尤为重要。

作为一名商业教练，我结合互联网产品经理以及创业公司和头部平台的工作经验，从外部视角理解商业本质，同时也能从一线感知不同规模企业的增长路径。在实践中，我发现，比策略更为重要的是对业务基本面的研究和帮助企业构建结构化的经营能力，这才是企业跨越经济周期、实现持续增长的关键。在低迷市场中生存下来的企业，往往占据了高价值行业位置，明确了自身的价值主张和经营壁垒，始终坚持长期经营策略，并在此基础上持续强化自身的竞争优势。

在后红利时代，企业与组织的演化将呈现怎样的形态？企业家如何拥有与竞争对手不同的商业认知，从而实现持续跨越周期和增长？我认为，数据驱动的经营决策方法将在增长放缓的时代加速发展，它将成为企业最终的经营决策方式。这套方法是一种科学的、基于数据与逻辑的经营方式，能够通过学习和实践被掌握。我亲自参与并实施过这些方法，涵盖从行业与增长空间分析，到长期策略制定、年度经营策略落地、经营目标的测算，再到业务环节指标搭建和数据分析。简言之，这套方法类似科学实验：基于洞察提出猜想，设计实验设定观测指标，通过数据变化验证猜想的有效性，形成严谨的理工科实验方法。

本书的结构与我参与业务思考的路径相吻合。全书共分 9 章：第 1 章讲述数据驱动决策在头部互联网公司中的应用；第 2 章探讨业务思考的起点——分析行业空间、机会与发展趋势；第 3 章则结合用户需求、自身禀赋及竞争对手，思考如何确立业务壁垒和发展策略；第 4、5 章详细介绍如何将长期策略拆解为年度规划，并通过指标和数据来管理年度经营；第 6~8 章讲解如何在业务关键环节通过数据管理和洞察策略；第 9 章探讨组织如何从零到一实现数据驱动转型。书中的方法来源于我在咨询和培训过程中，针对实际组织转型问题提供的解决方案。

本书能够面世，首先要感谢电子工业出版社博文视点的两位编辑：林瑞和、李利健，他们的努力工作极大地提高了本书的可读性。作为增长研习社的教练，特别感谢增长研习社发起人李云龙老师，他的“第一性原理思维”“增长战略”“价值创新”等课程给了我很大启发。李云龙老师带领我参与了多个顶级企业的咨询与培训，使我有机会与这些企业的 CEO 进行近距离接触，并与一线人员和管理者深入交流，没有这些机会，也就没有本书的诞生。此外，李云龙老师为本书创作提供了大量资源支持。我还特别感谢增长研习社的领教曾楠，她帮助我打磨了全书的目录和结构，是本书的第一位读者。感谢梁栋老板，以及《我在一线做用户增长》作者杨瀚清在日常工作中的指导与支持。感谢《种草》作者于冬琪，他让我参与了他的商业案例研究工作，对本书内容的撰写有很大启发。感谢混沌领教沈攀老师，我有幸聆听过他的多堂课程，收获颇丰。感谢我的恩师《增长黑客实战笔记》作者曲卉，感谢写书哥张增强对于本书读者定位的建议与指导。

特别感谢赵蕊、宋博伟、田西南为本书的插图和理论框架提出了独到的见解。此外，感谢然阿姨、叶林琼、黄桃罐头和曾焰鑫，他们作为一线业务人员为我提供了宝贵的建议。感谢郭泊言，他为本书的计算内容做了大量验算工作。

增长研习社教练团队的方健伟、胡美玲、丁洁、张金伟、孟庆双、廖麒、赵增秀、应纬峰、易焕、黄睿、魏国平等教练也从不同角度为这本书提供了宝贵的意见。感谢正在阅读本书的你，陪伴我走过这本书的每一页。虽然尽我所能对全书的每个主题进行了深入探索，但由于个人能力的限制，本书一定会有所疏漏，欢迎任何形式的批评和指正，这将帮助我更好地理解商业。

最后，感谢我的家人，是你们让我的生活变得温暖；感谢我的朋友，是你们让我不再孤单。

廖润

目录

第1章

成为增长操盘手

2012年7月的某天，我无意间发现了一部电影《点球成金》（*Moneyball*）。这部电影根据真实事件改编，讲述了美国职业棒球大联盟（MLB）中奥克兰运动家队（Oakland Athletics）经理比利·比恩（Billy Beane）的故事。奥克兰运动家队是一支小球队。作为美国四大体育联盟中没有工资帽限制（球员工资总额不受限制）的联赛，MLB中的大城市球队通常凭借高收入优势，将小城市球队视为“自家球员的培训基地”，一些优秀球员在小球队打出好成绩后，往往会被大城市球队以高薪挖走。在这种困难的情况下，比利做到了用非常低的薪水买到极具性价比的球员，最终创造了联盟20连胜的历史纪录，这一成就源于他与众不同的球队经营理念——数据驱动经营。

高中时代的比利被球探挖掘，放弃了大学奖学金，以首轮选秀二十三顺位和数百万美元年薪的身价进入到职业棒球队中，然而，他的职业表现却与球探的预测相去甚远，最终转型为球队经理，专注于球队经营。他对球探主观判断球员潜力的方式一直心存质疑。与其他球队通过球探的经验和主观判断来选择球员的方式不同，比利通过数据分析师分析了两万名球员的比赛数据，挑选出最具性价比的25名球员组成球队。同时，比利对比赛进行了深入的数据分析，明确了球队要夺冠需要达到的目标，例如赢多少场比赛、得多少分、失分不能超过多少，以及基于这些目标需要多少上垒次数。他甚至详细分析了每场比赛中对手球员的打击习惯和投球弱点。

《点球成金》是美国体育经营数据化的一个缩影，数据驱动经营的理念已深入美国各大体育联盟。我们熟悉的NBA联盟不仅统计日常比赛数据（如得分、篮板、助攻等），还通过统计建模进行深度分析，推出包括BPM（球员正负贡献值）、DPM（球员防守贡献值）、RPM（球员真实贡献值）等指标，以全面评估球员表现。而美国体育商业的数据化分析，则是美国整体商业环境中经营分析的一部分缩影。

通过这本书，我希望和你一起打开数据驱动经营的大门，让业务操盘手们找到属于自己的“20连胜”。

1.1 从增长黑客到增长操盘手

时间回到2010年7月的一天凌晨五点，在美国加利福尼亚州的一家小酒吧里，增长黑客创始人Sean Ellis与好友Patrick Vlaskovits、Hiten Shah聊起了互联网公司的营销问题。他们谈到，许多公司都有营销经理这个职位，这些经理常常通过“烧钱”来获取用户和宣传品牌，但公司却无法准确评估烧钱的效果，也不确定这些投入是否真正有价值。在这次谈话中，Sean Ellis对互联网营销岗位进行了总结，逐渐形成了增长黑客的雏形。

1.1.1 量化业务辅助决策是时代命题

1. 增长黑客1.0：获客策略

早期的增长黑客主要聚焦于获客与业务增长。Sean Ellis认为，一个好的增长黑客应该是多面手，既懂市场营销，又擅长数据分析和编程，如图1-1所示。与传统行业相比，互联网行业可以将业务完全线上化，从而观测和分析数据指标，用数据做决策，而不是“拍脑袋”做决策。

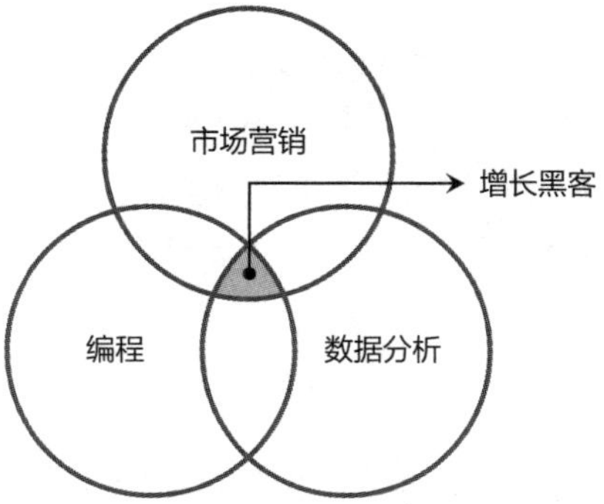

图1-1

早期的理论创建者提出了AARRR模型（海盗模型）、北极星指标、Aha时刻等经典概念和理论，这些概念和理论被广泛传播。早期的成功案例更多是关于获客的“奇兵巧计”，例如，Airbnb通过Craigslist获客渠道吸引用户，邀请专业摄影师更新房源照片以提升交易量；Facebook则发现用户在加满7个好友后留存率更高。这些获客策略虽然具有创新性，但也容易被竞争对手模仿。

2. 增长黑客2.0：数据运营

作为增长黑客的创始人，Sean Ellis在数据驱动的土壤中播下了种子。随着时间的推移，无论在美国还是在中国，增长黑客体系都在不断迭代更新。增长黑客逐渐进入了第二阶段：数据运营。业务的数据化开始拓展到整个用户生命周期。

互联网的优势在于数据获取更加容易，服务大多通过线上提供，边际成本和迁移成本都较低，由此涌现出许多拥有亿级用户规模的公司。由于业务在线上且用户量庞大，企业可以将业务划分为多个独立的封闭环境，快速开展AB实验，通过数据反馈进行优化迭代。数据辅助决策从获客逐步延展到整个业务链条，建立起基于数据驱动的工作流程和业务指标化管理。

产品服务上线后，企业通过数据分析洞察出用户需求，之后产生策略想法，接着根据权衡收益与成本等因素对策略想法进行优先级排序，然后进行实验测试。实验测试又产生了新的数据，进而进行下一轮数据分析。如此周而复始，如图1-2所示。

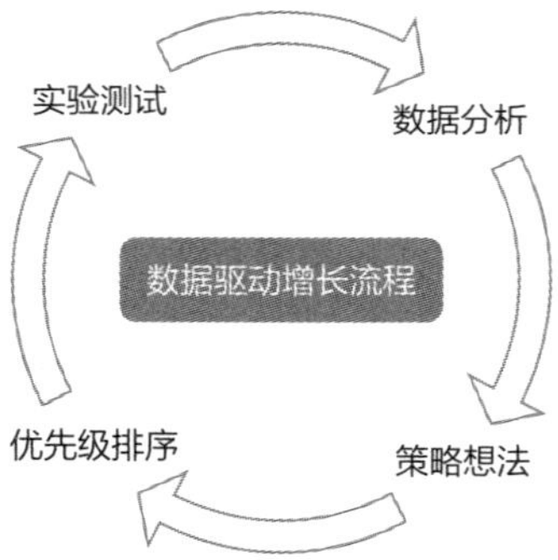

图1-2

这个时期哪个企业可以快速迭代，紧跟竞争对手的步伐，整体调配好资源，跑出更大的业务规模，哪个企业就能胜出。

3. 增长黑客3.0：量化经营

互联网红利期已过，如今最常听到的词就是“降本增效”。增长黑客也随之进入第三阶段——量化经营。增长黑客已不再是热门。企业力求做好经营，不再盲目追求不健康的业务增长，而是通过控制好成本，夯实壁垒，追求利润的可持续增长。市场进入供大于求的存量竞争时代。企业经营从红利驱动转向效率导向。企业竞争的关键在于谁能提供最好的服务、保持最低的成本、实现最高的效率，谁就能在这场商业“大逃杀”中胜出。

1.1.2 商业环境要求人才的综合能力

存量时代使得企业对员工提出了新的要求。职场人需具备经营理念，注重高效利用资源，用每一分钱实现最大的产出；通过大量的数据量化分析来指导经营决策，并从经营角度全面审视公司的业务。核心原因在于外部环境发生了两个重要变化：一是企业间获取竞争对手信息的难度显著降低；二是新的竞争战场更加细小、分散。企业必须依靠业务操盘手，具备整体经营能力的业务负责人才能实现决策灵活。

未来的经营模式更加依赖综合能力。美团前副总裁王慧文曾提出：未来需要“π型”人才，传统的“T型”人才只在某一领域有专长，这类业务人员已不再受到热捧，新的时代要求业务负责人在多个领域实现专业能力的突破，形成“π型”能力，才能在职场中生存下来。

由于业务涉及多个维度，只有对各方面均具备深刻洞察，才能实现有效经营。理想汽车CEO李想也曾表达类似观点：“如果你要创办公司并担任CEO，你必须成为最专业的CEO……在一个综合的体系中，无论是企业层面、管理者层面，还是具体专业领域，如果你缺乏关键能力，结果注定失败。”从李想的观点中可以看出，过去那种只擅长销售、市场或产品某一领域的经营者，再难凭借单一专长长久立足。时代的变化对企业人才提出了更高的综合能力要求。

1.1.3 理清现状启动业务增长

回到业务中，无论是某个业务模块的负责人，还是整体业务的负责人，要想通过数据来辅助经营决策，就要对当前业务或者新业务做一个盘点，只有弄清楚当前业务的现状，才能更好地做出经营决策。

1.五步盘点业务启动增长

盘点业务现状，首先需要熟悉公司的业务，熟悉业务交付产品服务的流程。在此基础上，梳理这些产品服务中哪些由软件系统提供，整体的产品服务和软件架构又是如何构成的，也可以代入用户场景使用体验产品服务。同时，要熟悉组织工作机制，清楚业务涉及的各业务方，了解他们各自的工作内容及负责的指标。接下来，需要熟悉业务指标与数据，明确哪些指标能够有效反映业务现状，以及哪些数据现状不佳。在全面掌握业务运营的基础上，才能有针对性地开展用户调研，进一步理解用户。这些工作是对业务进行盘点后，启动业务增长的关键工作步骤。整理后如表1-1所示。

表1-1

启动业务增长工作内容	解释说明
1.熟悉公司业务	熟悉商业模式、业务发展历程、业务流程等
2.熟悉产品服务	绘制产品架构图，经常在各种场景下使用体验产品服务
3.熟悉组织工作机制	了解需要配合的业务方有哪些，业务方在业务流程上负责哪些环节，所负责业务指标有哪些
4.熟悉业务指标与数据	了解公司用哪些指标度量业务，指标的数据现状
5.理解用户	通过线下访谈、电话访谈、接听服务电话，理解用户的需求以及问题

（1）第一步，熟悉公司业务

熟悉公司业务，需要从了解商业模式入手，最终落到具体的业务模型上。即使是创业企业，业务不稳定，也有它自己的业务模型。整体的思考路径如图1-3所示。

首先，要从整体上认识业务，熟悉公司的商业模式及业务发展阶段。盈利模式是商业模式的一部分，商业模式涵盖业务中所有交易角色。以电商平台为例，其交易角色包括商家、用户和获客渠道。对于自生产型业务，交易角色则涉及上游供应链或原材料供应方。明确用户的情况，了解公司用哪些维度来划分用户，为用户提供了哪些产品或服务，解决了哪些问题，以及向哪些交易角色收费（某些商业模式可能并非向用户收费）。同时，还需要了解收入如何与其他交易角色分配，这些都是商业模式的重要内容。

其次，深入了解业务模型，需要明确经营目标，包括整体目标和分配到我们所负责业务环节的具体目标（即KPI）。对于初创期或经营不规范的业务，可能尚未制定清晰的整体目标或部门目标，但这并不妨碍我们从这个维度进行思考，因为明确目标是后续经营动作的基础。

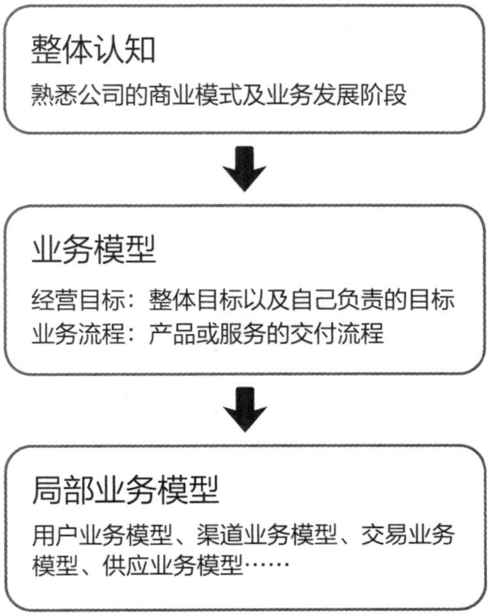

图1-3

还需要梳理业务流程，可以从两个方向展开。第一，梳理用户从进入渠道到最终获得产品或服务的流程。以电商行业为例，用户首先获取品牌信息，接着下载应用或访问网站、注册账户、进入商品详情页，然后将商品加入购物车或直接下单，最后支付订单，完成整体体验。第二，梳理供应链流程（即将服务价值传递到用户的主要业务环节）。例如，在电商平台，供应链流程包括商家申请店铺、平台审核、商家上架商品、根据订单打包发货，以及定期的商家结算等环节。从用户端和供应链端两个方面梳理业务流程后，对业务全貌就有了初步的理解。用户价值的传递是一个完整的结构和流程，只有对这个流程足够熟悉，才容易洞察到业务的关键环节，并发现提升业务的关键策略。

最后，还可以进一步了解局部业务模型。

（2）第二步，熟悉产品服务

熟悉产品服务可以从两个方向入手。第一个方向是基于业务流程梳理产品结构。业务背后通常由复杂的软件系统支撑，因此需要掌握整体产品运行的软件系统，并在此基础上绘制产品架构图，如图1-4所示。

图1-4

针对各业务节点，需要明确哪些环节由产品软件系统完成，哪些由人工完成，以及这些人工环节隶属哪些部门。从业务流程的视角来看，产品系统可以理解为使部分业务环节实现自动化的系统。通过进一步细化业务与产品的关系，可以明确哪些经营动作可以依靠软件产品实现自动化，以及哪些业务节点还有自动化的潜力。站在流程的角度，业务或模块的增长负责人需要对产品结构有足够理解，不仅要清楚系统自动化的价值，还需大致评估策略的实施成本。

第二个方向是作为业务人员，需要经常使用自己的产品，包括日常使用和专项走查。这种体验可以帮助业务人员更好地理解指标设定与用户反馈的问题。新入职的员工在使用产品时往往具备独特的优势，因为他们没有信息预设，更容易从小白用户的角度感受产品。例如，在使用电商产品时，设计者通常对产品的功能和流程已有预期，难以发现设计中的不合理之处，而新员工通过实际使用，更容易察觉问题所在。在使用过程中，记录遇到的困难，可以令后续的用户访谈和客服分析更有针对性。通过这一过程，不仅能优化产品设计，还能为业务改进提供更清晰的方向。

（3）第三步，熟悉组织工作机制

用户价值交付是一个完整的体系。在梳理完产品架构和业务流程后，可以从业务流程中找出各环节的业务方，并结合公司组织架构进一步熟悉组织工作机制。通过组织架构，可以直观地了解业务负责人对业务看法，以及针对业务构建了怎样的组织来提供服务。组织架构决定了信息流转的方向、权限分配和责任划分。通过分析业务环节中各成员所负责的指标，可以看出组织的分工情况，也更容易理解合作方的关注点与核心诉求。

另外，需要深入了解业务问题是如何被发现、评估并解决的。分析部门之间的协作模式，可以了解组织内部各部门如何协调工作。结合产品架构，可以更清晰地看出哪些环节已由软件体系实现自动化，哪些环节仍通过人工完成，以及为什么这些部分尚未实现自动化。通过这一过程，可以量化地分析每个业务环节的边界和复杂度，从而为进一步优化和改进提供依据。

（4）第四步，熟悉业务指标与数据

完成前三步后，我们对公司的业务已有了定性认知。接下来需要进入业务指标化、数据化的阶段。虽然很多公司已有固定的看板和指标，但在熟悉业务指标时，建议亲自动手拆解核心指标公式，这样可以更深入地理解业务的量化逻辑。业务转化为指标和数据的流程如图1-5所示。

图1-5

首先，将业务模型转化为核心公式。不同的业务模型视角对应不同的核心公式。以电商平台为例，可以从用户端、商家端和平台收益三个维度拆解核心公式：

- 用户端：激活用户数=流量×注册转化率×首次购买率
- 商家端：激活商家数=流量×注册转化率×店铺申请率×审核成功率×激活率
- 平台收益：平台收益=活跃用户数×用户平均订单数×订单均价×佣金比例

这些公式通过提取业务流程中的关键节点构成了转化公式。同时，还可以从交易模型的不同维度进一步撰写更多公式。例如，在用户端，可以将激活用户数公式按渠道拆解为：

- 激活用户数=（渠道1流量+渠道2流量+…+渠道N流量）× 注册转化率 × 首次购买率

通过公式看到核心的业务受到哪些分支业务指标的影响，后续针对每个指标获取数据就可以度量各个指标对于业务的影响程度。公式拆解的注意事项如下。

①不重不漏：公式拆解需要确保公式中的指标没有遗漏或重复。比较重要的指标遗漏可能导致某些关键指标没有被考虑到。

②公式两边相等：如果公式不严谨，各分支指标对核心指标的影响就会不准确，从而导致对策略效果的预估偏差。

其次，核查数据完整性。需要验证公式中每个指标的数据是否齐全，以及是否有相应的采集和存储机制。如果数据缺失，可以向相关部门提出采集需求，以便后续获取更细致的业务数据。

最后，结合产品体验记录和数据指标定位问题。重点关注体验中感知不佳的环节，以及数据指标低或转化漏斗折损严重的节点。针对这些问题，可以通过用户访谈进一步分析，找到问题根源并提出改进建议。

（5）第五步，理解用户

这个环节需要做的就是定性地理解用户需求，最大化收集用户的问题。根据业务形态，可以使用线下访谈、电话访谈、接听服务电话等多种形式。线下访谈的优势是对访谈的用户有比较深的定性理解，包括用户的衣着谈吐，对于画像有很好的认知，沟通内容可以较为广泛，可以对很多问题进行深入讨论，这种访谈受到通勤成本等一些因素的影响，采访用户量和样本特点会受到限制。电话访谈优点是免去了通勤成本，缺点是在电话中很难建立信任，通常只能问询用户一些事实性的问题，而且通话时间不宜过长。接听服务电话，主要以听为主，在通话时接出一根分线耳机做旁听。其有两种形式：第一种是400客服电话，接听主动打进来的用户的问题，可以收集用户的各种售前和售后的服务反馈；第二种是销售电话，主要是销售人员的呼出电话，样本受拨打接通率影响，能听取意向客户的购买需求。

完成上述五个步骤之后，就可以针对业务目标给出年度增长经营计划。

2. 制订年度增长经营计划

制订年度增长经营计划的过程，从设定经营目标到明确分支方向的具体经营动作，共分为六个步骤，如图1-6所示。

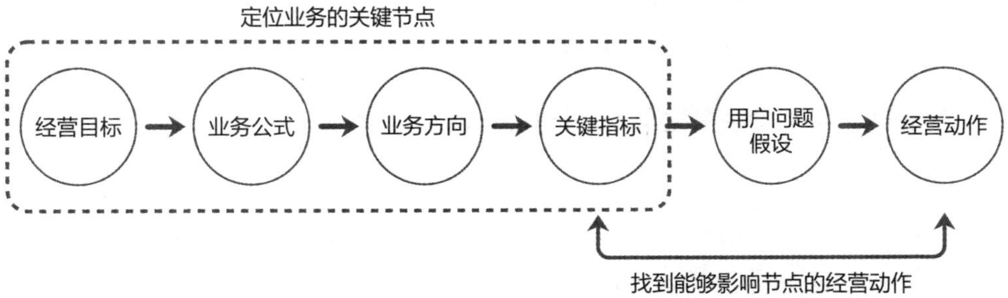

图1-6

第一，需要明确所负责模块的核心经营目标。核心经营目标不一定是单一的，也可以根据具体业务环节设定多个目标。

第二，根据目标梳理相关指标的业务公式。基于公式进行拆解，结合业务流程可以撰写出各个维度下的业务公式。

第三，结合业务明确主要的业务方向。如果留存数据不错，就应该更加聚焦拉新工作。如果当前留存数据不好，应该更加聚焦留存工作，确保拉来的用户先有效地留下来。

第四，不断地结合之前对于业务盘点获取的信息，以及业务公式的数学关系，找到可以干预和影响的核心经营目标的关键指标。

第五，根据数据分析以及之前对于用户的理解，提出用户问题假设。

第六，综合考虑业务经营结构和实施成本，明确相应的经营动作。关键是判断推导出来的这些经营动作是否能够有效提升关键指标。

例如，作为电商平台的增长负责人，首先需要明确年度经营目标，通常目标可以是GMV（交易总额）或净收入达到某一数值。对于一些业务已进入成熟期的公司，GMV和净利润的增长可以通过进一步的业务公式来找到经营动作。比如将GMV拆解为新客GMV和老客GMV。再以新客GMV为例，进行更细致的拆解，最终定位到关键指标：

- 新客GMV = 激活用户数 × 用户平均订单数 × 订单均价

其中，激活用户数可进一步推导为：

- 激活用户数 = 流量 × 注册转化率 × 首次购买率

针对流量指标，还可以拆解为：

- 流量 = 渠道1流量 + 渠道2流量 + … + 渠道*N*流量

注册转化率则可以根据渠道进行具体分析，比如大部分移动端拉新投放都是通过H5广告页进行的，公式为：

- H5投放广告页激活用户数 = H5流量 × H5注册转化率 × H5激活率

之后提取数据进行分析，如果发现H5的激活率很低，那么就定位到了关键指标。如果提升H5的激活率，就可以提升所有移动端渠道的激活率，也就能提升新客GMV，最终提升总的GMV。

接下来，可以围绕激活率低来明确用户问题。这里需要注意，问题描述应以用户的痛点为中心，例如“注册页中需要填写的信息过多，流程烦琐导致用户放弃注册”，而不是笼统地描述为“注册转化率低”，因为这更像是企业层面的问题，而非用户体验中的具体痛点。后来通过调研发现，大部分用户认为注册流程烦琐，并且H5页面要求用户下载App才能完成后续的下单购买，这些问题导致了移动端H5激活率偏低。

在对各个核心指标进行深入洞察后，就可以制订所负责业务环节的年度增长经营计划。以电商平台为例，年度增长经营计划的呈现形式如图1-7所示。需要注意，其图示形式适用于汇报PPT，而实际思考年度增长经营计划时，更建议使用文档形式，将各环节的思考细化和完善后，再产出图示内容。

制订年度增长经营计划的关键：首先需要明确经营目标，并围绕目标构建业务公式，拆分出业务公式中的关键指标。通过提升这些关键指标的数据，代入公式，测算目标是否完成。在从经营目标里拆分子经营目标的过程中，需要确保不重不漏。从目标到用户问题以及预估收益环节中，很多问题是多因多果的，不要求不重不漏，但逻辑上必须具备因果关系。

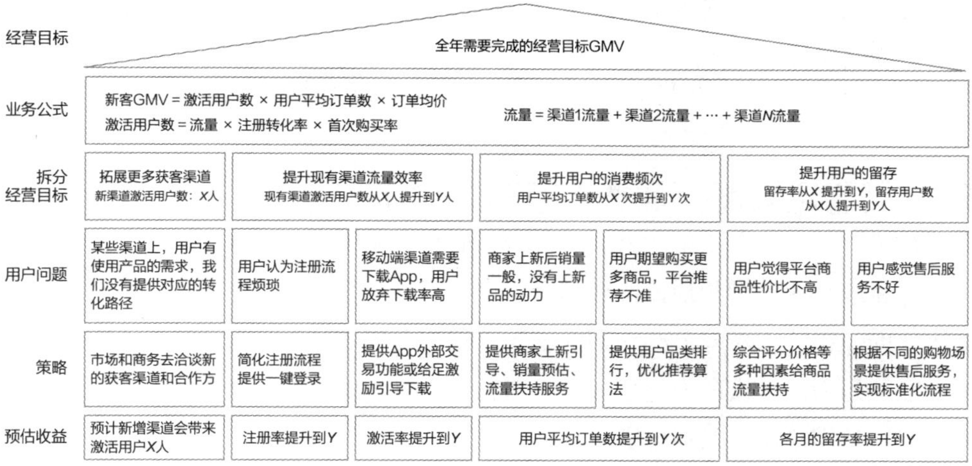

图1-7

另外，针对前期用户调研的结果，需要提出与指标提升相关的用户问题假设。这一步尤为重要，必须明确用户问题后再制定策略。策略应始终是针对用户问题的解决方案。然而，在制订年度增长经营计划时，很多业务模块负责人容易忽略用户问题，直接提出策略。策略的核心是用户问题。在明确每个环节的用户问题后，才能进一步制定策略，并预估策略对目标的贡献。

年度增长经营计划图能够帮助各模块负责人更周密地思考业务。结合增长SOP步骤表和最终的年度增长经营计划图，可以形成一套详尽且可落地的增长方案。这类文档输出不仅有助于各业务方梳理和完善自己的工作内容，也能以统一的结构表述业务逻辑，方便团队沟通，达成共识。需要注意的是，年度增长经营计划并非一成不变。例如，某些业务与周期或季节高度相关，相关部门需按照时间维度对目标和策略进行进一步拆解和调整，以更好地匹配实际业务需求。

在实施年度增长经营计划的过程中，我发现有些产品和服务具有更大的增长潜力，但我们的业务却难以提供。此外，一些可以实施的经营动作由于周期较长、反馈较慢，需要1到2个月甚至更长时间才能验证其效果，进而判断是否对业务有价值。每次单纯以经营目标为基础向下拆解再寻找方案，表面上看是合理的，但在实际操作中往往并非最优解法。

直到我了解到业务负责人提出的“经营定向图”，这些困惑才逐渐迎刃而解。这让我深刻意识到，从宏观和长期经营的角度看待业务的重要性。通过理解经营定向图，可以从更多维度探索业务增长的解决方案，让业务负责任人做到知其然并知其所以然。

1.2 经营定向图，从长期策略到动作

近年来，业绩增长最快的产品有快手、抖音、小红书、支付宝等。这几个产品所属的公司从未对外公开它们的增长方法，而那些在“增长大会”上分享经验的，往往是用户规模尚未过亿人、年增长数千万元的公司。真正有资格分享经验的公司，其实往往不愿意分享。

大家在会上想听的是那些“奇兵巧计”，但实际上对增长来说，最重要的不是技巧，而是能否抓住基本面。这一点非常关键，我们需要谈的是“道”也就是业务的基本面。只有把基本面做好，形成结构性的优势才能获得最大的增长。

水滴筹CEO沈鹏曾经讲过：“当你开始一个新项目时，首先要了解这个行业的基本面。行业的规模是处于上升期、下降期，还是周期性波动的？目前应该瞄准什么样的目标？大节奏是什么样的？未来几年行业的趋势如何？你需要明确发力点，了解竞争对手的优劣势，以及公司在这个行业中是强势还是弱势、长短板在哪里。这些问题都需要想清楚，不能只关注自身，而忽略行业整体的发展动态。”

每到年初，业务负责人都会向全公司讲解年度规划。与各业务方讲解其具体业务环节的年度增长经营计划不同，业务负责人的讲解更注重基于业务基本面制定经营定向图，并将其转化为年度经营策略，核心目的就是形成结构性的优势，从而获得最大的增长。业务负责人的视角更为宏观和复杂，他会讲解当前对行业及市场环境的认知，并基于这些认知制定业务的长期规划。在此基础上，进一步明确哪些子方向是长期规划中极为重要的，需要在年度经营策略中落地实施。讲解内容通常包括年度核心目标、细分方向的具体目标及其由哪些部门负责、大致需要达到的效果，以及这些细分方向对核心目标的影响。此外，他还会说明各部门如何协同工作，以及通过怎样的流程让整个公司围绕目标高效运转。

通过这样的讲解，公司员工能够对自己的工作有了更清晰的认识，也可以看到整个业务运作的逻辑和全局思维的重要性。

1.2.1　什么是经营定向图

经营定向图是业务负责人或相关部门负责人用来思考和分析业务经营的框架模型。目的是基于行业的基本面让企业获得结构性的优势，最终实现最大化的增长。它也是基于用户价值的长期经营策略和年度经营策略的成果产物，常由业务负责人、总监或部门经理制定。经营定向图各模块之间的逻辑关系，如图1-8所示。

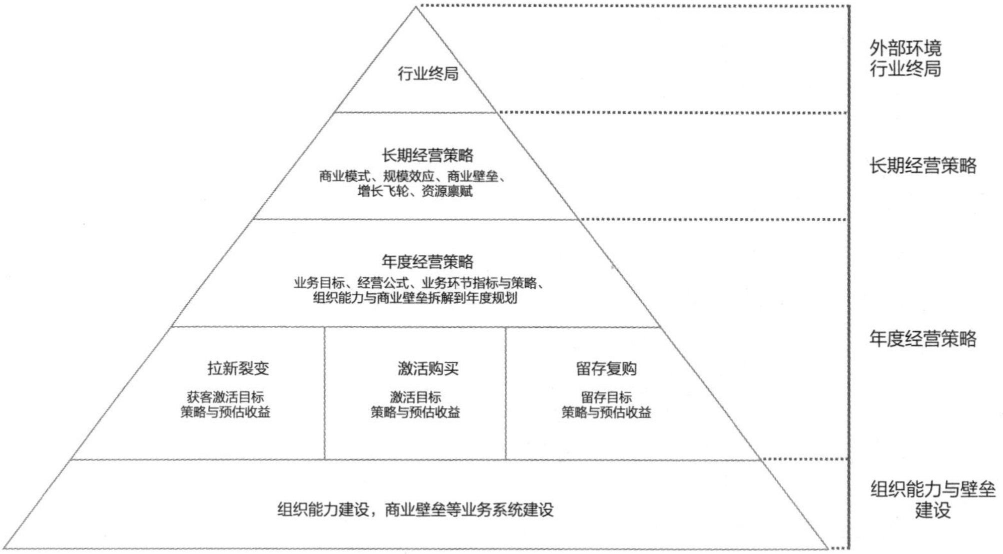

图1-8

整体的经营定向图分为五层，构成本书的所有章节。第一层：行业终局。最上层是业务负责人对行业最终发展趋势的认知，核心目标是明确在当前的技术条件下，行业发展的最终形态。这部分相当于业务思考的终点，也是所有经营策略的出发点。

第二层是长期经营策略。需要基于对行业终局的认知，以及对服务用户、自身禀赋和竞争对手优劣势的分析，制定长期经营策略。长期经营策略的核心目标是既能发挥自己禀赋能力，又满足用户需求，还能够形成竞争对手难以模仿的商业壁垒或者结构性优势。

第三层是年度经营策略，将长期经营策略中的关键要素按优先级排序，并转化为年度经营动作，明确在具体子方向上需要达成的目标及程度。同时，根据业务发展情况，预估年度经营目标，并决定各模块的资源投放。

第四层是年度经营策略的实施方案。这一层是年度经营策略的具体实施。通常按照业务流程（主要分为拉新、激活、留存三个维度）来制定策略，有些公司还会考虑品类与供应链建设等维度。需要确保制定的年度经营任务可以完成。同时，第四层还需兼顾第五层的建设，在年度目标之外，将部分资源投入到长期经营策略所明确的壁垒建设或关键组织能力建设中。

第五层是组织能力与壁垒建设，这一层聚焦长期建设的组织能力和经营壁垒，是在年度经营中需要逐步完成的部分。真正不可模仿的业务优势最终来源于强大的组织能力和壁垒建设。

经营定向图是业务负责人对业务进行深入思考后得出的结果图，主要用于团队内部或公司大会上的全员同步。同时，它也是业务负责人用于梳理业务的思维模型。尽管实际思考经营定向图时，框架不会改变，但每一层级下都有更为细致的思考模型。接下来，将进一步展开讲解经营定向图各层级的具体维度及它们之间的关系。

1.2.2 经营定向图各层级维度

经营定向图最终呈现为五个层级的思维路径，其背后包含了详尽的思考过程，如图1-9所示。

第一层是看清行业终局。我们需要对整个行业有深刻的理解，但经营定向图的第一层只需呈现行业趋势和终局的判断。

第二层是长期经营策略，重点是基于用户价值设计商业模式构建商业壁垒，同时对关键的业务要素进行权衡取舍，结合自身的资源禀赋与竞争对手的分析来制定有商业壁垒的增长路径。

第三层是年度经营策略，它来自长期经营策略的落地实施，在这一层要明确当前最重要的经营公式、年度目标以及大的经营策略，例如是否拓展品类，是否进入新的城市区域等。

第四层是各业务环节策略，重点是各业务环节（如拉新、激活、留存）的指标拆解和对应的优化经营动作。

第五层长期策略年度规划也是由第三层年度经营策略拆解而来的，将组织能力与商业壁垒在每年的年度经营中落实。

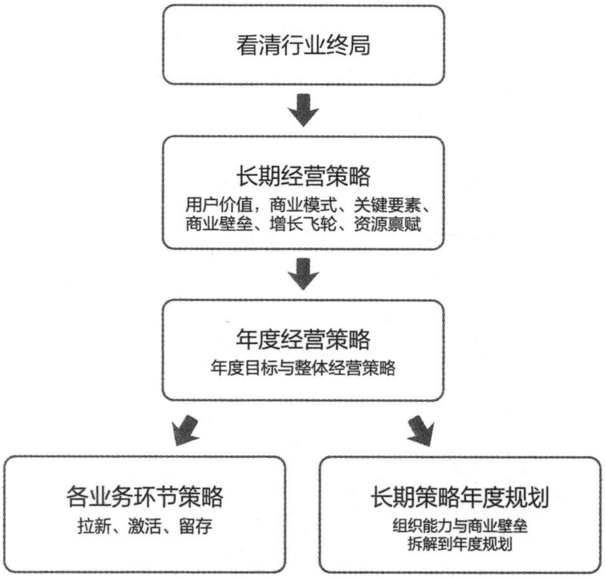

图1-9

1. 看清行业终局

行业终局需要明确行业的趋势与最终玩家——随着行业的发展最终在每个阶段大概还会剩下哪些玩家。首先，明确产品或服务的定位。虽然产品和服务的定位是一个相互影响的过程，但只有定位清晰，才能从特定视角看待市场和行业。不同的市场定位会带来不同的市场和行业认知。

明确定位后，需要测算市场空间，包括市场规模、行业增速、渗透率以及行业集中度。行业集中度是一种判断行业终局的重要方式，可以帮助预测行业发展到各个阶段时可能剩下的玩家数量。

接下来，要分析市场的发展周期，并从中找到驱动因素。每次市场或行业的快速增长，往往由某些关键要素（如需求、技术、政策、外部环境等）的变化推动。这些驱动因素不仅能解释过去的增长，还能反向修正对行业终局的认知。

此外，发展周期能帮助评估进入市场的时机是否恰当。通常只有看完整个行业的发展周期，才能对行业形成清晰的理解。行业波动是普遍存在的，如果看不到波动，只能说明当前处于较长的增长阶段中，但这并不意味着波动不存在。作为业务负责人需要具备足够的洞察力，预判行业未来的波动。

在分析发展周期后，需要梳理整个价值链。价值链梳理的目的是理清价值链上的参与方、竞争态势和利益分配，并识别直接竞争对手和潜在竞争对手。这有助于在长期经营中做出选择与权衡，并通过价值链找到标杆企业，明确对标对象。

随后，需要深入了解外部环境。虽然外部环境看似宏观，对实际业务影响不大，但不同外部环境要素对公司业务的影响往往是巨大的，如图1-10所示。

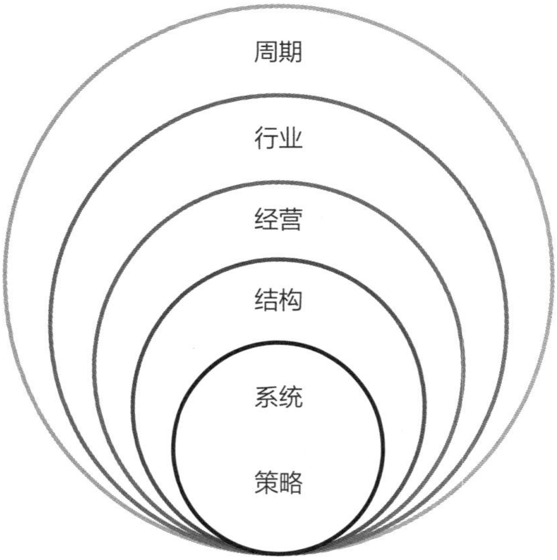

图1-10

只是很多分析手段看上去不能直接干预业务。外部环境的变化，包括技术革新、用户需求变动、收入水平变化、文化影响等，产生了经济周期的变化，影响行业，继而影响市场，最终传导到企业的经营。当外部环境恶化时，用户购买产品或服务的能力或意愿会下降。但是，企业往往更加关注企业内部更容易调整的环节，例如组织工作机制、资源配置方式、公司具体业务策略等，但这些做法难以从根源上解决企业所面临的问题。

对于面向大众服务的企业来说，外部环境还会影响可能开展业务的城市。因此，通过外部环境的分析，企业可以洞察哪些城市的人群具备购买产品的收入水平和接受能力。

最后，找到通过价值链梳理出的标杆企业并进行对标，了解行业头部企业能够达到的状态——特别是上市公司，可以通过公开数据了解其经营成果。同时，通过专家访谈等方式洞察标杆企业的组织工作机制，这些都能为优化自身的业务经营提供有效参考。

2. 长期经营策略

长期经营策略基于对用户需求的梳理。最重要的是以正确且简洁的方式对用户进行分类，最终明确我们要服务的用户是谁，以及他们的哪些需求需要被满足。能够从用户、渠道和供给端的角度，设计出满足三者需求的商业模式。难点在于如何让这三方都认同价值并积极参与，支持我们设计的商业模式。

在完成商业模式设计后，需要进一步思考业务随着发展可能面临的“规模重力”问题。随着业务规模扩大，涉及人力和组织管理的因素可能变成阻碍业务规模扩大的“规模重力”要素。这些规模重力要素会抑制业务规模的持续扩大，因此，需要明确哪些业务要素能够对抗规模重力。在明确哪些业务要素可以对抗规模重力之后，就需要了解哪些要素可以强化用户价值，并且随着业务的不断发展可以持续沉淀，形成商业壁垒。

制定长期经营策略，首先需要基于行业终局分析行业竞争，明白在行业中掌握哪些关键要素，最终可以提供竞争对手无法模仿的产品或服务。其次需要结合自身禀赋和对竞争对手的分析，来决定在用户价值主张上做出哪些取舍，从而在关键要素或者商业壁垒上做持续的能力沉淀。这包括搭建必要的组织能力和运营能力。明确在哪些业务环节进行长期投入，以及这些投入需要达到怎样的成果。

3. 年度经营策略

在年度经营策略层，首先需要制定年度目标，并基于目标对业务进行量化。这并不是说长期经营策略阶段不需要量化，而是到了年度经营策略阶段，量化的重要性更加突出。应将业务拆解为具体的指标和公式，针对年度经营环节制定可管理的指标和公式。通过公式，可以清晰地了解业务的数据逻辑，明确每个指标的变化对核心目标的影响。通过指标之间的数学关联，以及业务场景中的实际表现，聚焦核心动作，明确哪些动作执行得越多，核心指标的增长越明显。

其次需要从市场空间的限制条件、用户与品类扩展、用户旅程以及供给端等维度思考年度的短期经营动作，需要进行量化评估，分析其对核心指标的正向或负向影响。同时，对于长期的系统基础能力建设和组织能力建设，也需进行分解。

4. 各业务环节策略

针对年度经营策略的具体短期动作，可以按照用户转化路径进行拆解，包括获客、激活和留存。对于每个环节，需要进一步洞察用户的需求或者问题，针对对应的问题细化出相应的指标，并提出相应的策略，以及评估策略效果的方法。

5. 长期策略年度规划

将这些长期策略进一步拆解，落实到年度的具体经营动作中。基于中长期的业务问题，明确哪些组织能力和系统基础能力建设能够提升业务效率、降低成本，并实现竞争对手无法模仿的经营动作。对于这些优先级较高的项目，应尽快开发。最后，对于长期策略，也需要进行量化，并找到明确的目标关键成果节点，以确保长期目标的持续推进与落地执行。

总结来说，经营定向图是业务负责人或相关部门负责人用来思考业务和分析经营的框架工具。它是企业基于用户价值制定长期经营策略和年度经营策略关键成果的产出物。尽管最终以经营定向图的形式呈现，但在实际思考过程中，建议根据每一层需要深入探讨的细节和维度，以文档形式详细记录。经营定向图更适合简洁表达并配合业务负责人的讲解，确保全员理解和高效协作。

1.2.3 经营定向图如何实施

经营定向图产出后，仍然需要依靠组织的推进来确保实施到位。那么，如何保证经营定向图的顺利执行？作为业务负责人，又该如何借助长期策略和商业分析团队完成业务年度经营目标呢？经营定向图如何在团队中实施的具体方法，如图1-11所示。

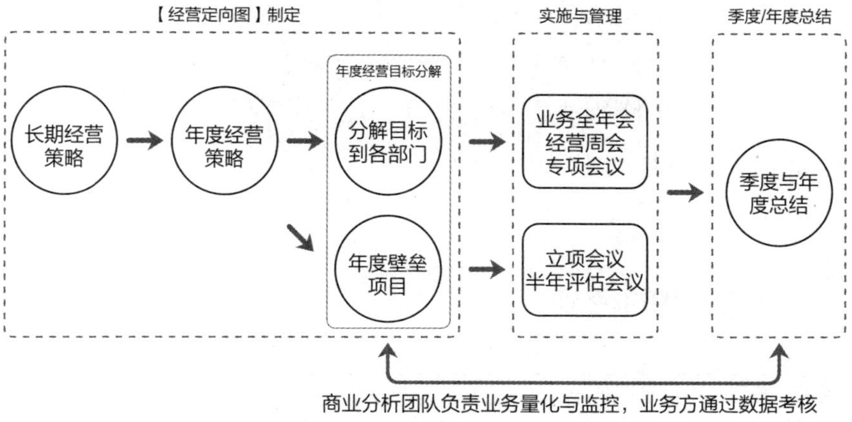

图1-11

根据经营定向图各分支方向的目标，将其进一步分解到各业务部门。部门负责人需要明确自己所负责的经营目标以及年度规划中的经营动作。在拆解目标的过程中，要确保每一项下级经营目标和关键经营动作都有明确的负责人实施。许多公司尽管完成了目标拆解，但仍未达到预期，其核心问题在于各部门能否有效管理经营动作。对此，可以从以下三个方面进行强化。

（1）经营动作与经营结果目标挂钩，通过季度与年度总结评估部门及员工对业务的贡献。目标会层层分解，确保每位员工都有可量化的目标。有目标牵引后，员工从中层到基层都能基于目标展开工作。但只有目标还不够，还需要及时反馈目标进度。确保员工层能够随时了解目标进展和问题反馈，并及时调整工作。

（2）业务负责人需通过固定的经营会议掌控过程并了解业务现状。每周召开经营周会，相关部门负责人按时间节点同步每周任务目标和完成情况。会议中会展示各环节业务数据，便于业务负责人掌握信息并调整策略。对于长期基础建设项目，必须通过立项和评估会议监控收益情况，确保项目目标的逐步实现。

（3）对业务数据实时监控，根据业务体量设置响应时间，包括实时通知或次日通知。一旦业务数据出现异常波动，立即通知经营者，使其快速洞察问题并及时修正，避免出现业务状态持续恶化而未被及时发现的情况。

不知道大家有没有发现上述工作有一个关键共性，就是要有商业分析团队做支撑。商业分析团队主要承担以下职责：实时监控业务运行状况，识别问题并量化业务现状，分析各部门对业务的具体贡献，为业务负责人提供清晰的数据支持；为关键决策提供数据驱动的建议，确保经营策略高效落地；确保经营定向图在团队实施中落地，从而推动业务目标的顺利达成。商业分析团队作为数据支持的核心，起到了至关重要的作用。

小结：拿来就用的模板

盘点业务内容	解释说明	我的思考
1.熟悉公司业务	公司的商业模式是什么，用户是谁，他们的需求是什么，提供什么产品服务，模式中有哪些主要的交易角色，收益是如何分配的	
	用户使用产品服务主流程，供给端的流程是什么，有哪些关键的业务环节	
	重要的局部业务模型有哪些？比如投放渠道模型，不同渠道的用户通过什么样的流程来使用产品，各渠道的诉求是什么	
2.熟悉产品服务	产品架构图是什么样的，有哪些业务依然依靠人工来运营，为什么不能够自动化	
	用户使用产品的场景有哪些，自己使用后发现问题有哪些	
3.熟悉组织工作机制	业务方有哪些，他们在业务上负责哪些环节，他们为哪些业务指标负责	
	用户或者业务的问题如何被发现，通过怎样的工作机制解决	
4.熟悉业务指标与数据	当前核心的经营目标是什么，各个主要业务指标与相关数据是什么	
	哪些有价值的数据存在缺失	
5.理解用户	拜访用户，用户反馈当前的产品服务有哪些问题	

第2章

看清行业终局

业务增长是如何产生的呢？美团的CEO王兴曾说过：一个行业某个关键要素产生5~10倍的变化时，行业可能有百倍的爆发。

这句话基本说明了增长的本质：企业生存在市场中，当市场发生重大变化时，企业就会迎来高速增长的机会。

2.1 好行业决定公司有多大

王兴的话点明了业务高速增长的原因，就是：市场环境中有一个或多个关键要素发生了极速的变化。增长红利可以是一个关键性的节点变化导致的结果，也可以是多个因素变化叠加的结果。下面通过几个案例看下行业中要素的变化产生了多么巨大的增长。

2.1.1 外卖成本变化引发增长

在美团和饿了么出现之前，外卖行业就已存在。餐厅也提供送餐服务。那么，为什么直到2013年才逐步发展出外卖平台？此前为何没有此类平台的诞生？这需要回顾当时的行业环境。

外卖平台的快速增长，得益于行业中多个因素的快速变化。

第一，智能手机的成本下降，平台利用智能手机获取外卖员的实时位置信息，不断优化配送效率，从而大幅降低了配送成本。

第二，电动车的普及。从2000年到2019年，中国电动车产量从29万辆增长至3695万辆，如图2-1所示，年均复合增长率达34.21%。产量的高速增长和巨大规模使价格大众化，为大量骑手提供了配送工具，最终降低了单位里程的配送成本。

第三，平台通过线下团购已将大量餐饮企业引入互联网，与最终的外卖配送业务仅差“最后一公里”。在没有外卖平台的时期，许多餐厅通过团购平台提供外卖服务。

第四，中国城市化进程使更多人口向城市聚集，进一步降低了配送成本。成本的降低也降低了用户的使用门槛，使更多人开始使用外卖服务。

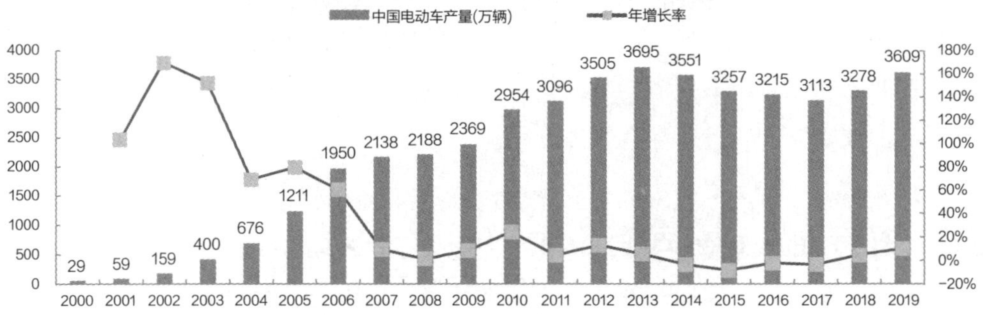

图2-1

外卖平台高速增长的根本原因是技术变革推动了供应链的变革。这是多个要素快速变化共同作用产生的红利。外卖平台的案例展示了技术和社会环境如何改变供应链，进而产生市场红利。下面我们将通过其他案例，进一步分析市场红利的产生方式。

2.1.2　奶茶需求变化引发增长

先做一个思想实验：假设在不受收入限制的情况下，人们是否会选择品质更高的商品？答案显然是肯定的。主力消费群体的收入水平决定了购买能力，进而影响了产品品质。从2013年到2019年，中国居民人均消费支出持续增长，如图2-2所示。值得注意的是，2016年正是喜茶品牌创建的时间。

图2-2

消费者一直有对更高品质、更优口感、更健康的鲜榨果汁等饮品的需求，而主流用户的支付能力决定了商家提供的商品品质。最明显的变化体现在日常消费品的品质提升上，用户对产品提出了更高的要求，也催生了许多新消费体验行业，其产品比如保质期更短的冰鲜奶、添加剂少的面包、精酿啤酒、纯肉香肠、冻干粉咖啡等。这些行业都在快速增长。

与此同时，可支配收入的上升也导致一些行业的萎缩，例如方便面、工业啤酒、淀粉香肠和速溶咖啡等。这些变化表明，在收入环境变化的背景下，行业格局也会随之改变。能够抓住新兴用户需求并提供相应服务的企业，往往能够实现高速增长。

2.1.3 人工智能技术是第一生产力

从第一台计算机诞生起，人类便通过机器解决部分计算任务，并期望随着计算设备的发展，能解决更多复杂问题。人工智能的突破，为实现这一愿景迈出了重要一步。它使得计算机能够完成部分由人类语言描述的问题。这一突破表明，技术进步能够打破行业瓶颈，创造市场红利。正如前文外卖行业发展的案例所示，电动车和智能手机成本的降低同样得益于更大范围内技术进步带来的成本优化。人工智能行业的崛起进一步证明，技术始终是推动行业变革的第一生产力。

2.1.4 好增长来自好行业

从上述案例可以看出，要实现公司业务的高速增长，必须依赖行业关键要素的变化。这也印证了开篇所提到的那句话：当一个行业的某个关键要素发生5~10倍的变化时，行业可能会有百倍的爆发。

许多人认为，业务增长取决于经营者的经营能力。然而，实际上一个行业的好坏与经营者是否聪明或努力并无直接关系。市场是客观存在于物理世界中的。在特定的周期内，如果行业关键要素没有发生变化，那么市场规模就是固定的。经营者所能做的，只是将市场中的用户和价值挖掘出来。

行业天然存在优劣之分，而好的行业非常稀少。我们可以通过观察中国或美国股市中市值排名靠前的公司来印证这一点。例如，以美股为例，好的行业通常具备以下特征：市场规模足够大、复购率高、容易标准化、容易形成规模效应、用户偏好明显、差异化显著等。头部的优秀公司大多符合这些条件，并且其中一些企业还能在多个市场周期中保持持续的竞争力。

无论是对于创业者还是对于经营者，行业分析显得尤为重要。它决定了我们最初在物理世界中选择了怎样的市场空间。如果第一步选错了行业或对行业判断失误，其代价将是巨大的。经营环节中的问题往往是细节层面的，可以调整；而对行业发展的判断，则常常决定了生死存亡。

一旦对行业的认知出现偏差，基于此制定的长期策略也会出错。当时间与真金白银投入后，即便经营层面再正确、再努力，也无法弥补这种根本性的失误。

2.2 洞察行业形成深度的Y认知

什么是Y认知？

在一个行业里，可能存在这样一个现象：行业中大多数人认为某件事的真相是“X”，但事实恰恰相反，真相其实是“X的对立面Y”。

这种不同于大多数同行的认知（认为真相是“X”），且更接近真相的认知，我们称之为Y认知。它有两个特点：第一是看问题的角度与大多数同行不同；第二是反行业共识，但更符合事实或者常识。

当大多数人认为真相是“X”，而你却意识到真相是“X的对立面Y”，这就是秘密。如果在你的领域中（哪怕是在极小的领域中），你拥有这样的秘密，就意味着你有远超他人的认知。

对行业的认知是多方面的，需要通过行业研究获得。但在研究之前，必须首先认清行业的定义——行业到底是什么，为哪些用户提供什么服务？行业认知决定了我们如何定义行业，决定了我们研究行业的角度，而行业的研究又会反向修正我们的认知。

字节跳动CEO张一鸣曾说：“对事情的认知才是最关键的。你对事情的理解，就是你在这件事情上的竞争力。因为理论上，其他的生产要素都可以构建，比如要拿多少钱，拿谁的钱，找什么样的人，这个人在哪里，他有什么特质……所以，你对这件事情的认知越深刻，你就越有竞争力。”

认知决定行为，只有对行业有独到的认知，才能通过一系列与众不同的经营策略动作，让企业在行业中脱颖而出。下面我们通过瑞幸咖啡的案例，来看它是如何通过与众不同的Y认知实现高速增长的。

案例：中国人喜欢喝的咖啡是类似星冰乐的奶咖

当提到咖啡时，大家脑海中浮现的会是哪些类型？是雀巢的三合一、冻干粉、速溶咖啡，还是意式浓缩、美式、拿铁、摩卡或卡布奇诺？但我们不难发现，瑞幸推出的热销咖啡似乎与这些传统咖啡类型并不相同。

大众熟知的咖啡品类实际上源于西方传统咖啡行业的共识，这种共识推动商家追求更好的咖啡豆、更好的咖啡机和更好的咖啡师，以制作出品质更佳的咖啡。然而，这背后隐藏了一个假设，即中国消费者同样接受这些传统咖啡品类。但瑞幸的思考却跳了出来，他们关注的是：西方流行的咖啡形态是否适合中国消费者？中国消费者是不喜欢喝咖啡，还是不喜欢传统的咖啡？通过思考，瑞幸打破了传统认知，发现了新的市场空间，如图2-3所示。

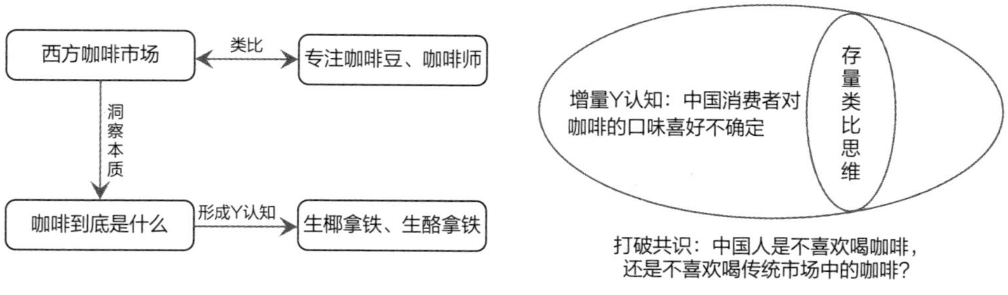

图2-3

瑞幸通过行业洞察认为，传统咖啡形态并不是中国消费者的最爱。中国消费者不是不喜欢喝咖啡，而是不适应传统咖啡品类。经过产品测试，他们逐步确立了更符合中国消费者口味的咖啡形态：咖啡+奶+风味物质。这种形态类似于星巴克的星冰乐。基于这一洞察，瑞幸开发了茅台拿铁、生椰拿铁、厚乳拿铁等产品。在传统行业人士看来，这些产品甚至不能算作咖啡，只能称为“咖啡因饮品”。然而，星巴克销售得最好的也不是传统的咖啡饮品，而是星冰乐，可见许多传统咖啡从业者对咖啡的定义仍局限于西方传统咖啡形态。中国消费者的咖啡口味尚未完全定型，这为探索更多边界和方向提供了可能性。从传统咖啡品类的视角看，中国市场的空间有限，但如果跳出传统视角，市场空间和可能性则完全不同。

共识导致存量市场，反共识产生增量市场。瑞幸基于对咖啡市场不一样的认知，看到了同行看不到的巨大的市场增量。

业务负责人最常犯的错误，是在行业研究中发现了许多企业的问题，并因此认为只要优化这些问题，就能实现高速增长。然而，这恰恰并不是Y认知。

通常，我们洞察到的问题往往只是表象。更重要的是要找到这些“问题企业”依然存活的原因。如果企业存在许多问题却依然活着，这说明这些问题并不关键，而企业一定提供了市场上独特的价值。这才是我们需要关注的地方。要在行业中找到机会，就必须跳出大家都认同的区域，去挖掘不同，而不是仅仅优化得更好。

2.3 看清行业终局的6大关键点

对于业务负责人来说，对行业终局和行业趋势的判断是制定长期经营策略的关键。明确行业未来的走向，并基于这些变化构建竞争优势与壁垒，长期投入资源，打造差异化的产品和服务，是负责人的核心职责。

业务负责人的行业研究与投行的研究有显著区别。投行更关注竞争格局和投资回报率等内容，而业务负责人需要深入了解行业的运转机制，了解关键的竞争要素如何把握，怎么样才能做出比别人效率更高的产品，行业里面的需求或者说市场机会在哪里。了解这个行业并不仅仅是行业市场规模有多少亿，更重要的是业务负责人可以讲清楚行业里面的关键职位有哪些，因为最终业务实施是与行业中关键职位上的人做交易。例如，对于连锁餐馆来说，单店经理这个职位至关重要，而非简单地统计餐馆数量或估算每餐馆的价值。这些信息对业务实际干预并无直接指导意义。

行业研究应通过行业分析框架（如图2-4所示）深入洞察业务分析所需的关键内容。行业分析框架的上方是行业分析的目标，基础是行业定义。通过行业的市场空间、发展周期、价值链、外部环境和头部企业五个维度的分析，可以对行业形成深度认知。

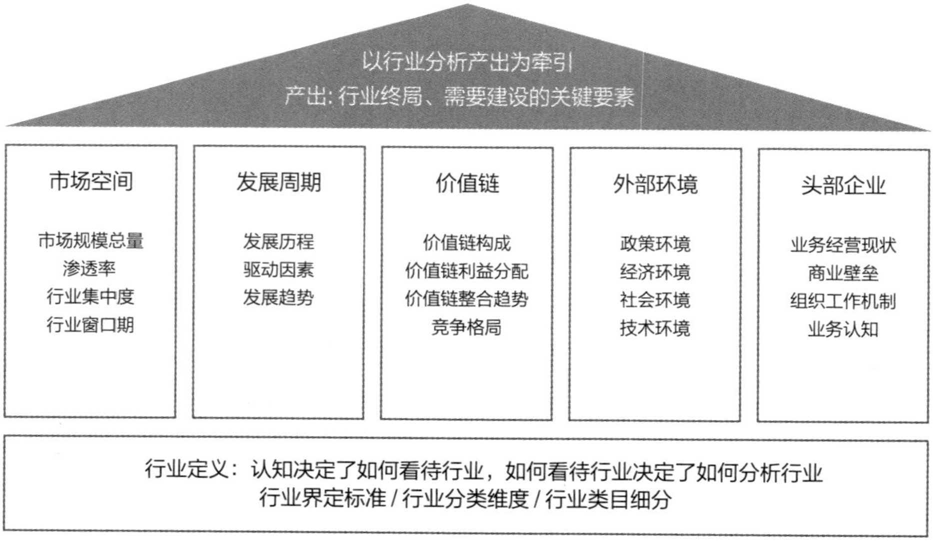

图2-4

基于行业定义，首先要看市场空间。市场空间中最重要的是行业集中度和行业窗口期判断，这决定了企业是否还有发展机会。了解窗口期需要分析行业的发展速度、集中度和渗透率。市场规模总量和行业集中度则体现了行业的整体价值。

从行业发展周期中可以看清发展趋势，明确行业的发展历程，划分发展阶段，并了解每次阶段性增长的关键驱动因素。当前阶段的行业特征也能因此明晰。

通过价值链分析，可以了解行业中产品和服务的价值如何传导到消费者手中。价值链的上下游角色有哪些？消费者的花费在价值链上如何被分配？是否存在整合趋势？企业所在的价值链上下游有哪些角色？直接竞争对手是谁？每个节点上有哪些头部企业？潜在进入者和替代品有哪些？通过价值链梳理，可以识别所有潜在竞争者。

外部环境方面，首先要关注行业历史上国家政策的影响，是利好还是利空。其次，从社会文化和经济收入角度评估外部环境，这能直接帮助判断业务适合在哪些地区开展。最后，还要关注技术的发展。

找到基于价值链梳理出来的每个节点的头部企业，并进一步研究它们的关键特质。如果头部企业是上市公司，可以通过公开披露的信息和财报进行分析，重点研究其在用户、渠道和供应链上建立的壁垒和优势。这些洞察有助于为自身长期经营策略的制定提供参考。

在明确了行业分析框架后，还需要确定行业研究的方法。行业研究的方法分为两大类：一手调研和二手调研。

一手调研：公司员工按照行业分析框架亲自开展定量调研、实地调研、企业访问或专家深度访谈，从而形成第一手信息。这种方法数据源清晰，样本来源和样本量可控，更贴合研究目标，但实施成本较高。一般仅适用于大公司的战略投资部门、证券公司或有一定规模的企业。

二手调研：通过公开或付费的市场数据、报告和财务信息开展研究。这种方法成本较低且资料丰富，但报告往往带有利益倾向性，研究者需要根据自身的行业分析框架筛选适用信息。此外，二手数据大多已被加工，其来源的可信度可能存在问题。

2.3.1　行业定义

行业分析的基础是行业定义，如何看待行业源于行业认知。对行业的认知决定了资料的收集方式以及行业研究的方向。不同的认知角度会展现不同的市场视角，如图2-5所示。

明确市场定义是确立基础方向的关键，这有助于进行针对性的调研，并在该方向上形成行业认知。可以从国家行业标准《国民经济行业分类》和证监会《上市公司行业分类指引》来了解行业定义。另外，可以通过价值交付的各个维度对行业进行分类，比如按照产品服务的特点可以将行业分为消费电子、厨房家电等；按照服务属性可以将行业分为医美服务、房地产服务、法律服务等；按照使用场景可以将行业分为厨房用品、体育用品等；按照目标人群可以将行业分为少儿、银发、母婴等；按照销售模式可以将行业分为渠道商销售、加盟商销售、直营销售等；按照技术形式可以将行业分为人工智能、物联网、云计算等；按照产业链可以将行业分为咖啡豆种植上游、预制菜上游等。

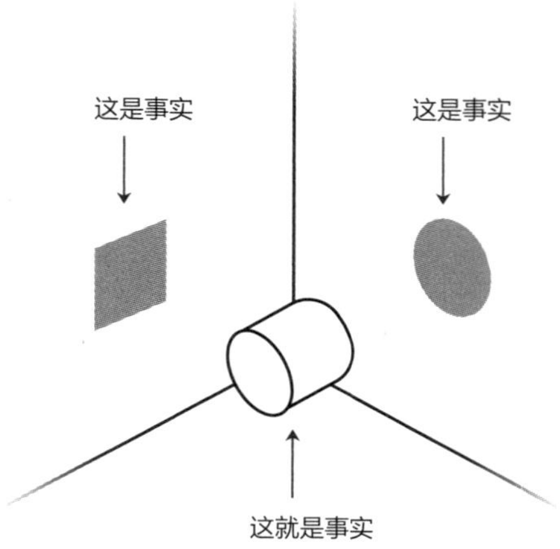

图2-5

这些分类方式都是已经被各大行业研究机构确定的。如果通过二手材料来分析市场，则需要明确资料中对行业的定义。行业分析不必局限于单一维度，可以通过多维度的资料查找进行综合分析，如图2-6所示。

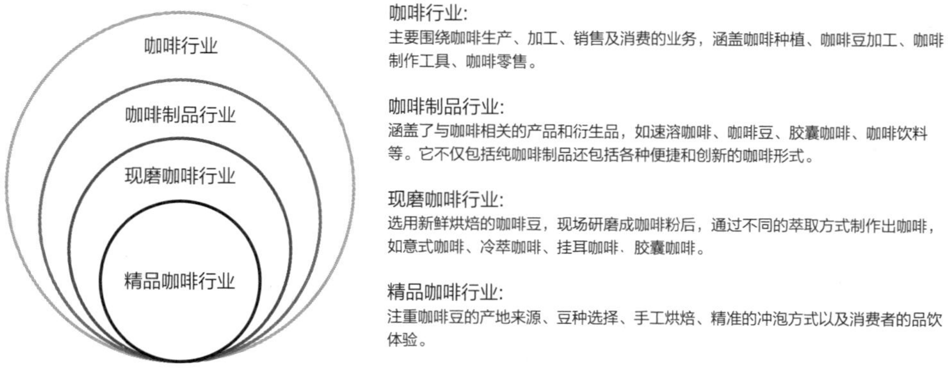

图2-6

以咖啡行业为例，可以从多角度进行分类。瑞幸咖啡的行业定义贴近现磨咖啡行业，但同时也包含在咖啡制品行业和咖啡行业中。从更大的视角看，咖啡行业属于食品饮料行业。行业研究报告通常包含行业定义，因此在使用报告分析时，需首先明确报告中对行业的定义与边界。清晰的定义有助于理解报告中的数据统计和计算依据。

此外，一个业务可能涉及多个细分行业。例如海底捞可以被分到餐饮行业中的火锅行业，而其自嗨锅产品使其也可以被分到方便食品行业。

2.3.2　测算市场空间

行业的市场空间受外部环境限制，在特定周期内相对确定。许多企业家在市场空间估算环节就奠定了胜局。例如，电商市场的规模不会因经营者的能力而变化，经营者只是将该行业潜在用户转化为实际用户。因此，市场本身的大小和集中度决定了其商业价值，这是业务增长的第一层天花板。

准确把握市场空间极其困难。2007年iPhone发布后，时任微软CEO的Steve Ballmer在接受《今日美国》（*USA Today*）采访时曾表示：苹果手机的市场份额不会很大。可见，即使是微软前CEO这样的商业领袖也可能误判市场。由于市场空间测算难度较大，许多业务负责人选择回避，但它又非常重要。错误地估算市场空间会导致严重的经营问题。低估会导致增长期间资源投入不足，使竞争对手获取更多用户和更高的市场占有率，对于具有规模效应的行业而言，第一名和第二名的市场占有率差距可能非常显著；高估则会导致资源投入过多，造成利润和资源配置错误，最终导致经营难以为继。

1. 三种测算市场空间的方法

绝大部分行业报告都基于自身行业定义给出了市场空间和增速。行业报告中的市场空间通常指TAM（Total Addressable Market，全可达市场），以年为单位，表示一个行业或市场中潜在的总交易金额。测算市场空间的方法可采用直接调研测算和二手数据测算，如图2-7所示。在测算之前，必须明确行业定义，只有明确定义才能在寻找数据时有的放矢。

图2-7

明确行业定义后，第一步是确定测算方法和测算逻辑。核心逻辑是利用相对可靠的已知数据，通过一定的逻辑关系推导出目标市场空间。方法包括：自上而下推算，即从较大的市场数据推导较小的市场数据；自下而上推算，即从小市场已确定的数据推导大市场的数据。

实际操作中可以混合使用这些方法。例如，城市人口、城市分级和人均消费金额等数据可以从公开网站查找。具体行业中用户的选择则需要查阅研报或进行一手调研。

第二步是根据选择的测算方法，编写相应的测算公式。第三步是通过二手调研或一手调研确定公式中的数据。第四步是代入公式计算出市场空间。由于是测算，因此无法做到非常精确，要点是在数量级和大致方向上保持准确，并通过定期的业务实践反向验证市场空间的测算。市场空间的测算并不是一蹴而就的过程，具体的测算方法主要有以下三种。

（1）价值交付法

价值交付法是一种利用抽样进行结构化市场测算的方法，通过小样本数据推算整体市场空间，属于自下而上推算方法。其本质是对价值交付进行拆解并对市场进行分层。第一步，对比新旧解决方案并进行价值拆解，通过一手调研了解抽样用户对新产品或服务的选择倾向，如图2-8所示。

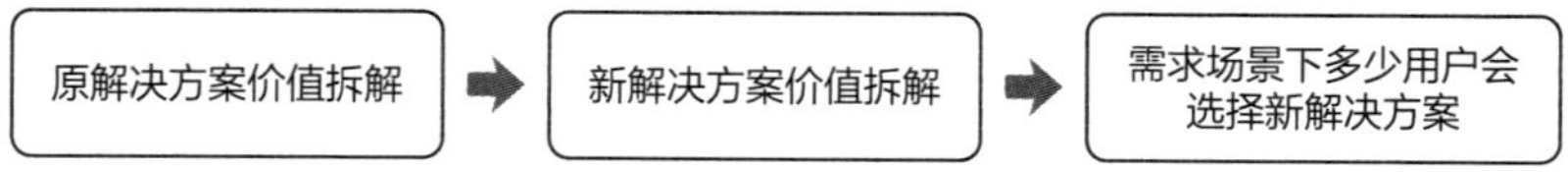

图2-8

第二步，根据城市局部区域的调研结果推导至整个城市，按照城市分级和城市人口推算每个分级下所有城市的市场空间，最后加总得到总的市场空间。这是一种结合一手调研和二手调研的方法。

以某公司测算外卖行业市场空间为例。

第一步，该公司对外卖的用户价值进行拆解，分析外卖相比于自带饭和去餐厅就餐的改变之处。首先是节省时间，其次是提供确定性，避免了到达热门餐厅后排队等待甚至无法就餐的情况。通常，人们一天可以吃一到两顿外卖，以午餐和晚餐居多。希望节省时间并获得确定性的人，就是外卖可以转化的目标用户。

回溯每一餐的场景：有些人中午在公司很忙，会选择点外卖；有些人需要社交，会和朋友去餐厅就餐；有些公司有食堂，但是很多食堂也有“保鲜期”，员工就餐时间太长也需要更换口味，也会选择吃外卖。通过调研午餐的不同场景，可以发现午餐有三种主要解决方案：食堂、餐厅堂食和外卖。此外，少数人会自带午饭。在一线城市，由于生活节奏快，自带午饭的用户可以忽略不计。需要调研的是这几种午餐解决方案中，外卖的占比大概是多少。再进一步分析家庭晚餐或个人加班晚餐等情况，找到人们选择外卖的原因。这样就全面梳理了外卖的使用场景，形成了外卖一手调研的核心问题。

第二步，该公司根据城市层级进行划分，因为不同城市中人群的外卖消费比重不同。对准备抽样的城市区域进行划分，例如校园区域、公司区域、社区等，并按照从城市中心到周边的顺序进行抽样。完成一手调研后，将各个城市层级抽样的数据进行加总，再按照城市分层的人口比例测算每类城市的市场空间，如图2-9所示。

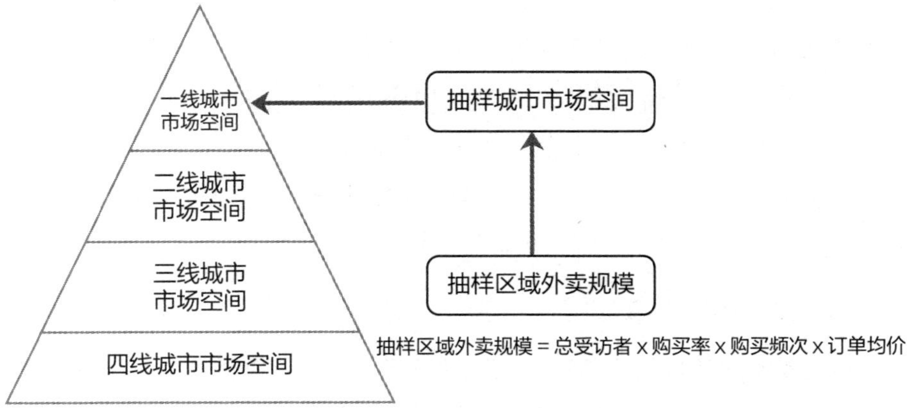

图2-9

公式：外卖行业市场空间=一线城市市场空间+二线城市市场空间+…+四线城市市场空间。其中一线城市市场空间=抽样频次×抽样金额×城市目标用户占比×城市人口。按照城市人口推算所在层级城市的外卖行业市场空间。同理可以测算二线到四线城市市场空间。最后对所有层级的市场空间进行加总。就可以得到全量的市场空间。

为此，该公司派出了两组人员：一组研究海外成熟外卖行业的市场业务，主要观察Grubhub（2004年成立的外卖行业独角兽）；另一组研究国内的外卖业务和已成立的外卖公司，并统计了市场上主要外卖公司的订单量。当时外卖业务尚处于早期，企业没有进行补贴，数据相对真实地反映了市场需求。该公司首先统计了上海交通大学的外卖订单，然后根据上海交通大学的人数和订单量关系，推算出全国大学生的外卖订单量约为每日150万到200万单。在此基础上，他们继续围绕外卖行业市场空间进行持续调研。到2013年下半年，该公司将校园市场、公司市场和社区市场中可观测到的用户行为，结合城市人口等要素进行综合计算，测算出当时中国外卖行业市场空间约为每日1000万单。

（2）业务数据推算法

基于业务数据进行拟合分析是一种通过已有业务规模与整体市场的关联关系推导市场空间的方法。这也是一种自下而上推算方法，由当前业务规模出发推测整体市场体量。本质上因为业务一定存在于某个市场空间内，而市场的体量和增速通常具有一定的默认关系。在业务运行一段时间后，可以通过已有业务规模，并结合市场关系推导整体市场空间。

以咖啡市场为例，假设某咖啡公司已运营3年，可以得出其每年的销售总额。根据公式：销售总额=活跃用户数×用户平均订单数×订单均价，可通过线性回归对公式中的指标进行拟合，从而预测未来几年的销售总额，如图2-10所示。用自身的业务量，再预估自身业务所占市场份额，公式为：市场空间=自身业务体量/所占市场份额，这样就可以知道整个行业的市场空间。

（3）相似品类类比法

相似品类类比法适用于新兴市场或缺乏足够历史数据的产品。通过将要测算的市场与一些拥有明确行业研究数据的产品或行业进行比较，可以推算出目标市场的规模。这种对比可以是目标产品与多个有明确行研数据的产品进行对比，关键在于产品的价值交付存在一定关联性。例如，要估算方便螺蛳粉的市场空间，可以参考方便面的市场空间（因为方便面市场较为成熟，准确数据更易获得），并判断有多少方便食品的用户可能会接受螺蛳粉。

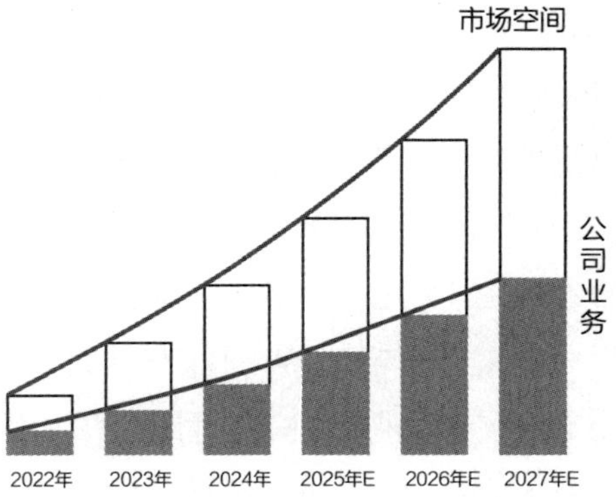

图2-10

仍以咖啡行业为例，可用相似品类类比法估算其市场空间。可以参考传统咖啡连锁行业的市场空间、奶茶行业的市场空间以及即饮奶咖行业的市场空间。通过这些行业的类比，就可以推算用户选择现制奶咖的比例。公式为：现制奶咖市场空间=已知成熟行业市场空间×现制奶咖渗透率。

相似品类类比法的优势在于可以利用成熟的行业报告进行估算，所需资源较少。其缺点是适用范围有限，通常需要目标市场和成熟市场具有较高的关联性才能进行类比。

提示：哪些行业市场空间不好估算

某些市场空间不好估算的核心原因在于无法将该行业的价值交付逻辑化地表达出来。尤其是当主观情感投入较多时，估算变得更加困难。例如，一部新电影能否火爆很难预测，因为电影交付的是一种情感价值，无法被结构化，需求对应的市场空间也因此难以被逻辑化表达。类似地，共识价值产品也难以进行市场空间估算。这类产品的价值更多依赖于人们的主观认知，比如黄金和钻石的价值在很大程度上取决于有多少人认为它们值钱。这种偏向主观认知偏好的市场，其规模往往难以估算。

测算完市场空间后，可以初步判断该市场空间是否足够大、是否具有商业价值。接下来，通过分析渗透率和行业集中度，可以进一步判断市场机会的大小和可行性。

2. 渗透率

渗透率通常指某个产品或服务类别在其潜在市场中的总体普及程度。计算公式为：渗透率=（市场中所有公司的实际用户总数/ 潜在市场的用户总数）×100%。对于业务经营者而言，最佳选择是进入渗透率较低的增量市场。在渗透率低的阶段，企业间的关系是“竞”的关系，即同向竞争，重点在于如何快速占领市场并获取新用户。一旦渗透率超过50%，市场便进入存量阶段，此时企业间的关系变为争夺关系。由于市场规模总量在短期内基本固定，获客难度显著增加，获客成本（Customer Acquistion Cost，CAC）进入零和博弈状态。在这种情况下，企业的核心竞争力转变为经营效率。在渗透率超过50%的阶段，想要翻盘或超越竞争对手变得极为困难。

判断渗透率是否过高的另一种方法是进行跨市场对比和追问。以中国市场为例，可以对比其他国家的市场情况。对于出海企业来说，可通过中国市场与目标出海国家市场的对比来判断出海国家该行业的渗透率。以咖啡市场为例，中国一线和二线城市的现磨咖啡渗透率相对较高，但与一些发达国家的平均水平相比仍有差距，如图2-11所示。此外，全国范围内的人均消费咖啡杯数较低，说明大量下沉市场尚未被渗透。

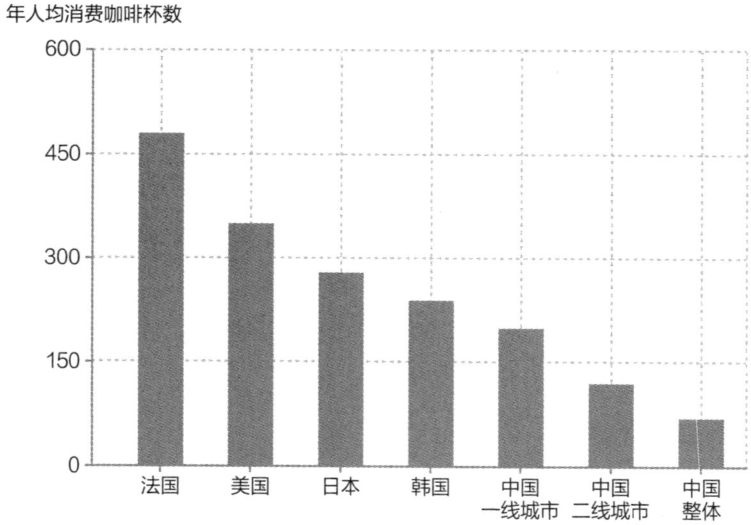

图2-11

通过对比渗透率，需要进一步追问：为什么中国年人均消费咖啡杯数较低？

这些问题需要通过具体分析来解决。例如，消费习惯方面，中国用户对咖啡的接受度还需要时间培养，尤其是在下沉市场；同时，随着中国年轻一代逐步成为主要消费群体，对咖啡的接受度将不断提升。此外，人均消费水平的提升也会推动用户对咖啡品质需求的增长，从而促进现磨咖啡渗透率的进一步提高。

3. 行业集中度

企业要想持续增长，除了考虑市场规模总量之外，还需要关注行业集中度。如果市场过于分散，业务难以做大，但作为经营者可以拥有自己的固定市场份额。如果行业集中度高，则需要判断集中度的趋势和行业窗口期，并基于窗口期制定长期经营策略。

行业集中度指市场中主要头部企业的市场份额之和，通常用CR表示，即前*N*家最大企业所占市场份额（如销售额、销售量或产量）的总和。在门槛较低的行业中，市场最终会出现以下几种情况：CR1、CR2、CR3、CR5、CR7或无数家企业并存。业务负责人需要判断所属行业最终会发展为几家企业主导的格局、集中度的变化趋势，以及这一过程需要多长时间。例如，线上团购行业曾经历“百‘团’大战”，最后市场仅剩核心几家公司。共享单车在初期也曾出现竞争激烈的情况，被戏称“单车颜色不够用”，但最终市场中仅剩下几家公司。

市场规模总量和行业集中度会随着时间和技术条件的变化而被分解和融合。因为前面提到的市场定义具有有效期，一个市场经过一段时间后可能会被重新划分或替代，这是常见的现象。例如，传统的大卖场逐渐衰落，原因在于该行业被其他形态的行业替代。大卖场售卖的化妆品、服饰、珠宝、家电等产品已被电商行业分流，剩下的多是利润较低的生鲜产品。因此，行业集中度并非一成不变。企业拥有市场份额并不意味着该企业一定能够持续盈利。如果满足需求的过程效率不足，市场可能会崩塌。影响行业集中度的因素主要包括以下几个方面，如表2-1所示。

表2-1

促成行业集中度高的要素	促成行业集中度低的要素
规模效应强、产品标准化（汽车、电子消费品）	规模不经济（咨询、家装、婚庆）
网络效应强（微信、淘宝、拼多多）	需求多样化（餐饮、服装、奢侈品）
进入门槛高（航空业，无人机、公共交通、医药）	进入门槛低（个体餐饮、家政服，零售摊贩）
品牌效应强（瓶装水、奶粉）	同质化程度高（农产品）

（1）规模效应、网络效应

规模效应强意味着，随着商品销量的不断增长，制造企业可以进一步降低原材料的采购成本，并拉低固定成本，使生产成本持续下降，从而增强商品的竞争力。在互联网行业中，随着用户数和数据规模的扩大，用户体验优势会显著提升。互联网行业的规模效应通常伴随着网络效应。例如微信，每个新接入的用户都会提升整个网络的价值，当好友网络足够庞大时，用户价值便会极大增强。

商业上常见的网络效应是双边网络，它明确区分供给侧和需求侧。例如，电商平台就是一个典型的双边网络。亚马逊CEO杰夫·贝索斯（Jeff Bezos）通过"增长飞轮"解释了双边网络的规模效应：当达到一定用户规模后，商家会上架更多商品，为用户提供更大的价值；随着用户增加，商品的物流成本也被均摊，形成更大的用户价值，从而形成马太效应，令强者愈强。比如中国电商三巨头，淘宝、拼多多、京东通常占据电商行业70%～80%的市场份额。而直播电商三巨头，抖音、淘宝、快手通常占据了直播电商行业约90%的市场份额。

（2）需求多样化

从需求端看行业集中度，关键在于消费需求是否多样化。如果需求多样化，满足需求的产品也必须多样化。例如，在餐饮行业，人们很难长期只吃某一品类的食品，因此餐饮行业集中度始终较低。即便是连锁化程度较高的海底捞，其营业收入（剔除国际收入）为310.39亿元人民币，在2023年至2024年规模达5900亿至8000亿元的火锅行业中，占比仅为4.7%。火锅行业的整体集中度普遍被认为不足10%。而中国餐饮的市场规模总量有3.9万亿到4.5万亿元。

类似的案例还包括服装行业。由于主观审美、文化和生活习惯的差异，服装需求非常多样化。

需求单一的行业则更容易集中化。例如，电子消费品行业集中度较高，洗衣机、电冰箱、洗碗机等产品的任务明确且需求单一，所以美的、海尔和格力三家企业的营收（CR3）通常占据该行业的50%～70%。

（3）规模经济与否

除了需求端的多样化，供给端的规模不经济也是导致市场难以集中化的重要因素。即供给端不具备行业集中度。规模扩大时，供给无法相应增加，或者利润增量迅速被成本抵消。名师资源稀缺的教育行业就是规模不经济的典型案例。教育机构依赖名师提供教学服务，但名师培养周期长，且需兼顾个人魅力和知识沉淀等非标准化因素。另一个例子是家装和婚庆等本地化行业，这些领域的规模扩张不仅受从业人员供给限制，还受到个性化服务以及地域因素的影响，从而导致规模不经济。相比之下，如果规模扩大能够显著降低成本并快速提升供给，就属于规模经济，相当于拥有规模效应。例如互联网游戏业务，随着用户数的增长，需要额外增加的成本几乎可以忽略不计。每个用户都会带来增量收入。

（4）进入门槛

进入门槛的高低直接影响行业集中度。如果进入门槛低，就会不断有新进入者，导致市场分散。例如，个体餐饮、家政服务和零售摊贩都是低门槛行业，因此行业集中度较低。而进入门槛高的行业通常具备以下特点。

第一，固定投入巨大。例如，在中国航空业中，一架飞机的资产动辄上亿元，三大航空公司（国航、东航、南航）的运输量占比达50%至60%。

第二，需要经营牌照。例如，共享单车行业受到地方规划和社会公益的影响，需要经营牌照才能进入，而美团、哈罗和滴滴三家公司占据了约95%的市场份额。

第三，技术门槛高。例如，无人机行业的大疆占据了全球约80%的市场份额；医药行业因专利限制，某些药品只能由特定公司生产。

（5）品牌效应和同质化

产品的品牌效应和同质化也会影响行业集中度。如果产品同质化程度高且无法形成品牌效应，行业集中度会较低。例如，农产品和茶叶行业的品类远多于品牌。相反，如果产品同质化程度较低但品牌效应较强，则行业集中度会提高。品牌本身由于所在的行业不同，同质化程度不同，品牌对于购买决策的影响也会不同。例如，可乐行业几乎被两个品牌垄断；瓶装水行业则是一个看似产品同质化程度高，但是容易形成品牌的行业，各品牌通过强调水源和品质等价值主张，显著影响消费者决策。2021年中国瓶装水行业CR3占比约为57.9%，CR5占比约为75.2%。

另一种品牌效应较强的情况是主体分离，即购买者和使用者不是同一个决策人。效果和感受是不易传达的，这样的行业往往集中度较高，例如母婴奶粉行业。2022年婴幼儿配方奶粉CR3占比为40.5%，CR5的占比为57.2%，如图2-12所示。

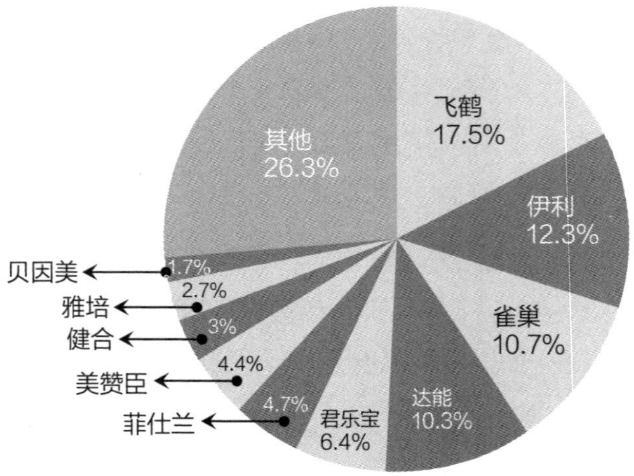

图2-12

研究行业集中度，需要从多维度分析影响行业集中度的要素。通常，一个市场会受到多个要素影响。例如网约车行业的市场进入门槛高，是双边网络效应的市场，具备一定的规模效应，产品也易于标准化，因此需要多维度分析才能准确判断其行业集中度。

案例：现磨咖啡行业集中度分析

2022年，现磨咖啡赛道中拥有1000家以上门店的品牌占比从2020年的12%提升至16%，而门店数量在10家以内的品牌占比下降超过5个百分点。以全球咖啡馆数量最多的上海市为例，2022年独立咖啡店的数量首次减少，其在总咖啡店数量中的占比从去年的60.1%降至55%。2024年初数据，中国现磨咖啡门店约有17万家，连锁超百家的品牌（按门店数计算）CR5约为21%，CR10约为23%。相比之下，美国现磨咖啡市场的集中度更高，星巴克作为全球现磨咖啡市场占有率第一的品牌，在美国市场的占有率达到29.3%，而美国现磨咖啡行业CR3和CR5分别约为49.8%和65.7%。

许多业务负责人在进入某一赛道时，都会以终为始，从行业集中度的最终趋势出发来思考业务布局。2024年，小米CEO雷军在对谈中曾提到自己在做商业决策时主要运用底线思维和终局思维，大意是："我一般考虑一件事情时，先想怎么输，而不是怎么赢。这是一种终局思维。在过去十四五年里，手机行业都信奉赢家通吃的原则，互联网更是如此。虽然传统汽车行业未必遵循这个规律，但智能汽车一定是赢家通吃的。智能化的投入成本极高，比如智能驾驶和芯片的研发成本都很高，但一旦成功，其复制成本却非常低。因此，在智能汽车这个复杂行业里，未来可能全球只有5到8家公司能够存活。赢家通吃的残酷之处在于，不管你花了多少钱，如果活不到最后，依然是死路一条。"

类似的观点也被理想汽车CEO李想在"得到"的课程中提及。2020年，理想汽车在一次战略会上曾习惯性地讨论未来一两年技术如何升级、如何用新技术扩大战果。然而，美团CEO王兴和美团前副总裁王慧文提醒理想团队，应该思考的是未来市场的规模会有多大，以及市场拐点何时到来。所谓拐点，就是赢家通吃、败者退场的时间节点。结合产品发展趋势，这些问题其实并不难回答。经过讨论，理想团队得出了结论：中国智能电动车市场将在2025年迎来拐点，届时其市场空间将达到每年800万辆。为了确保下一阶段的竞争资格，理想汽车必须占据至少20%的市场份额，也就是年销量达到160万辆。然而，2020年理想汽车的销量仅为3万多辆，这意味着5年内需要增长50多倍。这几乎是一个不可能实现的目标，但从必要性角度看，理想团队别无选择。

还有大家熟知的智能手机市场。2014年时，大大小小的手机品牌百花齐放，但是到了2024年，苹果、小米、OPPO、VIVO、华为等五家公司就占了中国智能手机超过95%的市场份额。

通过小米和理想汽车CEO的访谈可以看出，除了市场规模总量之外，行业集中度是制定长期战略时最重要的考量因素之一。对于增速变化快的行业，必须首先判断行业集中度的趋势，并从终局思维出发，思考行业最终会演变成何种格局。基于对行业终局的理解，再制定长期经营策略。

2.3.3 判断行业发展周期

应当了解行业当前所处的发展阶段，判断当前是否还处于行业的窗口期，入场时机是否合适，有哪些新机会。这有助于了解市场空间和行业发展的关键驱动因素。通过研究行业发展周期，可以更准确地修正市场空间，并从行业波动中分析每次变化的关键因素。

1. 行业发展周期的驱动因素

行业发展的趋势是什么？能观察到多长的历史，就能大致预测多远的未来。可以通过研究历史驱动因素的变化带来的市场增长来反推未来市场的规模增长。

以咖啡行业为例。中国咖啡行业的发展经历了四个重要阶段，如图2-13所示。

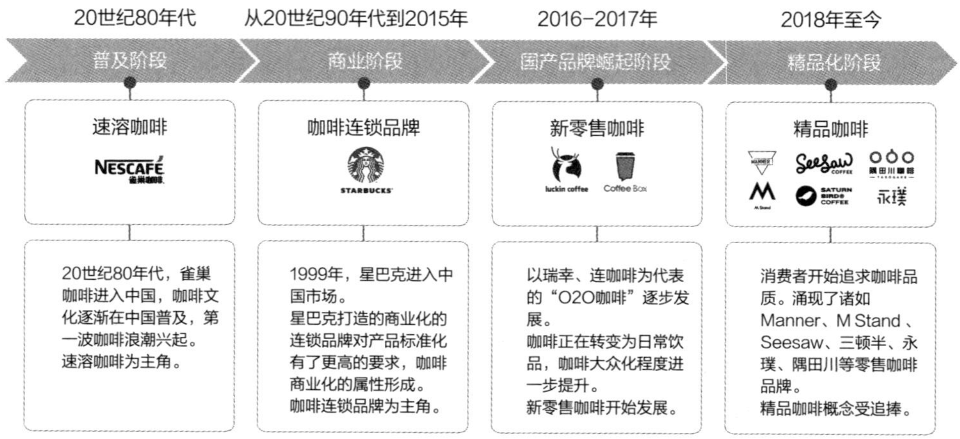

图2-13

中国咖啡行业的发展受到多方面因素的影响。第一阶段，雀巢和麦斯威尔等速溶咖啡品牌打开了中国市场，国人开始逐渐接受咖啡饮品。第二阶段，星巴克和上岛咖啡等连锁品牌提供的现磨咖啡迎合了中国高收入人群的社交需求，咖啡成为商务和休闲社交的工具。前两个阶段可以看作是供给驱动阶段，这些外资咖啡企业拥有成熟的生产供应能力，来中国寻找新市场。

第三阶段，中国市场培育取得了很大进展，一二线城市居民接受了咖啡作为日常饮品，且接受现磨咖啡价格的用户大幅增长。第四阶段，随着现磨咖啡被更多用户接受，需求开始多样化，涌现出许多本土现磨咖啡品牌，这一阶段更多受到社会文化变迁影响，大众对于咖啡的接受程度变高，以及经济水平提高的推动，使大众不再满足于速溶咖啡，对咖啡品质的要求也变得更加丰富。这是需求的驱动。

2. 驱动因素有哪些

将咖啡行业的案例抽象化，可以总结出影响行业发展的驱动因素，如图2-14所示。在一定周期内，市场需求、交易模式和供应链的变化通常是推动市场发展重要的驱动因素，而从更大时间尺度上来说，更重要的驱动因素是外部环境。

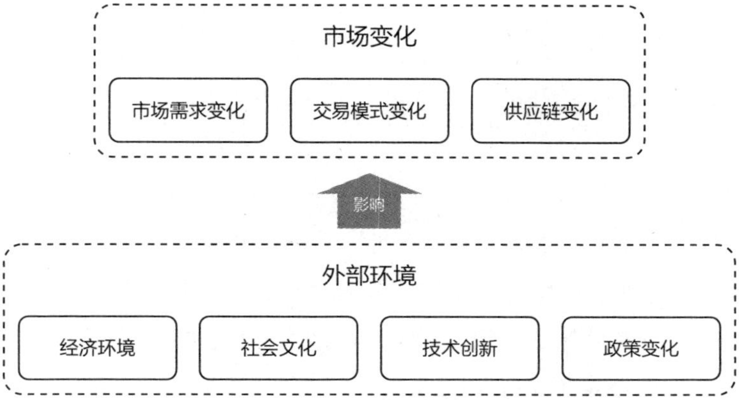

图2-14

第一种驱动因素是市场需求变化。以咖啡行业为例，咖啡行业到了三阶段“国产品牌崛起阶段”，由于大众需求量快速增长，才实现了快速发展。星巴克1999年1月进入中国，直到2015年、2016年才迎来真正的高速增长，如图2-15所示，核心原因是中国大众逐渐接受了现磨咖啡。这是一个典型的需求驱动市场变化的例子。

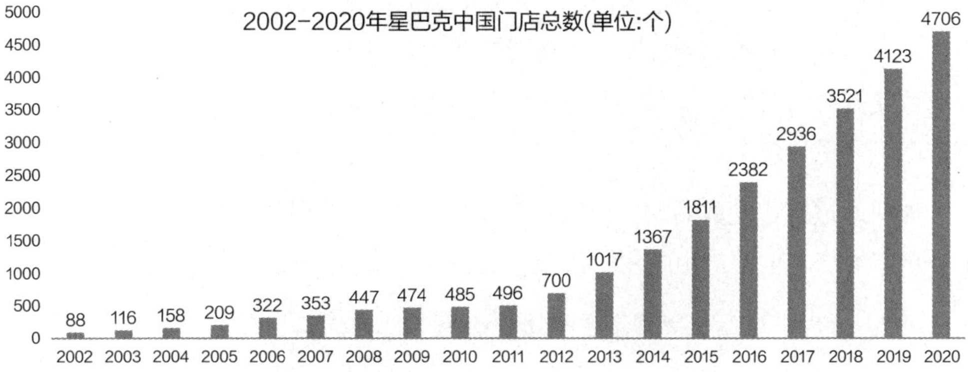

图2-15

第二种驱动因素是交易模式变化。最典型的例子是爱彼迎（Airbnb），它受移动互联网的影响相对较小，其崛起的原因是商业模式的变化。房主将房屋租赁给游客，通过巧妙的交易模式设计，既满足了旅游者体验当地文化的需求，也满足了房主将房屋资产变现的需求。

第三种驱动因素是供应链变化。例如前文提到的外卖行业，由于电动车和智能手机成本的下降，降低了外卖的平均配送成本，从而驱动了市场增长。

第四种驱动因素就是外部环境的变化。这也是更深层次的驱动因素，例如经济环境变化——用户变得越来越富裕，可支配收入提高，对产品和服务有更高的要求，从而产生新的需求；社会文化变化——无论是外来文化还是本土文化的发展，都会导致需求变化；技术创新——更为基础的技术发展也会影响产业链的技术变革，如英伟达和ASML为人工智能和硬件设备的发展提供了技术驱动力；政策变化——行业政策也是重要的驱动因素，政策鼓励的行业会受到扶持。

3. 通过行业发展周期寻找机会的方法

许多业务负责人在行业形势一片大好时，容易对趋势做出错误判断。这类错误通常源于他们未能洞察更长行业发展周期的波动和整体发展态势，并简单地认为行业会持续增长。事实上，这很可能只是表面上的增长趋势。人们容易惯性地认为“昨天、今天好，明天自然也会好”。当我们看到一个趋势时，如果行业只是处于上升阶段，这本身并不能代表真正的趋势。“周期”的概念至关重要。

通常，行业发展周期由上升和下降两个阶段构成，一般需要经历一个以上的周期，才能观察到真正的趋势。这背后蕴含着朴素的道理：任何行业都存在周期性波动。如果我们看不到波动，只能说明我们正身处一个长波的周期中。在团购市场百花齐放的时期，美团就曾提出资本将遇冷的预见，并对自身提出了提升经营效率等一系列要求。

如何通过行业发展周期来识别行业波动、寻找机会呢？主要有两种方法：一是分析市场变化要素产生的用户价值，二是分析创新扩散阶段与鸿沟。

（1）分析市场变化要素产生的用户价值

仅凭入局时间或技术诞生的时间来判断市场机会，是没有意义的。许多人认为早入局意味着市场空间大、增速快，但这种想法并不可靠。举例来说，电动汽车的概念早在200年前就已经诞生，但直到最近几年电动汽车行业才开始进入快速发展时期。可以通过市场变化要素产生的用户价值进行判断。通常行业的巨大增长来源于多个要素的共同变化。关注市场需求、产业链发展以及用户价值的成熟程度等要素是否变化。只有这些要素共同发挥作用，才能在短期内推动行业增长，一些业务负责人可能选择在技术突破的时间节点入局，认为这是自己具有前瞻性视角的体现。但这种思维方式存在风险。技术最终可能会被商业化，但真正的战略能力并不在于发现趋势，而在于发现正确的入局时机。掌握商业成熟度才是成功的关键。对于有潜力的行业，最好的策略是定期关注行业趋势，查看哪些要素发生了变化。市场是动态变化的，唯一不变的就是变化。

（2）分析创新扩散阶段与鸿沟

第二种方法是分析创新扩散阶段与是否存在“鸿沟”。创新扩散程度影响了行业的发展速度，“鸿沟”则很好地解释了扩散中的难点。创新扩散不同阶段的市场份额如图2-16所示。

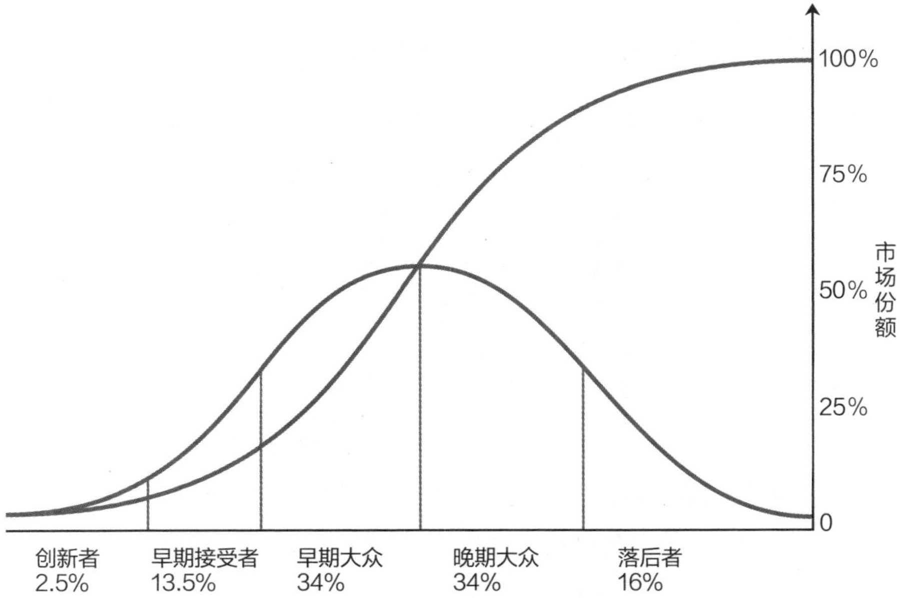

图2-16

一个创新的产品，从它被制造出来，到最后向大众推广的过程，按照面向用户的类型，可以分为五个阶段：创新者、早期接受者、早期大众、晚期大众、落后者。在图2-16中，横轴是时间轴，纵轴是市场份额。图上代表累计市场份额的曲线，斜率不是固定的，随着时间的推移，曲线呈现S型——开始的时候提升很慢，到了早期大众阶段，提升才忽然加速。

创新扩散的第一个阶段是创新者阶段，用户数只占整个目标用户总数的2.5%。在这个阶段中，企业的主要任务是测试产品的方向，抓住核心用户，因此资源需要投入核心需求，后续再去完善细节。

第二个阶段是早期接受者阶段，此时累计的用户数占比达到16%。在这个阶段中，企业需要巩固产品方向，搭建产品系统，完善核心需求的细节，促进增长，尽快跨越临界点（鸿沟）。

首先，企业要找到能实现快速增长的策略，并把资源投入该策略中，比如实施市场投放和补贴的时候，通过监控系统提升效率就显得非常重要。如果该行业的潜在用户群体的体量非常大，就需要思考仅仅依靠新客增长，能否让业务持续下去。

其次，企业需要分组来查看留存，按照每天、每周来看用户使用的频率，如果产品的留存率稳中有升，说明随着时间的推移，用户反馈会越来越好。

此时如果市场份额增速快，往往会让业务负责人产生错觉，误认为产品将进入早期大众阶段。然而实际上，产品是否能够从早期接受者阶段进入早期大众阶段，取决于企业能否成功跨越“鸿沟”。

常见情况是：技术创新推动了早期用户数的增长，吸引了大量技术爱好者，但在企业希望更进一步时，却发现新技术难以满足大众群体的需求。

能否跨越鸿沟的关键在于以下两点：首先要考察产品、服务及其价格对于大众用户来说是否可接受；其次要考察产品易用性是否能满足大众用户的需求。

例如，截至2025年4月，VR设备仍处于早期接受者阶段。即使像苹果公司这样以优质用户体验著称的公司，其VR设备仍然需要通过线缆连接电池，且体积仍然偏大。这对早期用户来说尚可接受，但对大众用户而言，佩戴体验并不友好，而且需要前置摄像头捕捉真实环境，以解决佩戴VR设备后无法看到外部环境的问题。此外，长时间佩戴令人不适，以及VR内容不够完善等，也是构成鸿沟的因素。

该产品两万多元的销售价格也表明，其技术尚未突破瓶颈。判断一个由技术驱动的行业是否真正进入增长的窗口期，一个重要的衡量标准是判断成本是否快速下降。苹果VR设备的价格至少要与苹果手机的价格相近，才会产生新的增长空间。

作为业务负责人，应定期评估市场的成熟度（这件事非常重要）。一旦判断市场条件发生变化，就应尽早进入。要确保企业进入行业的第一梯队。对于大多数存在红利的市场来说，早期进入的企业在人才和资源上差距不会太大，但是它们有足够的时间积累行业经验和试错。

跨越鸿沟之后，产品就进入早期大众阶段，市场份额的增长速度会变得非常快，用户会快速地传播产品和服务，这个时候就需要企业确保核心产品的体验稳定，重视数据，基于用户反馈、用户调研来迭代产品，更加关注成本和效益，并思考如何扩大需求的边界，找到一些可以巩固核心需求的次要需求。企业还需要构建经营壁垒来对抗竞争风险，企业80%的资源要花在这些地方。

进入晚期大众阶段和落后者阶段，此时市场已经成熟，企业需要通过经营追求更多利润，并找到新的创新机会。

2.3.4　拆解价值链

价值链是企业之间为了最终产品或服务提供价值的过程。对价值链进行拆解和梳理，有助于清晰地了解上下游企业对最终产品或服务的贡献、上下游的整合趋势、潜在的竞争者，以及同一价值节点上的直接竞争者。通过价值链的拆解与分析，可以为后续的头部企业分析和长期策略制定提供依据。

1. 价值链拆解方法

如何拆解价值链？最终目标是以终为始，全面了解价值链的全貌。有三种拆解方法。

第一种方法是按照价值的传导过程进行拆解，以咖啡行业为例，如图2-17所示。价值链的拆解表现为横向传导价值，可以简单地拆解为上、中、下游三个阶段。下游更接近终端用户，上游则接近产品生产所需原材料的供应商。

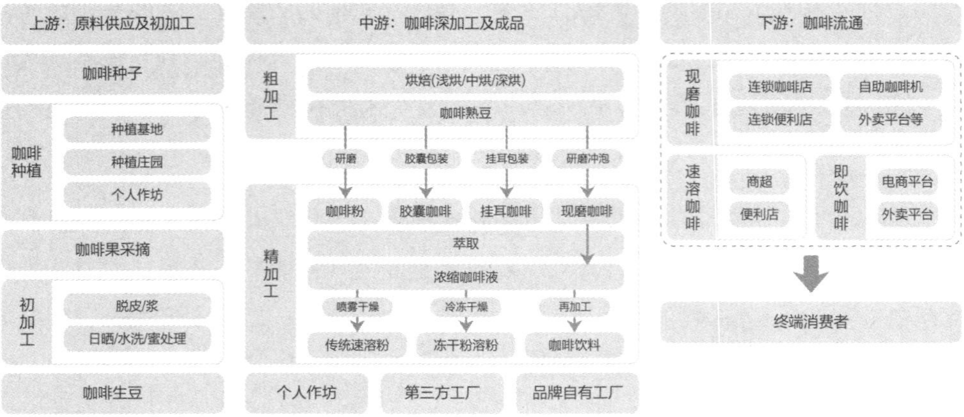

图2-17

第二种方法是基于每个环节的参与方进行拆解。通过拆解每个价值链节点，能够看到这个节点的玩家有哪些，了解到每个节点的生态图谱，进而理解价值链中各方的分布和相互关系。仍以咖啡行业为例，如图2-18所示。这种方法有助于识别各个参与方的角色和价值。

图2-18

第三种方法通常适用于复杂的制造业，如电动汽车或航空行业。它通过对产品元件的构成进行拆解，整理出一个详细的价值链供应生态图。以电动汽车特斯拉为例，其元器件的简版生态图如图2-19所示。一辆电动汽车由大约1万个零件组成。通过这种拆解，可以理解每个零部件的供应链和每个企业在整体生态中的作用。

图2-19

例如，汽车座椅可以被细分为多个元件，每个元件背后都有多个行业和公司参与竞争。这种方法需要通过树形结构进行逐层拆解，明确在哪个维度看待价值链，最终才能进行横向产业链的拆解。

2. 看清价值链利益分配

有了价值链的拆解后，接下来需要关注价值链中的利益分配，这能够反映出每个节点的价值和可替代性。通过分析产品的收入构成，我们可以更清楚地了解，终端用户对于产品或服务的支付费用是如何在整个价值链中分配的。以咖啡行业为例，如图2-20所示。

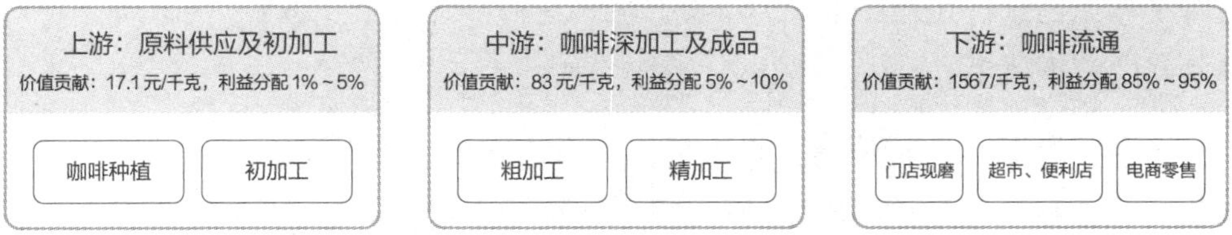

图2-20

在咖啡价值链中，上游主要包括咖啡豆的种植和初加工环节，农民通常只能获得最终零售收入的一小部分，约占5%以内。中游主要是烘焙和贸易环节，其利润约占总利润的5%到10%。下游则占据了更大的利润份额，通常为85%到95%。通过分析价值链利益分配很容易发现，通过优化上游环节是很难产生更大的利润空间的，必须依赖经营效率和规模效应才能产生更多利润。

除了利益分配的分析，还需要关注各个节点的交易形式，比如上下游之间的交易方式是“先货后款”还是“先款后货”。一些咖啡连锁企业与上游供应商的交易方式是“先货后款”，即先收到商品，再在账期内支付货款，可见下游的零售企业更为强势，在产业链中处于较强的位置，这进一步体现了其市场主导地位。

3. 从价值链看竞争格局

完成了对价值链的梳理之后，可以从四个维度来分析价值链。

第一是从价值链看供给侧。做一个业务，短期可以依靠供应链拓展品类来实施，例如美团从最早的团购业务拓展到外卖、酒旅、买菜、闪购等业务，都是通过品类扩张实现快速增长。但是企业发展到一定体量后，再想有所突破就要看产品（服务）的质量和价格是不是满足用户的需要。比如鲜奶是一个大众的需求，但该产业在中国发展速度很慢，本质原因还是价格太贵了。

第二是看价值链的整合趋势。从经营角度来看，价值链整合后能显著提高整体效率，提供更好的服务，降低运营成本。例如海底捞自建供应链系统、滴滴自建网约车租赁中介。

第三是发现哪些关键环节存在被“卡脖子”的风险。这些环节一旦被竞争对手控制，就会影响自身业务。例如元气森林早期缺乏对于上游生产链的控制，采用代工厂方式来生产，等其发展到一定体量的时候，引起了竞争对手的注意，元气森林意识到这种代工厂生产的风险，最终花费了55亿元自建工厂并建立了针对原材料的管理体系。

第四是判断哪些价值链节点上可能存在潜在的竞争对手，并评估这些潜在竞争对手是否具有快速集齐所有关键要素的能力。对竞争对手的判断尤为重要，尤其是判断潜在竞争者的进入可能性。以当年的团购大战为例，在当时的团购大战中，只有美团清晰地认识到线下团购的重要性，并选择聚焦于此，与其他团购网站形成了显著差异。而那些专注于线上电商团购的网站则不得不面对淘宝聚划算的直接竞争。美团通过对价值交付的深入分析，发现了自身的真正竞争对手。当时，互联网的主流认知仍集中于团购，许多人认为美团更类似于拉手网或聚划算。然而，美团的业务负责人从履约流程的差异化中看到了团购的新定义维度。大众点评为用户提供线下服务评分，整合了团购预订和消费后评论功能，其服务流程与美团最为接近。因此，对价值链的深刻认知不仅帮助美团明确了自身定位，还获得了独特的视角认知，更重要的是提前发现了潜在竞争对手。

2.3.5　分析外部环境

判断是否需要分析外部环境，可以考虑整体的用户规模。如果宏观波动对细分市场的影响较小，那么对外部环境的分析可能意义不大。然而，如果用户群占人口基本盘的比重较大，那么外部环境将对业务产生直接影响。

许多成熟企业会计算因经济发展带来的自然增长率。当用户收入不断增长时，理论上，即使这些企业什么都不做，也会出现一定的增长。因此，很多企业会根据外部环境的变化调整经营目标。此外，外部环境的分析还能够有效干预企业的经营活动。例如，它可以帮助企业确定在哪些地区优先开展业务、评估不同地区的业务收入贡献能力，以及明确在哪些地区集中发力。这些决策都离不开对外部环境的深入了解。

1. 政策环境

政策环境对企业的影响至关重要，它可能决定一个行业的生死。特别是在涉及公共资源的行业、关系民生的行业，如居住、交通、医疗、保险和金融等，政策管控尤为严格。在这些行业中，是否具备PR（公共关系）能力，能否获得相关的运营牌照，通常是能否开展业务的关键。

2. 经济环境

人均可支配收入决定了业务如何拓展。例如，山姆会员店（简称山姆）在开设门店时，会根据目标地区的经济水平和人均消费能力来做决策。2023年，山姆的销售额达到800亿元人民币，其中线上销售占比为47%。根据山姆公开披露的400万名会员推算，意味着每位会员年均消费2万元。山姆选择开设门店的城市多为中国经济发达地区的城市，这些城市的人均收入水平较高。

再比如，中国一线城市的普通职员在工作餐的消费上，一般选择20至30元的餐食，在这种情况下，想要在中国大中型城市大力推广人均100元的工作餐，几乎是不可能的。

3. 社会环境

社会环境会影响企业业务的拓展。从“鸿沟”理论来看，在早期选择用户时，企业应该优先选择容易接受新鲜事物的城市进行拓展，或者选择文化基础较好的地区进行拓展。不同的城市对外来事物的接受程度不同，这会影响产品的市场表现。以瑞幸为例，其最早开设门店的城市大多是经济发达的一线城市或省会城市，这些城市的居民不仅具备消费能力，还容易接受外来事物。根据瑞幸的开店城市分布，可以看出这些城市的消费者对于外来事物的接受程度较高，符合瑞幸的市场定位需求。

案例：网约车公司如何选择拓展新业务的城市

以出行行业为例。2017年2月初，某外卖公司A进入出行行业。为了遏制这个竞争对手A的进攻，防止其通过原有外卖业务的收益来补贴新业务，某网约车公司B也扩展了外卖业务。其整体业务逻辑是：初期先在几个城市小规模地跑通城市经济模型，在这些城市实现净利润，以支持其更好地与外卖公司A在出行行业展开竞争。那么，初期应如何结合外部环境来选择开展业务的城市呢？以下几个外部环境维度是评估开展业务城市的要素。

第一，初期开展业务的城市要相对低调，不能是特大型城市，因为在特大型城市开展业务会对竞争对手A造成更大的心理影响，引起警惕。

第二，城市的外卖需求体量也不能太小，否则在验证城市经济模型后，向特大型城市进行复制时，就不具备单位模型的参考性。

第三，要尽可能借助公司B原有业务的资源或影响力进行拓展，并且该城市当前的出行服务本身要运营良好，这样才能依靠公司B的影响力拓展新业务。

第四，该城市外卖市场份额排名第一的公司和第二名公司的差距不能太大，如果该城市外卖市场完全被某家公司控制，公司B在拓展新业务时就容易被对方牵制。

第五，该城市中商户集中度越高越好，这样便于新业务快速地拉动供给。

最终公司B通过这些维度筛选出一批城市，然后根据各个城市的具体条件，最终选择了江苏省的几个核心城市拓展新业务。

总结：对于涉及全国范围的业务而言，建立外部环境监控体系是必不可少的。清晰地了解外部环境，可以帮助新业务选择切入的具体城市或区域，帮助已有的业务拓展更多城市或区域，并根据外部环境的变化来指导年度经营目标的设定。清晰地了解外部环境，才能更精细化地运营业务。

2.3.6　研究头部企业

头部企业是指在行业或领域中业务表现优秀且具有代表性的企业。可以从价值链的梳理中找到同行业中优秀的企业，包括上下游企业以及与核心服务或业务有交集的潜在竞争对手。此外，对于一些小众行业，企业可以通过拆解自身业务，找到类似的并具有借鉴意义的头部企业。例如，许多企业在优化服务时选择向海底捞学习，这便是寻找可借鉴头部企业的逻辑体现。

研究头部企业不仅能够为长期策略的制定提供决策依据，还能为业务运营的落地提供思路，并帮助找到解决问题的潜在路径。如果你的职位尚不够高，接触的信息有限，我强烈建议你进行行业头部企业研究或相似行业的商业案例研究。通过系统研究，可以逐步提升对所在行业的认知，建立更深入的商业分析框架。具备深刻的商业分析能力后，面对自身业务中存在的问题，便能更加从容地洞察本质，提出有效的解决方案。

1. 研究头部企业的核心逻辑

业务负责人的认知决定了他如何理解业务、构建业务特性，如何构建团队、组织工作机制，以及这样的工作机制会产生怎样的经营动作，并最终导致怎样的业务结果和商业竞争的胜负。用一句话概括就是：负责人决定了组织和战略的落地实施，并最终决定了业务的成败，如图2-21所示。

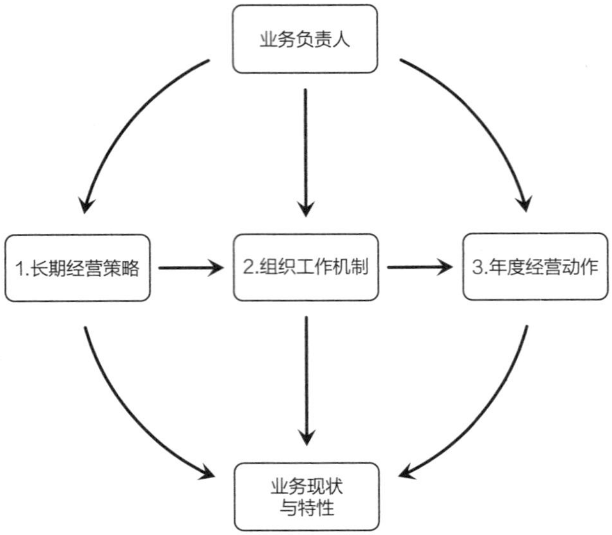

图2-21

那么，该如何分析和透视头部企业？在分析过程中可以学习到哪些内容？分析方法不太受行业的影响，所以分析商业案例和公司的方法具有一定的通用性，如图2-22所示。

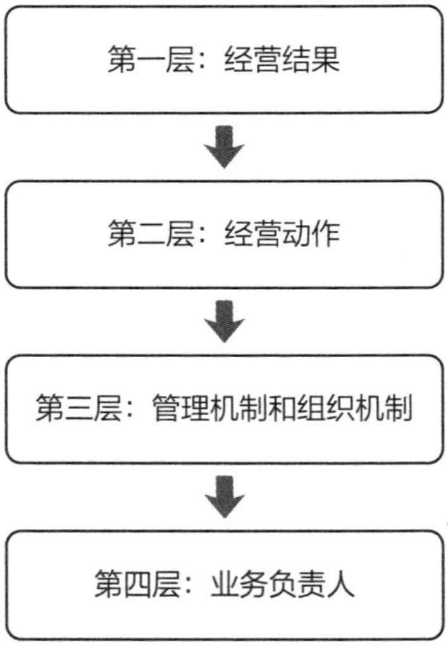

图2-22

核心的分析思路是由表及里、逐层洞察，从对业务结果的认知回溯对业务负责人的认知。

第一是考察经营结果，这一层面比较容易观察到，可以从以下几个方向展开分析：企业发展路径、企业的产品服务、市场定位、价值主张、业务优势、盈利模式和价值链分析。在这一层，要分析企业在产品、服务、品牌、市场定位等方面的独特价值和竞争差异点，以及其如何通过这些差异点获得竞争优势。

第二是考察经营动作。这一层需要洞察的是企业做了什么，主要把资源投入到了哪里，从而取得了这样的业务结果。

第三是考察管理机制和组织机制。在这一层，要考察企业是如何基于业务构建组织架构的，例如市场洞察、产品设计与供应链开发、渠道销售如何配合等，从而进一步分析差异是如何产生的。

第二层的经营动作、第三层的管理机制和组织机制等信息通常在市面上比较少见，往往需要通过行业访谈或者企业访谈才能获得，但是这些通常也是商业分析最重要的部分。

第四层是研究企业的业务负责人。我们会发现大部分的行业头部企业，其负责人或者创始人在初期就具备了对于这个行业的深刻认知，进而围绕着行业构建了独特的组织体系。行业与组织互相发展，形成了独特的无法模仿的商业壁垒，最终让企业在商业竞争中胜出。

分析方法通常是对比两家头部企业，即按照流程的四个层面对两家头部企业进行不断对比，不断追问“为什么”，直到找到该企业组织机制上的问题，或者负责人的认知问题。使用对比方法的原因是，如果你不在行业内部，那么当你只研究一家头部企业时，就无法分辨哪些行为或认知是行业共性，哪些是这家头部企业独有的认知、独有的经营动作。

在选取头部企业时，如果市场竞争充分，可以选择市场占有率排名第一和第二的公司进行研究，通过对比来洞察排名第一的公司获胜的原因。对于已经处于成熟市场的头部企业，则更多的是洞察其形成的业务壁垒，以及针对某个业务模块的组织工作机制。

确定了研究方法后，就需要进行信息收集和分析。通常，这些信息可以来自企业发布的宣传信息，通常包含经营结果和业务认知，例如负责人的访谈会谈到其对业务的看法。还可以通过竞品信息和宣传信息来获取企业的经营动作。对于上市公司，可以通过财报和招股说明书来洞察企业的财务状况。收集这些信息有助于了解所研究的企业，并为后续的访谈做准备。信息收集完毕后，就可以组织访谈。第一种方法是针对行业其他公司或专家做访谈，可以从中立的角度给出看法，并明确行业常识。第二种方法是在条件允许的情况下针对头部企业在职或离职的员工做访谈，主要基于业务结果和动作来询问整体的工作机制，明确业务的组织逻辑，并注意避免涉及某些敏感话题导致访谈失败。

在实际中工作中，我们收集到的信息通常是混合在一起的，需要按照上文的四层分析维度进行归类，然后再逐层分析。

2. 研究企业的要点

在分析中我们会观察到，由于负责人的禀赋、资源和业务认知不同，围绕业务的布局和战略也会有所不同。随着业务的发展，业务特性和组织工作机制紧密相连，形成一种生态的复杂度，如图2-23所示。

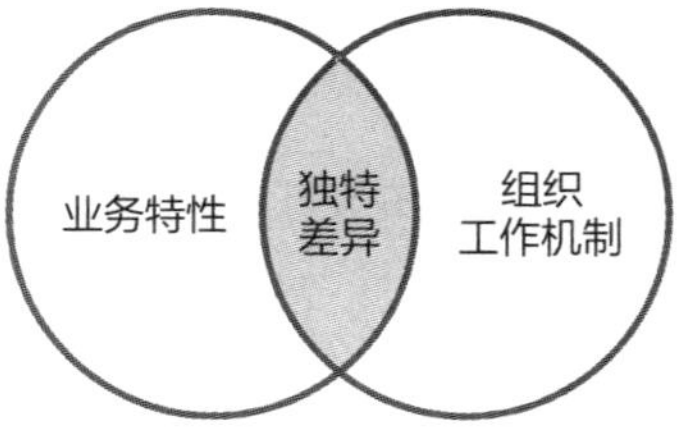

图2-23

研究头部企业，就需要洞察这种由组织工作机制与业务特性共同形成的独特差异，它的形成原因与过程才是我们最需要关注的内容。

在研究头部企业时最容易产生的误区是：认为企业的经营动作或者业务能力是核心研究内容——头部企业有这样的经营动作，我们也照着做，或者头部企业为用户提供这样的产品服务，我们就提供这样的产品服务。但事实上，企业的业务形态和组织架构是一种生态，企业在自身业务发展到一定阶段后，试图改变业务形态时必然会发现组织架构不支持，而试图改变组织架构时又会发现业务形态不支持。对于头部企业，核心研究内容其实是找到其业务形态和组织架构不可复制的原因：要么是业务经营过程中形成的特性塑造了支持其发展的组织工作机制，要么是特定的组织工作机制催生了这样的业务特性。

比如很多人认为瑞幸的核心业务能力是能够持续开发出爆品的能力；海底捞的核心业务能力是在人均百元价位下做出远超价位的服务。而我们需要做的是连续追问为什么，并通过比较法找到其他公司做不到的原因。找到“因”才能产出“果”，如图2-24所示。

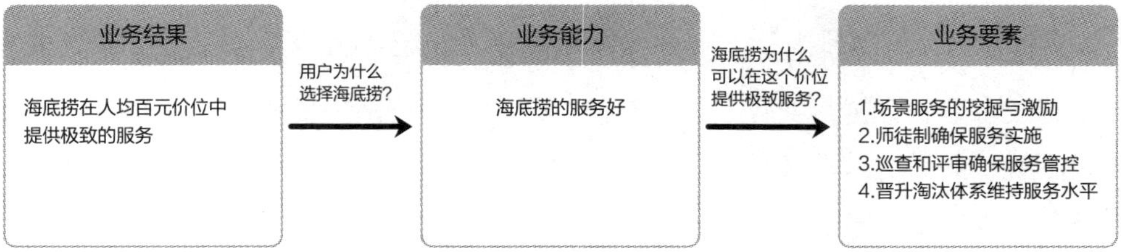

图2-24

很多人研究到海底捞，认为海底捞的核心优势是“服务好”，那么造成“服务好”的原因才是海底捞成为头部企业的更为底层的因素。海底捞的“服务好”来自它设计了一整套发现服务场景、实施服务、管控服务、维护服务的组织工作体系。那么我们接着要问为什么海底捞可以这样做，这就回到了最开始我们讲的业务特性和组织工作机制共同产生的独特差异。

3. 研究头部企业的案例

下面用一个案例来说明研究头部企业的实际操作方法。

例如有两家头部外卖平台。我们首先进行第一层的对比（经营结果）：外卖平台M的市场占有率排第一，外卖平台E的市场占有率排第二。为什么会有这样的结果呢。

接着，我们进行第二层对比，研究这两个平台的经营动作，看看哪些经营动作造成了这样的经营结果。

我们对两个平台开展了访谈，研究他们是如何做业务的，通过对比，找到两个平台的经营动作差异，并深入了解了为什么有一些经营动作，M做了但是E没有做。以M和E的不同的城市策略为例，M选择在大型城市市场中咬住竞争对手，在中型城市市场中取得胜利，最终依靠整体效率赢得了市场。

之后，我们进行第三层对比（管理机制和组织机制），研究什么样组织和人做出这样的经营动作。因为两个平台都拥有非常优秀的人才，E其实也应该能发现这样的问题并调整经营动作。

继续深入研究后，我们发现，M的商业分析团队使用了一套独立的数据指标评估体系，帮助其业务负责人精确计算每个城市的成本和收益，且该商业分析团队也负责评估业务的进展情况。

E的商业分析团队则只负责制定指标体系，却不承担独立评估业务的责任，结果绝大多数的数据由业务人员所在的部门产出。特别是新业务，数据的产出口径是不统一的。这就涉及更深层次的组织机制问题：商业分析团队应该如何辅助业务负责人做出决策。

进一步对比发现，M在经营中建立了一套成熟的方法论，即：通过小团队来验证商业模型，通过业务负责人来分析模型中需要建立的公式，以及基于这些公式需要验证的内容和需要监控的关键要素。整套评估系统和团队专门为业务负责人提供数据决策支持，不受其他部门影响。那么，接下来的问题就是：为什么只有M才能做到这些?

最后，我们进行第四层的对比，研究双方业务负责人的认知。M的业务负责人拥有通过数据分析方法赢得激烈竞争的经历，知道商业分析团队应该如何与业务团队配合，才能让业务团队做出正确的决策，最终达成业务结果。

任何一项业务归根结底都需要组织来落实完成。而组织工作机制又包含两部分内容：一部分内容是组织内部的人员认识到业务应该如何开展，即接受业务负责人的策略，并尽量做到上下同心；另一部分内容是大家的配合和分工可以保证策略的实施不走样。那么，组织工作机制又受什么影响呢？最终我们发现，只有负责人拥有如此大的权限去构建业务和组织。这对我们看清头部企业具有非常重要的影响。

小结：拿来就用的模板

行业分析框架	思考框架	我的思考
行业终局与关键要素	行业的窗口期是怎样的，未来会剩下几个主要竞争者	
	行业中有哪些关键的要素，必须要在行业窗口期中掌握	
行业定义	明确自己的业务处在哪个行业	
	行业界定的标准有哪些	
	可以从哪些维度去看行业，维度有哪些	
	如何定义这个行业	
	行业本质是什么	
测算市场空间	市场空间有多大，最终行业集中度会怎样	
	行业的当前市场空间有多大？未来市场空间有多大？增速如何	
	行业的渗透率是怎样的，未来一段时间渗透率怎么变化	
	现在的行业集中度是怎样的？未来行业集中度的趋势是怎样的？有哪些因素影响行业集中度	
	是否存在窗口期？窗口期的时间有多长	
判断行业发展周期	行业的发展历史是怎样的	
	行业发展的驱动因素是什么	
	行业每次重大增长是由哪些因素变化造成的	
拆解价值链	价值链的结构是什么样	
	价值链分为哪几个关键环节	
	价值链各环节的毛利润率如何？哪些在价值链中处于强势地位？哪些处于弱势地位	
	每个环节的头部企业有哪些	
	哪些环节上的企业可能是潜在竞争对手？他们掌握了哪些关键要素	
分析外部环境	外部环境对业务的市场和客户有什么影响	
	政策环境是利好还是利空	
	哪些区域经济环境发生了变化	
	哪些区域社会环境发生了变化	
研究头部企业	该企业当前的经营结果如何	
	在该企业的发展过程中，他们做了哪些关键的经营动作	
	能做出这样动作，这些企业的管理机制和组织机制是怎样的	
	他们的业务负责人有着怎样对于行业的独特认知	

第3章

构建长期经营策略

3.1 好策略决定公司活多久

沃尔玛（Walmart）在创业之初就确立了“每天更低的价格”（Everyday Low Prices）这一口号。然而，零售业存在规模效应，只有当用户达到一定数量后，采购才能具备优势，价格才会真正降下来，这是行业共识。那么，沃尔玛如何在创业初期就实现“每天更低的价格”呢？

当时，美国的大型百货公司通常不会选择在人口少于1万人的地方开店，因为消费者数量太少，会导致成本难以分摊。但沃尔玛的创始人山姆·沃尔顿选择在人口密度较低的乡村地区开店，采取了类似于“农村包围城市”的策略。即使在人口不足5000人的小镇，沃尔玛也照常开设门店。山姆·沃尔顿敢于这样做，核心原因在于他对零售门店有着不同的看法。大众普遍认为门店即是商店本身，单店客流量少的话，配送成本就会很高。而山姆·沃尔顿认为，门店是分散在多个小镇的商店的集合。通过多个小店共同承担物流费用，相当于多个乡村店进行集体采购，这使得在城乡边缘开店具备了独特的优势，例如土地价格和房租较低，且当乡镇店铺形成一定的网络密度后，统一配送的成本也会降低。这些因素使得沃尔玛在开店初期就实现了“每天更低的价格”。

3.2 洞察用户价值

在第2章中，我们了解了如何分析行业的发展趋势以及行业终局。本章将从用户需求出发，讲解如何构建长期经营策略。之所以考虑用户需求，是因为需求是商业经营的基础。商业经营必须先利他，才能利己。

百度前产品副总裁俞军曾经说过：用户不是“人”，是需求的集合。不同用户对需求的偏好和选择各不相同。需求并不能简单被归类为“真需求”或“伪需求”，单纯讨论“真需求”或“伪需求”的意义有限，因为极端案例总是存在的。因此，需要从量化的角度来理解用户需求。重点在于分析用户的总体规模、用户对每种解决方案的选择偏好、交易频次、客单价、利润率等要素，以及这些用户数量是否足以支撑商业组织的服务能力。

3.2.1 定量分析用户需求

通常情况下，用户的当前需求已经有相应的解决方案。我们可以通过用户当前使用的产品或服务来发现其需求。这一过程可以分为四个步骤，如图3-1所示。

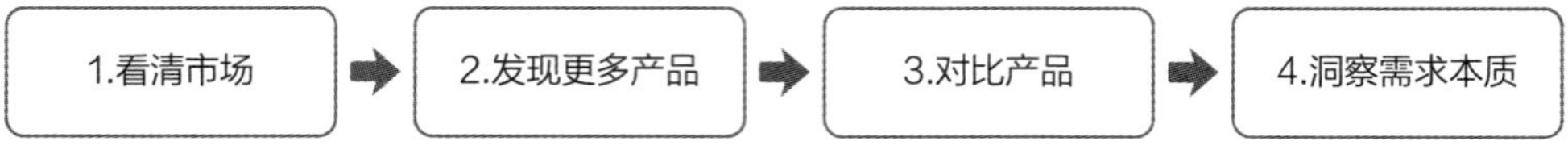

图3-1

假设我们研究的是北京的快餐市场。在这个市场中，有大量的餐饮企业可供分析。在研究中，我们关注到两家餐饮连锁企业：甲与乙。甲在中国各大城市均有餐厅，而乙的业务仅限于北京和上海。通过对多个连锁快餐品牌的调研，我们最终选择这两家企业进行对比。

在进入第三步“对比产品”前，可以先对北京的餐饮企业进行用户调研，找到北京用户在快餐方面最关注的价值点，形成用户价值列表，如图3-2所示。

一级价值点	功能	产品	服务	交付	品牌
二级价值点	低热量	美味好吃	节目表演	出餐快	名厨
	食材新鲜	菜品丰富	装修档次高	方便进食	明星代言
	活禽现杀	主食免费	生日特权	提供包间	公司品牌
	营养均衡	经典菜系	引导入座	独立卫生间	安全承诺
	口味丰富	新品更新快	清扫及时	距离近	点评必吃
	健康	菜量大	不打扰	响应及时	负面新闻
	少油少盐	现做非预制	态度好	食材溯源	用户评价
	卫生安全	粗粮	菜量提示	线上排队	全国连锁
		轻食		电话订餐	卫生评级
					健康认证

图3-2

在用户价值列表中，首先通过价值维度对用户价值进行枚举。这种方法便于通过用户调研得出结果。随后，通过调研中用户集中反馈的关注点，确定列表中的高优价值点。基于这些用户价值点，列出产品价值对比表开展进一步调研，以了解各层级用户的需求偏好、用户对每家快餐企业功能点的评价，以及用户可以接受的购买成本，如图3-3所示。

产品类型	甲						乙						竞品
功能价值	食材新鲜	卫生安全	……	公司品牌	用户评价	价格感知	食材新鲜	卫生安全	……	公司品牌	用户评价	价格感知	其他特色功能价值
用户A	✓认可	✓好	……	✓非常好	✓好	偏贵	✓非常好	✓非常好	……	一般	✓非常好	适中	某快餐门店多
用户B	一般	✓较好	……	✓非常好	✓好	适中	一般	✓好	……	无反馈	✓好	较低	素食出餐快
用户C	无反馈	✓较好	……	✓好	一般	贵	一般	无反馈	……	无反馈	一般	低	小食多
用户D	✓好	✓好	……	一般	无反馈	适中	✓好	一般	……	✓较好	无反馈	适中	饮品价格合适
用户E	一般	✓好	……	无反馈	一般	适中	✓非常好	✓好	……	无反馈	✓好	较高	可预付订餐

图3-3

该图罗列了甲乙两家企业基于用户调研关注的价值点。通过对用户进行访谈，可以了解用户对这些价值点的认可程度、优先级的选择、可能在乎的其他产品的独特价值。要注意的是，所有产品都能给到的服务只能叫义务，只有竞争对手做不到的才能称之为服务。在对比过程中，可以通过询问产品的替代品，来了解用户满足需求时还会选择哪些产品。在这种产品对比中，我们往往能够发现新的机会，主要体现在以下几个方面。

首先，结合核心用户价值要素，我们可以提供更好的用户价值，或者在保持用户价值不变的前提下，降低产品和服务成本。

其次，发现用户对某些产品有需求，但当前用户获取这些产品的渠道不够便利。例如，在北方某些城市，用户可能更喜欢类似于家常菜的连锁快餐，那么就可以考虑在这些地方开设类似的餐厅，并快速复制模式。

最后，发现原有用户中未被满足的需求偏好，且这种需求偏好是相对稳定的，可以为他们提供更匹配的产品和服务。

注意：存在用户偏见的行业，才是好行业，如果没有偏见就意味着没有差异化的机会。比如用户常常乐于选择某种品牌的可乐、手机、运动服，所以相关的行业都是有明显选择偏好的行业。

如果用户的选择是可以被观察的，那么应优先使用观察法观察用户的行为——特别是用户花钱或者花时间的行为，退而求其次的方法才是询问。使用询问方法时，问题一定要易于理解和回答。且使用询问方法时，经常会遇到如下三种可能。

第一，用户的回答是需求的解决方案而非需求本身，这就需要我们继续提问来深挖需求。

第二，用户本身并不清楚自己的需求，相比较而言，用户的行为更加可信。有一个非常经典的案例。索尼有一次为一款即将面市的游戏机做调研，请了很多目标用户来公司，收集他们的反馈，其中一个问题是“希望这款游戏机是什么颜色的”，选项中有黄色和黑色。很多人在被问及这个问题时，都回答“黄色”，于是索尼认为黄色的游戏机更受用户欢迎。但在调研结束时，索尼公司提出，参与调研者可以到门口任选一台游戏机带走，以感谢他们的参与，结果事后统计，参与调研者在实际挑选时，大多选择了黑色游戏机。

第三，如果用户说需求不存在，那么有一种可能是当前的需求解决方案并不够好。比如在第一代iPhone发布之前，市场上其实早已存在触屏电子设备，但是这些产品的用户体验不佳，这时候去做用户调研，得到的回答往往是“不需要触屏电子设备”。

3.2.2 找到长期用户价值

贝索斯曾经说过：“很多人关心未来十年会有什么变化，而我只关心未来十年有什么是不变的。”这种不变的长期用户价值才是企业必须重视的用户需求。例如，用户始终希望商品质量更好、价格更便宜、服务更周到、物流更快。

苹果公司iPod部门资深副总裁托尼·法德尔（Tony Fadell）曾说：“要想弄清一款产品能做什么，你先要了解人们为什么需要它。”“为什么”驱动着“能做什么”。

当有人向我介绍一款产品的设想时，我通常会问他：“如果没有这款产品，用户如何解决问题。”用户的需求通常是稳定的，因此一些需求或者说长期用户价值其实一直没有变，但满足需求的方法有可能发生了变化，而每次变化都会诞生一个新的市场，所以说：用户价值不变，但是市场是动态的。

比如，我们吃饱肚子的需求从来没有变过，只不过满足口腹之欲的方法变得多样——体验更好、价格更低。专注于当前用户问题与产品，很容易让我们忘却用户还有其他替代品，以及深层驱使用户这么做的原因。一个经典的例子是：当问骑马的用户需要什么时，他们可能回答“我要一匹更快的马”。如果只关注用户的短期问题，就会聚焦于如何找到更快的马匹，而不会创造出汽车。其实，用户的本质需求是：完成从A点到B点的物理移动，越快、越安全、越舒适且成本越低越好。聚焦于用户的长期价值，能够更容易提供超越商业周期的产品。对于企业来说，产品解决的问题越深刻、越涉及社会大众，企业的收益也将越大——企业利润和市值是社会对于企业解决问题的一种报酬。

洞察长期用户价值核心的方法就是对用户进行追问，追问“为什么要这么做”，避免陷入只解决用户当前问题的困境。

以餐饮行业为例，如图3-4所示。围绕用户吃饭的需求产生了一系列的产品——产品A是预制菜，产品B是快餐，产品C是农贸市场，产品D是方便食品，此外还有更多为了解决用户吃饭需求的产品。不同用户根据自身条件选择不同的产品，这些产品共同组成了解决用户问题的方案体系，同时也彼此竞争。如果预制菜操作简单且营养美味，就会挤压快餐和方便食品的市场；如果快餐价格更低且安全健康美味，则会影响预制菜的市场份额。

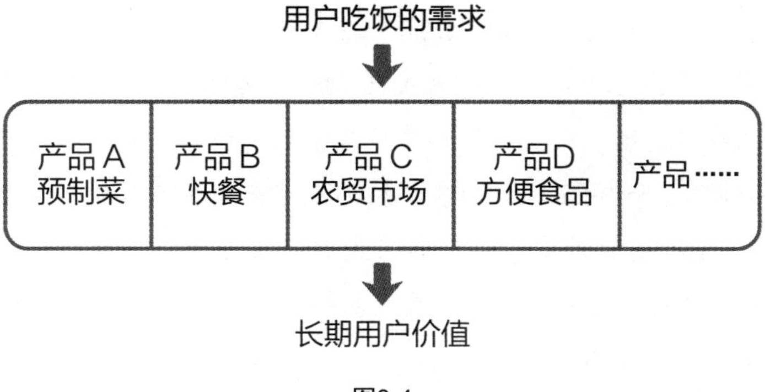

图3-4

然而，用户对餐饮行业产品的长期用户价值始终未变：更安全、更健康、更美味、更快捷、更便宜。这种长期用户价值的各个核心需求可能会出现冲突，因此需要企业持续解决问题。这些需求在短期内不会发生变化，围绕这些需求构建企业的能力，是企业成熟业务持续增长的基础。

案例：苹果公司如何围绕长期价值穿越商业周期

在用户价值交付方面，苹果公司（简称苹果）是一个典范。苹果一直专注于小型电子消费品，如计算机、手表、手机和VR设备。在苹果放弃造车之前，许多用户都期待其电动汽车产品。这得益于苹果长期聚焦于用户价值，即提供最好的沉浸式体验和交互体验。

苹果的成功源于持续洞察用户需求并推出符合长期价值的产品。苹果最早是一家个人计算机公司，在研发计算机的过程中，发现音乐市场用户体验糟糕，存在音质差、曲目分散、价格混乱、歌单无法创建以及下载音乐难以同步到MP3中等痛点。于是，苹果推出了“iPod+iTunes”的组合，即“大容量的音乐存储设备+便于查找曲目的交互方式+强于对手的音乐播放时间”，尽管初期iPod存在音质一般、无法在iPod上编辑曲目等问题，但依然大获成功。这也说明了苹果基于用户洞察寻找产品需求集合的能力非常强。它知道哪些功能是必要的、哪些是不必要的，以及每个功能需要达到什么样的程度。

随后，苹果洞察到用户需要一个集合电话、浏览器和iPod功能的设备。于是，苹果在与摩托罗拉合作研发手机失败后，自主研发并推出了iPhone。之后，苹果继续洞察用户需求，又推出了iPad。在乔布斯去世后，苹果通过对音乐市场的进一步洞察，推出了无线蓝牙耳机AirPods。尽管AirPods初期也备受争议，但它在外形、佩戴舒适度、续航时间和音乐质量之间找到了完美平衡，最终再次取得成功。我们发现，大街上佩戴白色耳机的人越来越多，其他厂家做无线蓝牙耳机时也会参考AirPods的外观设计。苹果无疑是工业外观设计的引领者。iPod、iPhone、Apple Watch、AirPods，虽然产品一直在变化，但是苹果创造的用户价值其实并没有变化，如图3-5所示。

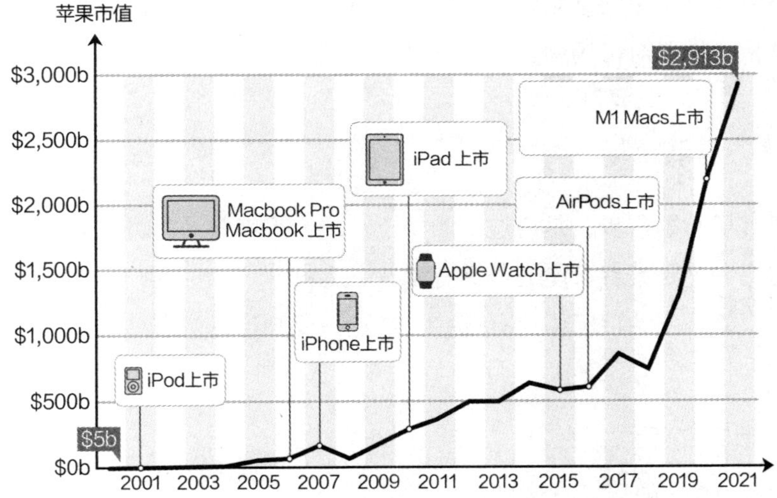

图3-5

苹果长期的用户价值主张是：为用户提供更好的用户交互体验，即更贴近人的自然交互方式，以及更加沉浸的用户感受。

从苹果的成长历程中不难发现，它始终面向用户，解决用户痛点，并通过优秀的产品和极少的品类来实现极致的用户体验。如果我们按照这两个用户价值的基点——更贴近人的自然交互方式，以及更加沉浸的用户感受——去审视苹果历次推出的成功产品，就会发现它们都满足这两点。这也更容易理解苹果的一些经营动作。

即使苹果某次推出的产品不太受市场欢迎，其也是苹果对用户可能需要的体验更好的产品的一种试探，而不受欢迎的产品也会帮助苹果修正其对更好用户体验的认知。

3.3 长期经营策略

制定长期经营策略，需要深刻理解用户需求。用户需求在市场中的体量，以及对应产品服务所需的渠道和供应链，构成了用户价值的传导链条。传递给用户的产品服务是一个完整的闭环，它至少包含用户、企业自身、渠道、供应链。所以设计长期经营策略的基础是让用户、渠道、供应链三者都愿意参与你设计的产品服务体系，你要对市场中这三者有足够的了解。

3.3.1 看清市场

看清市场的第一步，是通过“画格子”的方式将整个市场结构化，明确市场中存在的每一个要素有可能的分类有哪些、有哪些可能的用户、用户大概分成哪几类、企业要服务的目标用户有哪些。难点是要知道通过哪些维度来实现市场结构化。

1. 市场切分与产品定位

我们通过STP模型对市场进行切分。S代表市场切分（Segmenting）、T代表目标市场选择（Targeting）、P代表市场定位（Positioning）。在第2章的行业研究中，我们选定了市场方向，而本章则通过STP模型进一步细分市场并确定最终服务的目标市场。

市场切分就是选择一个合适的坐标系，把市场按照足够小的颗粒度来分割。市场切分中最难的是选择切分维度和颗粒度，它决定了你如何看待市场。根据用户来做市场切分的维度有很多，关键是要契合业务。不同的维度组合会决定市场形态。比如同样是零售行业中的企业，便利蜂和山姆的市场切分维度是完全不同的。一个在市中心一个在郊区；客单价也完全不同；一个基本靠街边流量，一个靠品牌吸引用户。最常用的市场切分维度有三个：收入、地区、渠道。其他维度有：年龄段、使用场景等。

市场切分错误会产生两个问题。

第一是切分得太粗糙，细分不足，这就会估错市场空间，把市场空间估算得偏大。比如一种粗糙的切分方法认为电动汽车是一个不必继续细分的市场。但事实上电动汽车市场可以通过各个维度进行切分，比如理想汽车切分的是奶爸人群，蔚来切分的是高端车型的平替电动汽车市场。如果对市场的切分没有到位，通常意味着对市场维度的分析没有到位。这种情况很容易导致市场空间估算错误。

一般来说，切分维度以三个为宜，太多维度可能反映出切分人对市场切分思路的不清晰。三个维度正好可以形成一个三维立体坐标系，加上每个维度下颗粒度的设置，就可以划分出多个小立方空间，如图3-6所示。

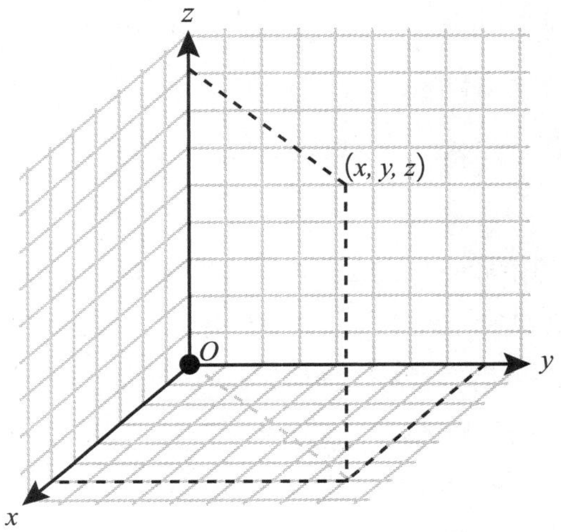

图3-6

例如，以地区为维度，坐标节点可以按城市规模定为一线、二线、三线、四线城市；以收入为维度，坐标节点可以按月薪定为0元、1000元、5000元、10000元、20000元等。选择维度时可先进行穷举，然后筛选出不重复、不重合的关键维度。例如，收入和年龄可能相关，因此需要综合考虑。将市场划分为多个小立方空间后，如果划分得当，则每个小立方空间中的用户在需求、渠道接触、认知与品位、偏好和支付能力上应是完全一致的，这样就完成了市场切分的第一步。

市场切分错误产生的第二个问题是，对应的目标市场选择和市场定位错误。越是竞争激烈的市场，越需要准确的定位。比如理想汽车就精准地定位到了有两个孩子的奶爸人群，或者计划生俩娃的家庭，他们是中国最具购买力的人群之一。

目标市场选择指从划分出的市场中选择目标市场。理想情况下，我们希望整个市场都成为我们的目标市场，但现实中常常无法做到。因此，我们需要在整个市场中选择一片连续的三维空间——这是为了避免功能分散、资源浪费，以提高投入产出比（ROI）。选择连续的有意义的市场空间，有助于形成规模效应和复用能力，从而完成目标市场的选择。公司不能仅经营一个小立方空间，因为市场太小可能无法支撑公司的规模化运营。同时，公司也不能选择太大空间，否则竞争者可能会在我们未覆盖的区域中发力。因此，市场切分需要足够精细，以确保业务具备穿透力。

市场定位即针对目标用户群找到其需求的最大公约数，并提供相应的产品或服务。通过STP模型，可以分类并找到最大的目标用户群，并针对该用户群给出产品或服务。需要理解用户做选择时会介意什么、选中服务的用户有什么样的规模、当前的替代品都是什么。最好的情形是，产品能够打动用户，同时市场空间又符合预期。

目标市场选择和市场定位是会互相影响的，用户可使用的产品门槛越低越好，例如，在短视频没有出现之前，文字媒体的用户量就很大。但是文字阅读本身是一件门槛很高的事情，3G时代很多用户选择文字资讯，是因为移动端可以消费的内容太少了，随着短视频产品的用户渗透，文字媒体的用户量就会下降，因为看视频比阅读文字的门槛至少低了一个数量级。从内容生产上面看，长篇文字的生产门槛也远高于短视频。

所以产品目标消费群体、产品的品牌等因素决定了一个市场的规模。市场不会被一家公司切分走，但你的产品形态已经决定了你能够切分多少，即如果你进入这个市场，当前你的业务形态就注定占据有限的市场空间，如果你想要多切分一点儿市场，要么改产品，要么创立新的子品牌（即再打造一个产品从而再切一块市场）。

案例：霸王茶姬的定位和增长

霸王茶姬通过市场切分与市场定位，在一个竞争相对充分的市场中发现了新的空间。让我们看看霸王茶姬是如何做的。

霸王茶姬从三个维度来做市场切分，分别是场域、价格和奶茶类型。场域可以分为两种：一种是10~30平方米的街边店铺（即买即走），主要品类有CoCo都可、一点点、茶百道、古茗和蜜雪冰城等，大多为街头店铺；另一种场域是60~100平方米的商场店铺，大多开设在购物中心，包括喜茶、奈雪的茶、乐乐茶和霸王茶姬等。按照价格维度，则可以分为10元以下、10~15元、15~20元和20元以上四个档位，如图3-7所示。

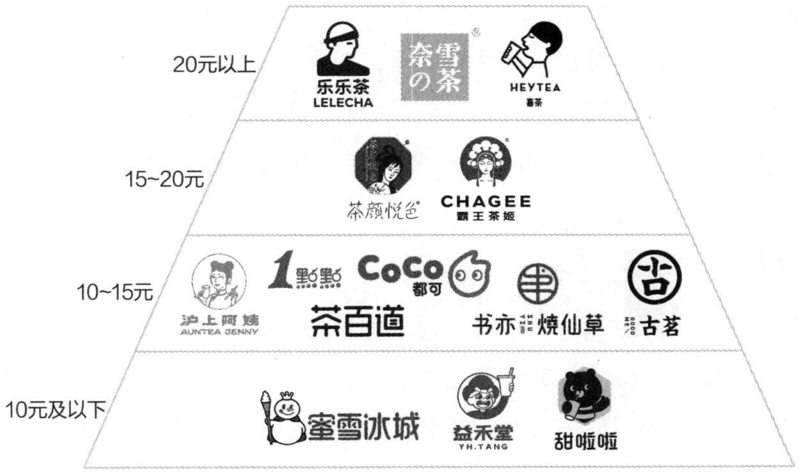

图3-7

按照奶茶类型维度，可以分为街头的现代奶茶（包括CoCo都可、一点点、茶百道和蜜雪冰城）、水果茶（包括喜茶、奈雪的茶和乐乐茶等）、原味鲜奶茶（包括霸王茶姬、茶颜悦色）等。水果茶的优点是价值感强、复购率高且解渴，缺点是水果品质不易控制，对供应链的要求也比较高。这三个维度形成了市场坐标系，霸王茶姬的定位就在其中，如图3-8所示。

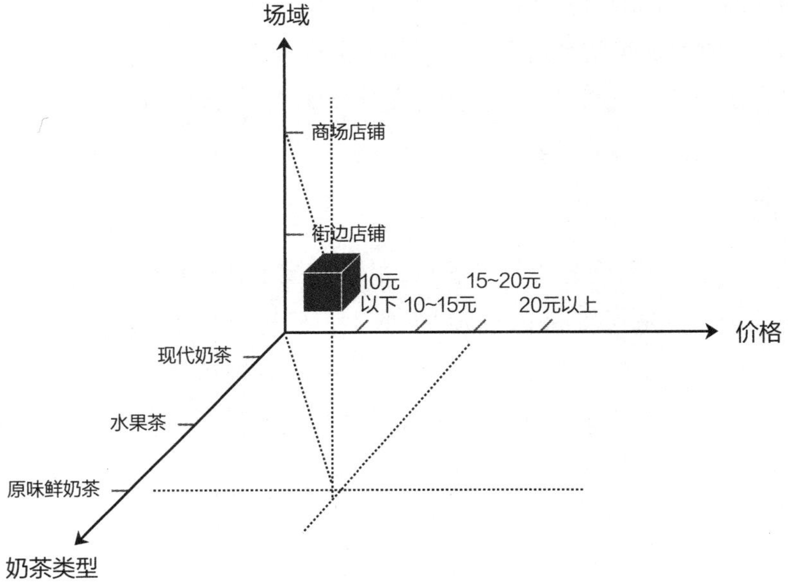

图3-8

霸王茶姬定位的是一个全新的市场。它不同于现有的产品，更加强调原叶茶和鲜奶等原料特点。与现代水果茶相比，其虽然价值感稍逊，但使用原叶茶加鲜奶这样的奶茶原料更容易使产品形成规模化。霸王茶姬在一个几乎饱和的红海市场中，通过新的维度和更精细的市场切分，找到了新的机会，并实现了高速增长。

2. 渠道

在分析并看清市场和产品之后，接下来要分析渠道。这里的渠道指的是：用户获悉产品和服务，以及获取产品和服务的路径。用户一定会通过某个渠道获悉并使用我们的产品和服务，这些路径是多种多样的，例如在户外看到广告、在应用商店下载App等，这些都是渠道。即使是口碑传播或线下销售，传播者和销售人员抽象来看也是渠道的一种。这时，我们就可以对渠道进行分类。

渠道的分类方式有很多，例如可以按销售方式、线上线下、地理区域和传播形式等维度进行分类。这里最重要的是，在明确目标用户的情况下，要分析哪些渠道可以触达他们，并预估成本、合作效率、渠道的利益诉求是什么、渠道目前有哪些合作伙伴，以及当前的交易模式是怎样的。

渠道的价值诉求也很重要，通常线下商场和互联网品牌会存在价值诉求。线下商场在面对不同的商家入驻时，考虑的不仅是利益，还有价值，包括品牌调性，以及该品牌是流量的创造者（能够吸引更多用户），还是流量的消费者。例如，海底捞在进驻某商圈时，入驻费通常会很低甚至免除，房租也会有优惠，因为商圈认为海底捞能够带来客流量。

3. 供应链

基于STP模型所明确的产品和服务，我们需要看清这种产品的供应链大概可以分为哪几类，并进一步拆分所提供的服务，分析哪些品类或细分品类需要自建供应链，哪些产品可以选择代工。通过本书第2章对市场的分析，可以看到各个供应链当前的利益诉求是什么、他们目前有哪些合作伙伴，以及目前的合作方式是什么。

3.3.2　交易模式设计

基于切分的市场、产品定位、渠道和供应链，我们需要设计合理的交易模式。

首先，应预估当前市场中用户需求的差异，并明确目标用户群体。

其次，在此基础上，设计能够满足用户需求的产品或服务组合。这一步的关键在于分析用户现有的选择和使用习惯，我们提供的产品或服务必须在价值上显著优于现有选择，以吸引用户迁移。

与此同时，我们需要明确不同渠道的诉求与价值，列出所有现有及潜在的供给方式。

接下来，就可以设计交易模式。这一步的核心在于确保用户、渠道和供应链这三个环节均能参与并支持该模式。因此难点在于掌握每个环节的选择或者诉求。

许多优秀的业务负责人会花大量时间与专家访谈、参观行业标杆企业、接触一线客户或者亲自服务客户，这不仅是为了树立企业形象，更重要的是了解一线业务情况，清楚用户、渠道、供应链等每个环节中的诉求。因此，看清市场是基础。市场切分最关键的风险就是对各方利益诉求不了解。对于业务负责人而言，最大的瓶颈往往是对行业及业务边界的认知。如果缺乏这一认知，交易模式的设计便无从谈起。

在同样的市场中，只有深入理解每个节点的诉求，获得更深层次的认知，才能够形成区别于竞争对手的独特视角，才能设计出契合各方需求的交易模式。这种认知直接决定了交易模式设计的质量。

看清市场的挑战在于找到所有交易环节的可能性，并在这些可能性中找到同时满足各方诉求的一种或几种，从而形成最终的交易模式。任何产品或服务都需要渠道与供应链的协同支持，才能被最终传递至用户。用户满意是基础，没有渠道和供应链的支持，产品和服务将难以落地。

案例：番茄小说

番茄小说通过梳理用户、渠道和供应链，设计了全新的交易模式，在竞争激烈的网络文学市场中实现了高速增长。在进入市场之前，网络文学市场由传统老牌网文平台主导。这些平台长期积累了一批签约的高质量作者，主要通过读者付费阅读盈利，并与作者按付费金额进行分成结算，如图3-9所示。

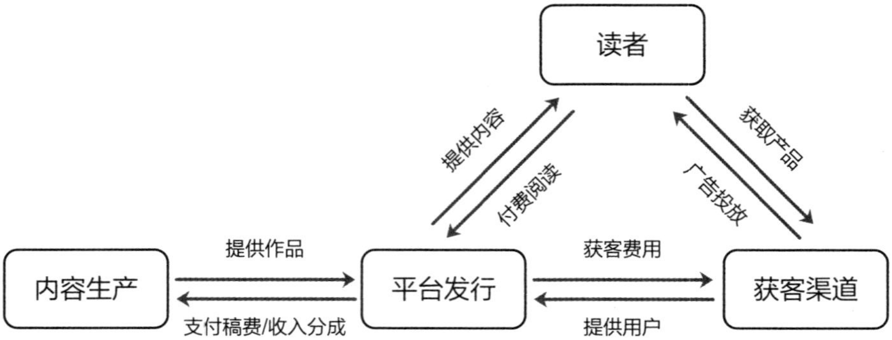

图3-9

传统网文平台已拥有一批相对忠诚的读者，但番茄小说发现市场中存在大量倾向于免费阅读的用户。为满足这部分用户需求，番茄小说重新设计了交易模式，将传统的付费阅读模式转变为流量广告模式。通过引入广告方，用户只需观看广告即可免费阅读小说，如图3-10所示。

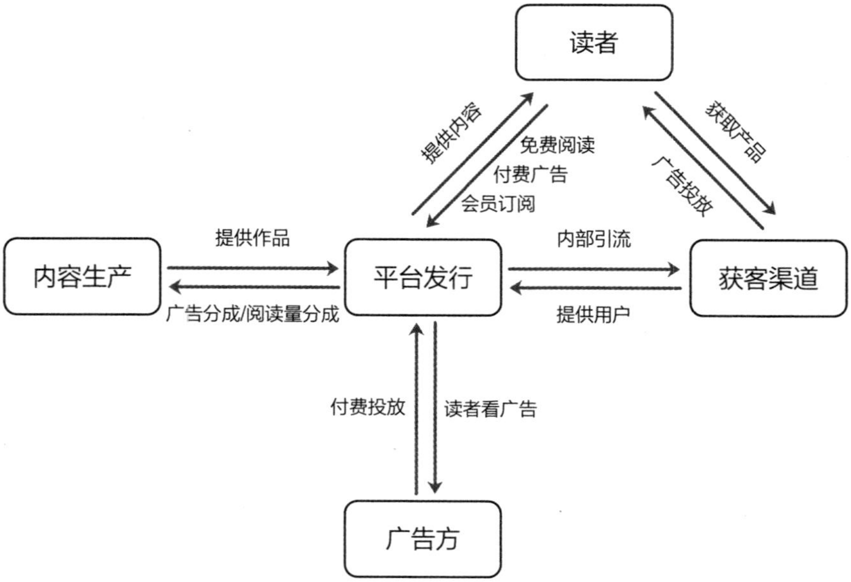

图3-10

番茄小说改变了传统交易模式，不再直接向读者收费，而是提供免费的阅读服务。为实现获客目标，番茄小说利用字节跳动系的抖音和今日头条进行低成本投放，通过免费小说作为媒介植入广告，并从广告方收费实现盈利。这一模式实现了与传统网文平台的错位竞争，成功吸引了另一批目标用户。

通过设计全新的交易模式，番茄小说不仅服务了更广泛的人群，还开辟了新的盈利渠道，为网络文学市场带来了新的发展路径。

3.3.3 模式扩张对抗规模重力

在设计交易模式后，需进一步思考业务逐步扩展时可能面临的制约因素。这些制约因素被称为“规模重力”，它们会阻碍业务的持续增长。

任何系统的扩展都有极限，调节回路会在一定程度上抑制增长。例如，一家餐厅雇用5名服务人员可以实现每月5万元利润，但当餐厅扩展到20家店、雇用100人后，却很难实现每月100万元利润。即使我们假设企业收入与企业规模呈线性正比关系，也不可忽视人员管理、食品安全、服务质量等因素的“反规模效应”。随着规模变大，人员管理成本和运营复杂性通常会显著上升，企业越大，问题越多，效率越低。因此，在完成交易模式设计后，需重点分析哪些业务要素可能制约规模扩张，并探索有效的应对方法，以实现业务的持续扩张。

1. 好模式支持业务不断扩张

什么是好的模式？随着规模扩大，业务收入也会越高，这就是一个好的模式。将这些收入再投入关键环节，使关键体验更好，业务规模就会更大，并获得更高的收入，这就是良性循环——规模越大，实力越强，效益越好。例如，所有服务者共享一套流程，所有参与者都在改进同一套流程，那么规模越大，服务经验越丰富，流程越完善，服务也会越好，从而使业务更好，规模更大，这才是好的模式。

一个好的模式应该能够自动驱动扩张，而具备自动驱动扩张的业务通常非常稀缺。很多时候，经营者没有太多选择，只能根据自身能力和市场情况，选到什么业务就做什么业务。业务中的规模效应是业务本身的天然属性，属于稀有资源。因此，要重点分析业务中哪些环节具备规模效应。我们要在设计业务模式的过程中，把具备规模效应的环节掌握在自己手中。

好模式的特点之一是能够找到不断提升利润的方法。业务模式涉及许多经营动作和业务环节。判断某个经营动作或业务环节是否具有规模效应，就要看其是否能提升利润。这是一种杠杆思维——投入少、收益大，从而对抗规模重力。规模效应的判断标准有三个：第一，在不增加成本的情况下可以提升售卖价格；第二，价格不变，业务上可以降低成本；第三，扩大规模，品质不变。

2. 业务中哪些因素具备规模效应

哪些因素能使业务走向好的模式？下面我们通过海底捞的案例来分析，哪些业务环节使海底捞变得越来越好，规模越来越大。

（1）越多越好还是越多越不好

在我们的业务中，有些因素是越多越好，例如用户的使用数据。豆瓣保存了大量用户对电影、音乐和书籍的评分，这些评分的积累使其用户价值越来越大。有些因素则是越多越不好，例如超市可能有14000个SKU，而山姆会员店只有3000~4000个SKU，这意味着普通超市想要经营好每个SKU变得非常困难。因此，思考业务中哪些因素可以简化非常重要，它决定了业务初始的复杂程度。海底捞就精简了SKU数量，其菜品SKU相对较少，这使得食材的运输、管理、采购、处理成本以及新鲜程度都更易于控制。

（2）某个环节的规模效应

随着门店数量增多，海底捞发现可以集中采购和处理食材，由中央厨房每天向各餐厅提供食材。只有当城市餐厅密度足够大时，才能用冷链车配送食材，由所有店铺共同分摊中央厨房的成本。相比于市场采购，这种方式既能保证食材的品质与安全，又能降低集中采购的成本。随着规模越来越大，海底捞发现，如果买断上游的畜牧场，由于采购量大，就能让牧场给自己独家供货，既能形成壁垒，又能进一步降低食材价格。于是，海底捞开始向上游收购供应链。

（3）软件系统

随着食材每天被派送到门店，又出现了新的问题：中央厨房如何准备第二天的食材？这就需要对食材的消耗情况进行预估。于是，海底捞引进了库存系统，将每天消耗的食材情况发送给中央厨房，门店经理也会根据店铺的经营情况和行业经验向中央厨房申请第二天的食材。随着规模不断增加，他们发现通过软件系统反馈库存的效率没有明显降低，反而提升了门店库存和中央厨房信息沟通的效率。除此之外，海底捞还开发了面向用户的点餐系统，使用户下单的菜品信息能同时传递到后厨和中央厨房，使食材消耗信息的同步效率更高。

（4）业务流程分工

随着店铺越来越大，每天用餐的人越来越多，就需要对员工的工作进行分配，使每个环节的处理效率都保持最高水平。用户在餐厅中选择好菜品后是一起下单的，但分配到后厨后会按照菜品分别形成订单。海底捞的后厨针对火锅底料准备、牛羊肉切配、摆盘、洗菜、摘菜和切水果等环节都有专人负责，每个人只负责当前的业务环节，订单下发到后厨后可以同时处理，从而缩短了等餐时间，并最终由上菜人员送到用户餐桌，提高了后厨准备火锅食材的效率。

（5）标准化流程

在日常经营中，海底捞发现有些流程是必然发生的，例如迎宾人员需要将客人带到指定座位，每桌客人离席后需要清台。因此，可以对这些流程进行标准化处理。例如，客人用餐结束离席后，专门负责清台的人员会负责清理桌面，桌面需要擦拭几次，擦拭的标准都有规定。完成清台工作后，负责清台的人员会按一个按钮告知系统清台完毕，系统也会通知迎宾人员哪个餐桌可以使用，然后迎宾人员会将客人带到指定区域，再由餐厅内部的服务人员带到指定的餐桌前。

（6）员工培训

有了这样的流程，如何让新员工快速掌握？这就要依靠海底捞的培训体系。海底捞会将餐厅分成多个区域，每个区域都有对应的负责人，负责人管理并培养对应区域的具体服务人员。这样，随着组织的扩张，就能快速吸收新员工，并让他们掌握标准化的服务流程。

（7）开发工具

在厨房配菜完毕后会有送餐人员将菜品送至餐桌。这项工作是否可以被工具替代？因为每个餐桌是固定的，且每个细分品类的订单送到哪个餐桌也是固定的，所以海底捞开发了送餐机器人，可以在送餐前设定好送餐机器人需要送达的餐桌，这样送餐机器人一次可以运送的菜品数量、准确度，以及效率都会提升。

我们需要从业务的各个维度去寻找提升效率或利润的关键因素，进而对抗业务模式中的规模重力。除了上述思考维度，我们还可以通过组织架构优化、创建企业价值观、区域化管理等方法来对抗规模重力。我们最终希望实现的是：随着在这些业务环节上不断投入，业务规模越大，利润越高，成本越低。

3.3.4 构建壁垒

什么可以成为壁垒？《巴菲特的护城河》一书总结了巴菲特谈到的四种护城河（壁垒）形态：无形资产（品牌、专利或特许经营资质）、成本优势、转换成本和网络效应。巴菲特说的这四种壁垒都是业务经营结果产生的结构性优势。以品牌为例，品牌的影响不仅针对用户，对互联网大厂而言，品牌影响力也能带来更便捷的合作机会。然而，大厂之间的品牌力差距较小，相较于小厂才更具优势。两家互联网的巨头产品，很难明确哪一方品牌力更强。

有些行业本身就具备壁垒。例如咖啡具备成瘾性，相比奶茶来说，咖啡的行业壁垒就高很多。这是市场属性决定的用户迁移成本。即时通信市场的网络规模效应也是一种行业壁垒，占据市场空间越大，企业优势越明显。

1. 壁垒的特点

让我们看下京东物流体系，其正是一个壁垒。

搭建一个优秀的物流体系，绝不是光用钱就可以做到的。

首先搭建一个覆盖全国500个城市的物流体系，就需要数年的时间才能实现。

其次投入更多的金钱与资源并不能加快物流体系的搭建速度。因为在这个过程中需要对数万名员工进行培训，通过实践不断地淘汰，不断地筛选，最后留下来的才是优秀的员工。还要招募软件工程师，培训他们，让他们懂电子商务，懂信息系统。这是一个业务人员随着业务不断成长的系统。

这一切都不是有钱就能很快办到的事情，还需要付出大量的时间成本。

真正的由业务实践构成的壁垒决定了胜负。壁垒不仅能够提供超越竞争对手的用户价值，还会让竞争者难以模仿。

如何找到壁垒呢？首先要弄清楚用户为什么选择我们。然后在这个基础上，继续追问，我们如何提供这种与众不同的能力——这种独特能力必须既是用户需要的，也是需要长时间才能建设完成的，这种独特能力就是壁垒。

从业务角度看，壁垒的构建需要足够时间，并且因为商业生态具有动态性和系统性，因而壁垒难以模仿。即使挖走竞争对手的员工，也无法复制其业务优势。前文我们说过，改变组织架构会发现业务形态不支持，改变业务形态又会发现组织架构不支持，因为组织架构与业务形态相互依赖；就算发现自身业务有可优化的环节，而优化单一环节可能需要调整多个关联环节，最终也会导致业务复制难度极高。

案例：为什么海某捞“学不会”

餐饮行业（以及其他服务行业）的老板，很多都想尝试学习海某捞的服务能力。海某捞的显性优势是员工能提供的高质量服务。其他企业想要学习海某捞的服务，可以派一个员工去海某捞学习，甚至可以高薪挖走海某捞的管理层员工，但是在人均消费百元的餐厅中，依然没有哪一家可以成功复制海某捞的服务能力。这种无法抄袭就是企业的经营壁垒。

为什么其他企业无法把海某捞的服务学过来？这是因为海某捞所做的一系列业务动作，导致其他企业无法学习。图3-11分析了海某捞的壁垒。那么海某捞如何通过模式重构取得优势？

首先，火锅具有较高的标准化潜力。与依赖厨师烹饪的一些餐食相比，火锅只需食材和底料，这使海某捞的业务更容易标准化。

其次，海某捞选择核心商业圈开店，既保证了客流量，又因品牌力获得性价比更高的房租和入驻优惠。前文说过，海某捞入驻商场和居民区是减免入驻费的，也会有房租优惠。另外，海某捞因为没有厨师的限制，推出了24小时服务，通过拉长运营时间进一步降低了门店房租成本。这些省下来的钱都可以投入到食材、环境，特别是人员服务的激励上面。

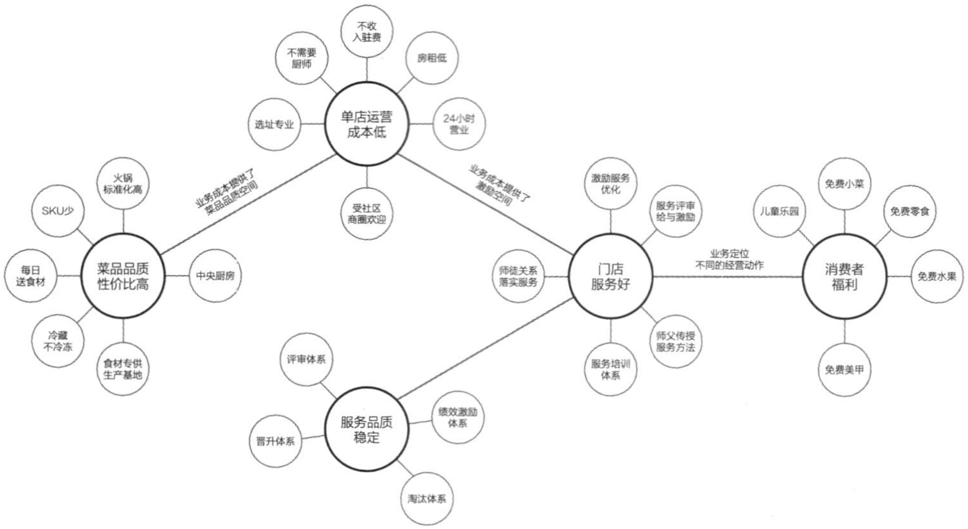

图3-11

再次，为了做到好于大多数火锅店的服务和食材品质，进一步提升产品和服务的优势，海某捞通过自建供应链“蜀海”发挥规模效应，并精简SKU数量。SKU数量是一个反规模效应的要素，SKU数量越大，管理起来越困难。海某捞的精简SKU和自建供应链让其食材的品质和成本优于竞争对手。

最后，在服务方面，海某捞将菜品成本、定价、房租、供应链等经营成本优化后获得的资金投入服务的激励机制。对于餐厅来说，味道好是基础，一个餐厅想要开下去、留住用户就需要“饭菜好吃”。在“饭菜好吃”的基础上，更好的服务就成了用户选择的加分项。例如，海某捞会为服务改进提供奖励，如图3-12所示。其在火锅的上方设计了带有栅格的排气系统，可以把火锅的蒸汽抽走，减轻了用户衣服上的火锅味道；针对鸳鸯锅中油锅沸腾的辣油会飞溅到隔壁番茄锅的情况，海某捞发明了挡板。排气系统被海某捞定为最高层级的服务发明，其发明人获得巨大的激励——其他店铺每使用一次排气系统，就需要给发明人支付版权费用。足够多的激励资金让员工会主动关注到任何一个可能优化服务的环节。

海某捞还依靠一套师徒晋升体系和评比体系将更好的服务推广到每一家店。海某捞从店长到一线员工都采用师徒制，每名店长也有自己的师父，并存在一个师父带领多个店长的情况。通过师徒制，海某捞确保每个层级的员工都有更高层级的专业人士来进行技能培训和指导。

图3-12

除了每年的业绩评比，海某捞打造的评比体系也包含了由专家和忠实食客组成的评审团队和神秘访客。他们会定期对所有一线门店的服务、就餐环境、菜品质量进行打分。对于评分优良的店铺，店长和员工会有绩效奖金的激励。如果店铺被评为A级，该店铺的店长就有了拓展新店铺的权利——新店铺的选址由店长和他的师父负责，只要是海某捞供应链可以触达的地方都可以选择，确定后提交给专家评审，通过评审后就可以开新店了。

店长可以让自己的徒弟来接替自己管理原来的店铺，徒弟还可以选择他的徒弟来接替他的当前职务，并且原来店铺经营的一部分收益可以分给师父。海某捞的师徒是终身制的，师父有着非常大的权利，每个徒弟都会听从师父的指挥。对于经营不好的店铺，师父有权调换其他人来经营店铺，也可以亲自经营店铺，所以每个师父名下都有很多担任店长的徒弟，而每个店长徒弟名下都有很多担任区域组长的徒弟。工作的绩效不好随时可能会被师父换掉。这就是为什么海某捞负责员工的住宿生活起居——在这种强度的工作机制下，企业需要做到这些，员工才能更加专注于业务。

每年海某捞还会举办店长大会，对店长进行评级，表彰优秀的店长并请他们分享服务经验，同时惩罚业绩不好的店长。依照这样的师徒体系、晋升拓店体系、评审监控体系、选拔淘汰体系，海某捞就把优秀的服务落实到每个店铺，这几套体系就会激励一线员工提供最好的服务来获得晋升，每个员工的良好服务都会获得职位和现金绩效回报。服务员只要做得好，就可以管理更大的范围，升任店长，甚至成为多个店长的师父。随着管理范围的变大，员工的收入也会得到提升。

所以，海某捞的成功不能仅仅归结为“服务好于其他餐饮企业”。准确地说，海某捞基于长期的用户价值定位，在业务的各个方面都做了适当的取舍——通过这种取舍，海某捞才形成了经营上的优势，最终体现在“服务上好于竞争对手”。这种能力不是靠简单的业务动作模仿就可以做到的。

2. 如何发现壁垒

以著名企业小米为例。小米拥有庞大的工程体系、供应链管理能力和组织管理能力等，这使小米优于很多企业。这些体系和能力看似每个企业都有，但当我们仔细剖析每个企业时，一定会发现各个企业的这些体系和能力又彼此不同，它们组合在一起往往构成了该企业独有的特质。

同一行业中每家企业都具备的能力被称为“行业门槛”。如果某种能力其他企业都有而我们没有，我们就没有资格与其他企业竞争。我们必须先跨过这道门槛，才能与对手同台竞技。

如果我们已经跨过了门槛，能够在行业中参与竞争，那么只有我们拥有且优于其他企业的能力，才是我们的真正壁垒。壁垒本质上是我们创造的优势条件，这些优势条件能帮助我们更好地开展业务，同时还具有一定的难度或稀缺性。

当我们找到自身业务的壁垒时，才能知道哪些业务成功的概率极大，哪些业务注定会失败。壁垒的积累能带来更多利润，同时也是一项具有挑战性的工作。商业竞争的本质就是构建壁垒，只有构建壁垒才能提高竞争力或利润。

我们考察壁垒的判断条件如下。

第一，这项能力能够为用户提供独特的价值，并具备竞争力。只有满足用户需求的、竞争对手无法提供的产品或服务，才能称得上“独特”。

第二，对手难以学会这项能力——即使学会也需要付出高昂的成本，尤其是时间成本，因为时间是我们唯一无法改变的变量。行业中的其他公司如果想要拥有这项能力，必须花费大量的时间才可以。这项能力通常与资源无关，如果竞争对手依靠更多的资源就能拥有它，那么它就不是壁垒，因为总有竞争对手会拥有比我们更多的资源。只有花费时间才能获得这项能力，意味着这项能力的复杂程度足够高，任何竞争对手都不能在短时间内做到。

第三，这项能力要有稀缺性。具有高度的稀缺性的壁垒，会影响我们与竞争对手的胜负结果。例如即时通信行业，微信第一个获得了网络规模效应的壁垒，而一般情况下，用户只需要一个即时通信工具，因此微信的竞争对手就无法拥有该壁垒。再如网约车行业，哪个企业拥有更多的用户，就能拥有更多的司机，从而形成足够的规模，降低运营成本，并反过来影响应答率和价格。网络规模效应也在发挥作用。

历史上几乎所有互联网产品，出现伊始都强调“唯快不破”，因为规模就是它们最大的壁垒。互联网产品的规模和用户价值是同步增长的，只有规模最大的企业才能提供最佳的用户价值，而最大的规模只有一个企业能够拥有。因此，企业必须确保自己始终处于第一竞争梯队中，业务开拓的速度（即先发优势）就成为非常重要的因素。这时候，企业甚至不会考虑投资回报率或性价比的问题，只会努力抢占市场第一，构建规模壁垒，实现赢者通吃。对于这些企业来说，即使在争夺第一的过程中亏损了几百亿元，但只要成为行业第一，未来就有机会把钱赚回来并继续发展，而竞争对手则会因为失去先机而被淘汰。这就是互联网“唯快不破”的逻辑。

不过这个逻辑只存在于互联网行业，其他行业的情况会有所不同。互联网之外的行业，企业规模和用户价值不一定是强相关的，也不一定是同步增长的，因此规模就不一定是最大的壁垒，“唯快不破”也就不再是最佳策略。

3.3.5　形成增长飞轮正向循环

要将业务模式设计串联起来，可以通过增长飞轮进行梳理。做这种梳理也是为了制定和明确长期的经营策略。

首先要基于清晰的用户认知来构建产品或服务，在这个过程中要设计出让用户、渠道和供应方都能充分参与的商业模式。之后要思考哪些业务环节具备规模效应，可以驱动业务不断自我增长并提供更高的用户价值。在明确聚焦长期经营方向后，我们要将资源投入到这个方向，建设壁垒，并在该方向上进行积累，从而反过来提升用户价值。同时，这样通过时间沉淀形成的壁垒，使竞争对手难以模仿。这种使业务越来越好、用户体验越来越好、核心壁垒越来越强的思考产出物就是增长飞轮。

1. 增长飞轮是什么

关于增长飞轮的最经典的例子是亚马逊。学者吉姆·柯林斯在其著作《飞轮效应》中探讨了亚马逊如何构建其增长飞轮，如图3-13所示。2001年，柯林斯帮助贝索斯和亚马逊高管团队分析并构建了增长飞轮。

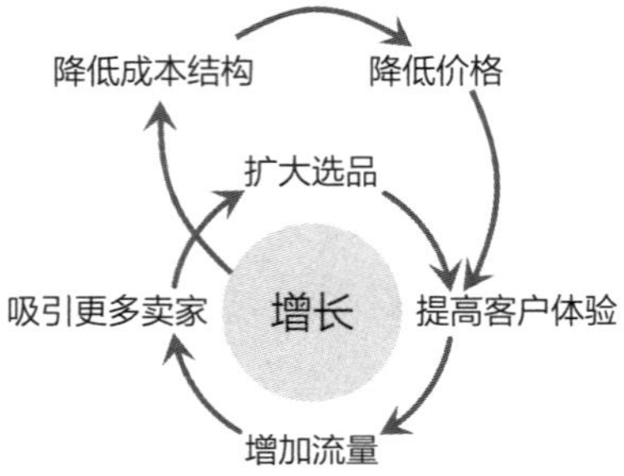

图3-13

贝索斯当初制定亚马逊的长期策略时，有一个很重要的思路：亚马逊的商品要足够多。当亚马逊的商品足够多时，用户可以购买和挑选的商品就会更多，用户需求也会逐渐增加，用户交易体量随之变大，流量也会发生变化（每个用户每次访问亚马逊都是一次流量）。流量变大后，就会吸引更多商家入驻卖货。当销售量更大时，每件商品可以分摊的物流成本就会下降，运营成本也会下降，成本结构发生变化，从而可以实现薄利多销，并使商品价格更低。当商品价格更低时，竞争力就更强。从商品丰富到竞争力足够强，这就形成了一个正向的飞轮反馈。

（1）双边网络的增长飞轮

让我们再看一个经典案例——优步（Uber）的增长飞轮。

优步和亚马逊有相似的地方：它们都是具有双边网络的平台。亚马逊的双边是商品和买家；优步的双边则是司机和乘客。优步需要建立动态平衡，吸引司机的同时也要吸引乘客。优步的增长飞轮包含了增长策略的先后顺序。优步按照这个策略顺序最终实现了业务增长飞轮的不断运转，如图3-14所示。

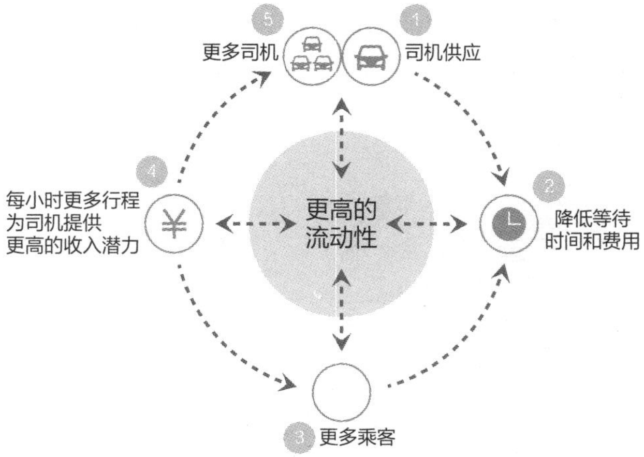

图3-14

第一步，吸引更多司机加入平台。更多的司机会导致第二步——提高一个区域的车辆密度，从而缩短用户等待时长并提高叫车成功率。这两项都是最影响用户价值的因素。这样就导致第三步——用户因为叫车成功率更高、等待时长更短而更愿意使用该产品，从而更倾向于使用优步出行，这就会吸引更多用户使用，而更多用户使用会导致第四步——司机每小时的收入提升，收入的增加会吸引更多司机加入优步。这样，优步的增长飞轮就运转起来了。

（2）产供销业务的增长飞轮

对于自营产供销业务的企业来说，它们的增长飞轮则与亚马逊、优步有很大的不同。以瑞幸咖啡的增长飞轮为例，如图3-15所示，可以看出，其核心长期策略是占据关键要素。

关键要素就是商圈或社区的优质位置。因为无论是在商圈还是在社区，好的位置都是有限的，这就符合我们之前讲的壁垒原则——我占据了这个位置，竞争对手就无法占据。更好的位置意味着更大的客流量，这对于用户来说意味着更高的确定性——在好的商圈和社区都可以便捷地买到瑞幸咖啡，从而实现更好的品牌感知度。更多用户的选择对于餐饮企业来说意味着成本降低。瑞幸的招商页面也显示，其会要求加盟商按照规定选址。

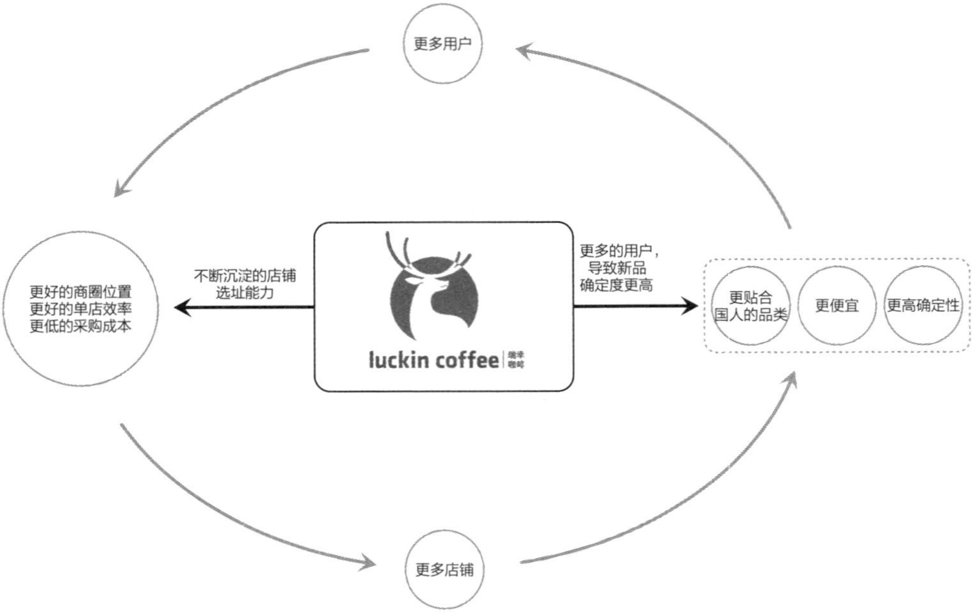

图3-15

瑞幸咖啡的直营店由其总部全资拥有并直接经营，所有运营和管理都由总部负责，包括选址、装修、聘请员工、采购咖啡豆、销售和店内推广等工作。因此，直营店的所有权、经营权和经营方式均由总部掌控。而加盟店是由个人或企业以加盟方式与瑞幸咖啡总部签约，在一定的条件和规定下经营的咖啡店。加盟店经营者需要购买总部提供的经营权，并按照总部的规定进行店铺选址、装修和管理，但总部仍会提供技术支持、培训和推广等服务。

更多用户选择瑞幸，使瑞幸对大众市场的咖啡口味有了远超对手的感知，从而可以基于部分用户进行口味测试，并不断积累自身的咖啡品类开发能力。

2. 如何构建业务的增长飞轮

通过分析亚马逊、优步和瑞幸咖啡等典型的增长飞轮案例，我们可以借鉴其中的思路，设计出适合自己业务的增长飞轮。在构建增长飞轮时，需要排除像微信这样的网络规模效应产品（过于特殊，难以复制）。设计增长飞轮的思考路径如下。

增长飞轮是基于长期经营策略的产物，核心是通过逻辑化的表达来体现用户价值。因此，增长飞轮设计的核心要素可以分为两个方面：一是用户价值侧，二是供给侧（或称价值交付侧）。对于用户价值侧，需要思考哪些用户价值点需要长期建设、供给侧哪些建设可以提升这些用户价值点。同样，对于供给侧也需要思考哪些用户价值点反过来可以强化供给侧的能力。在这个过程中，用户价值侧和供给侧的关键要素积累和能力沉淀会随着时间的推移，形成独特的核心能力和壁垒。

比如亚马逊认为用户价值是更低的价格、更好的用户体验（亚马逊内部也会将用户体验进一步拆解，例如拆解为更快的物流和更长时间的无条件退换货）。对于优步来说，用户价值则是更短的接驾时间和更高的接驾确定性——用户发出订单后，很快会有司机响应，且最终会有一辆车到达用户面前。对于瑞幸咖啡来说，用户价值则是一杯价格更低、品质更好的咖啡，以及随时随地都能方便购买的渠道。

供给侧偏向于价值交付。一般认为，壁垒是企业聚焦在一个方向上的持续积累，这种积累将使企业有更好的价值交付能力。这种价值交付能力不一定来自供应链，也可能来自品牌积累、对用户喜好和偏好的理解、渠道关系或渠道商管理能力的积累。

有了对用户价值侧和供给侧的思考，我们就可以通过用户价值的表达逻辑将增长飞轮串联起来，同时在这个过程中判断哪些要素通过沉淀和积累形成了壁垒。

我们可以通过一些基本规则来检验一个增长飞轮的设计是否正确。

第一，增长飞轮是一个动态思考模型，来自系统论的“增强回路”。所以它要包含用户价值侧和供给侧。

第二，需要描述用户价值侧最终提供哪几类核心的用户价值，以及供给侧需要构建和夯实哪些壁垒。壁垒要满足前文所说的条件。

第三，增长飞轮随着业务不断发展，可以不断地沉淀核心能力和提升用户价值。

通过这些规则，我们可以确保增长飞轮在设计时是符合逻辑的，并能够持续带动业务增长。在明确了增长飞轮的框架后，作为业务负责人，接下来要确定各个要素的优先级和顺序。例如，优步在其增长飞轮中首先着重吸引司机入驻，而亚马逊则从品类扩展入手。清晰的优先级和顺序能够帮助我们厘清不同要素之间的逻辑关系，从而有效推动飞轮转动。

在确定了业务增长的核心要素后，我们需要将这些内容简化成一句话，以便团队能够迅速理解业务逻辑，并明确长期的经营重点。

大多数员工不一定能全面理解复杂的长期经营策略，因此简化后的一句话能够帮助大家把握核心。例如，滴滴的长期经营策略是“实现高质量、有壁垒、好口碑的快速发展”。

3.4 如何选择长期经营策略方案

首先，对于小型业务团队和创业者来说，需要洞察用户需求，明确产品和服务的定位；而对于已有一定规模的企业来说，则需要通过分析找到长期用户价值，并基于此优化产品和服务，构建核心竞争力。

其次，企业需要清晰地认识到用户、渠道和供应链的需求，设计合理的交易模式，确保各方利益得到平衡和支持。

最后，企业需要基于行业的终局和时间窗口，结合竞争对手（包括潜在竞争对手）来评估自身对关键要素掌握情况的优劣势，选择相对胜率最高的策略路径，进而制定出长期的经营策略。

所以，长期经营策略是基于市场规模、自身禀赋、竞争对手计算出来的生存策略。长期经营策略是先算再战，让自身业务在这种长期策略下胜率最高，要达到的目的是必赢，是在市场上可以长期持续地生存。

3.4.1 四个步骤制定长期经营策略

第一步，要洞察用户需求，发现市场机会。这个过程是识别商业机会的关键，可以通过观察用户在面对某个需求时的选择来进行分析。根据不同用户画像，考虑他们的地理位置、年龄、认知偏好、支付能力等因素，深入分析其背后选择的原因。通过对用户长期的观察、产品价值对比，量化用户关注的价值点和选择偏好，形成对用户需求的精准洞察。业务成熟的公司要挖掘出长期的用户价值，并围绕这一价值不断构建核心能力。无论是初创公司还是成熟企业，洞察用户需求始终是首要任务，也是长期策略的起点。

第二步，在明确用户需求的基础上，使用STP模型来确定具备对应选择偏好的用户的分布情况，包括总量和核心目标用户群体。要明确哪些产品和功能是目标用户需要的，哪些是可以不提供的，目的是用产品和服务占领该市场人群。产品与市场匹配大概有如下三种情况。

第一种是用新产品提供更好的服务，满足新市场。比如数码相机取代了胶卷相机、智能手机替代了传统手机。因为有了新的技术，原来市场就会发生变化，新的技术产品会重塑一个市场。

第二种是用更好的或者更便宜的产品，去满足一个旧市场。比如拼多多在电商行业取得了巨大成功，核心原因是其效率更高，商品也更便宜。慢慢地，很多用户迁移到拼多多。

第三种是进行市场细分。做到足够的差异化，聚焦服务好一部分人，为特定人群开发产品。比如早期步步高推出的音乐手机、vivo推出的逆光拍照功能，都是通过满足部分细分用户需求来占据细分市场，取得成功后再逐步扩大业务的。

有了产品和市场定位之后，需要明确通过哪些渠道可以触达目标市场。在这一过程中，我们还要明确渠道和供应链的需求。渠道有其价值诉求和利益诉求。企业要想满足渠道诉求，同时做到更低的成本、更高的效率、更大的规模，要么提升效率降低成本，要么使成本不变品质更好。

之后就要设计交易模型，使得定价和价值分配可以满足用户、渠道、供应链的诉求，让三方都愿意支持我们。基于这个业务模式，需要洞察哪些要素具备规模效应，做好哪些关键要素可以持续地扩大规模，哪些要素可以让业务具备更好的竞争力，并且对手难以模仿。最后形成自己业务的增长飞轮。在这个环节中，业务负责人要判断机会是否可行，业务能不能规模化——业务规模越大，核心能力越强，而核心能力越强又使得业务进一步地扩大。

第三步，要明确行业的终局，确定行业的集中度和未来的市场格局，预测市场最终会剩下几个主要玩家，以及市场态势的变化趋势。通过理解行业终局的演变，我们可以明确业务的窗口期。

我们需要列举出竞品和潜在竞品。有时候，潜在竞品比直接竞品更具威胁。列出所有竞品后，我们要识别影响业务成败的关键要素。这些关键要素通常可以分为以下几类，如图3-16所示。

业务角色	行业认知	客户关系	业务难点	独家资源	业务特性
用户	熟悉用户偏好	品牌、口碑、公共关系	场景覆盖、标准化	市场准入牌照	网络效应、规模效应
渠道	熟悉渠道诉求	渠道关系	渠道管理	自建渠道	无
供应链	熟悉供应链诉求	供应商关系	供应链管理、攻克制造品质和成本两难	自建厂房、技术研发能力	网络效应、规模效应

图3-16

这些影响业务的关键要素，是能够为业务带来竞争力的因素，是需要企业管理层花时间和精力去构建，或者需要大量资金投入建设的。

（1）行业认知。其是所有业务形态的基础。业务负责人对用户、渠道和供应链的认知尤为重要，这需要通过一线调研去熟悉用户偏好、渠道诉求和供应链诉求。

（2）客户关系。品牌、口碑以及公共关系，都会影响用户的购买选择。尤其在产品效用不明显或难以区分的行业里，品牌更为重要。另外企业与渠道、供应链的关系，决定了渠道和供应链在多大程度上愿意配合企业。

（3）业务难点。不同业务的难点可能不同。对于网约车行业，每天的订单数量巨大，要保证用户的行程安全非常困难，需要摸清各种用户的用车场景并制定预防策略。对于白酒行业，业务难点就是管理好渠道，比如江小白在这方面做得非常好，能够将产品铺设到各个销售终端，让用户随时都能买到。对于制造业，业务难点就是管理供应链，比如平衡品质和成本、库存管理等。

（4）独家资源。对于一些有市场准入门槛的行业来说，市场准入牌照就是独家资源，没有牌照就无法进入相关市场。对于渠道来说，拥有自建直营店或自己的媒体账号就是拥有独家资源。对于供应链而言，拥有自己的生产厂和关键技术也是拥有独家资源，就具备了独特的竞争力。

（5）业务特性。业务本身具备的网络效应和规模效应，例如电商和网约车这种双边平台，以及随着规模扩大、用户体验越来越好的规模效应，或规模效应带来的成本降低，都是业务中的关键要素。

第四步，要判断每个策略获胜的可能性。如果前三步没有遇到瓶颈，这一步就显得尤为重要。在这个环节中，谁能在窗口期掌握更多的关键要素，谁就可能赢得最大的市场。我们需要列出所选择市场、产品对应交易模式中所有的关键要素，并梳理我们自己、竞争对手和潜在竞争对手在这些关键要素上的优劣势，如图3-17所示。

该图以现磨咖啡行业为例，其横向为关键要素对比维度，纵向为需要对比的业务关键要素。假设我们处于现磨咖啡行业第二或者第三的位置，就需要分析行业第一与其他潜在的竞争对手，以制定我们的长期经营策略。我们需要分析自身掌握的关键要素：哪些要素强于对手，对手是否可以快速赶上；哪些要素弱于对手，它们对业务的影响如何，我们需要多长时间才能补齐。即使我们在关键要素上落后于对手，只要我们可以快速补齐，超越对手也是有机会的。通过对各个关键要素的比较，可以判断企业是否具备未来在市场中获胜的机会。如果判断企业长期胜出的概率低——我们的关键要素不但落后于对手，而且很难快速补齐——那就需要我们重新回到第一步，重做市场洞察，重新选定市场和产品，设计交易模式，列举关键要素，将长期经营策略的选择判断流程再走一遍。

理解了长期经营策略的制定方法，就能更好地领悟段永平提出的“敢为天下后”策略。这一策略的核心在于“利用后发优势”，即选择在市场已经被验证、无须教育用户的阶段进入，并快速集齐业务中所有的关键要素，从而占领市场或者差异化地抢占几个关键要素，构建壁垒。如果此时的先发者未能建立足够高的壁垒，那么后发者就有机会实现快速赶超。腾讯和小米是“敢为天下后”的典范。它们擅长利用后发优势，通过资源整合和能力积累，在竞争中实现弯道超车。率先开发即时通信产品的公司并非腾讯，但腾讯凭借其在即时通信领域多年深耕的行业经验和QQ的社交关系储备，迅速拿下了市场。小米的许多产品，例如充电宝、插线板、洗衣机，甚至电动汽车，都不是率先进入市场的。但小米凭借强大的品牌效应、远超大部分企业的工业设计能力和供应链管理能力，实现了后发先至，快速在市场中形成优势。

业务关键要素	业务价值	是否关键要素	我们	竞争对手	潜在对手	对手是否易学	是否容易追赶
行业认知	品牌口碑与公众认知对获客、定价很重要	是	了解下沉市场咖啡消费偏好，关注价格和本土化偏好	更加了解消费者心理，善于营销和产品创新	传统西方咖啡品牌	较难，需要时间积累本土化认知，需要建立品牌心智	中等难度，需要资本投入以及长期的用户喜好研究
客户关系	私域流量和会员关系对复购和新品推广至关重要	是	重视下沉市场，靠低价策略拉新，客户黏性有待增强	品牌心智已建立，通过会员体系和社交媒体建立了强大的品牌社群	向咖啡领域延伸的茶饮品牌	中等难度，可以基于用户数据来进行精细化选址，但分层运营能力较难快速掌握	中等难度，需要足够多的用户数据与精细化运营能力
业务难点	门店选址、快速扩张、标准化管理挑战大，决定壁垒高度	是	全国加盟商网络已建立，正逐步解决加盟商的标准化，但扩张高度依赖补贴驱动扩张，运营效率仍在优化中	已实现高度标准化运营，供应链成熟，品类研发能力成熟，新品迭代速度快	新零售咖啡、即时配送咖啡等	较难，流程可参考，但精细化能力难以复制，需要业务和组织不断磨合	很难，需建立标准化运营能力和一线组织能力
独家资源	门店网络、头部数据积累、供应链资源，决定核心竞争壁垒	是	三四线城市渠道尚未构建长期壁垒，门店密度落后	拥有成熟门店网络和强大供应链整合能力	拥有线上线下渠道整合能力的平台型咖啡品牌	很难，独家资源相对稀缺，无论是门店网络，还是供应链资源都如此	较难，需资源整合与长期布局
业务特性	“规模效应+网络效应”决定盈利，品类特性决定复购率	是	主打“高性价比”，但尚未形成稳定护城河	已具备较强的品牌规模效应和路径依赖优势	正在复制平价咖啡产品和快速扩张的其他咖啡品牌	中等难度，业务特性可以靠快速拓展获得，但组织能力不可复制	较难，可通过“爆品+补贴”获得阶段性突破，但长期仍需实现差异化
……	……	……	……	……	……	……	……

图3-17

如果判断我们有获胜的机会，就要将关键要素建设按照紧急性和复杂度进行拆解，制定不同的长期、中期和短期经营策略，并结合年度增长经营计划进一步细化，从而完成长期经营策略的制定。

3.4.2　不同类型公司如何做经营策略选择

在分析关键要素后，我们需要进一步探讨哪些关键要素能够提高胜算，以及如何基于这些判断做出长期经营策略的选择。

第一种是高度稀缺性的关键要素。具备高度稀缺性的资源往往是关键的竞争要素。这类资源一旦被占有，其他竞争者便难以获取或在短期内难以复制。

比如经营牌照——共享单车或网约车行业的经营牌照，是企业运营的必备条件，是一种高度稀缺的资源。

比如优质地理位置——瑞幸咖啡对商圈和社区黄金位置的占据，就是一种对稀缺资源的占据。一个商圈的优质位置有限，在引入一家咖啡店后，通常不会再引入同类竞争者。

比如技术储备——大疆无人机在旋翼芯片、飞控系统和飞行安全保障系统上的技术储备，不仅提升了无人机的性能和便捷性，还提高了安全性和稳定性。随着无人机的应用场景和市场的不断挖掘，竞争对手短期内很难模仿大疆的技术。这时只有大疆具备这样的技术沉淀，那么这个市场就只属于大疆。截至2023年12月，大疆占据全球无人机市场70%以上的份额，占中国市场的90%，占北美市场的80%，这样的业绩很大程度上是因为大疆的技术储备。在无人机领域，这些技术储备提供了足够高的用户价值，同时因为规模效应又使得大疆的成本具备竞争优势。

第二种是企业花费大量时间沉淀形成的核心能力，无论是在供应链端还是在渠道端，拥有这些能力就比竞争对手更有胜算。例如，小米在供应链和渠道上拥有远超一般竞争对手的整合能力，市场上有创新的产品后，小米可以依靠自身的渠道和供应链优势，快速生产出同类产品并将之推广到消费者面前，实现后发先至。

第三种是业务本身具备规模效应，特别是很强的网络规模效应和双边网络规模效应。这时就要快速占领目标渠道。例如，当年滴滴和优步在中国市场竞争时，滴滴快速接受了阿里巴巴和腾讯的投资，从而使支付宝和微信这两款国民级产品都为滴滴提供了打车入口，吸引了大量用户。这使得滴滴获得了足够多的用户打车订单，形成了很大的用户规模。这时，尽管优步在某些城市的补贴效率、市场占有率更高，但滴滴作为跟随者始终没有被优步拉开差距，并很快在全局和渠道上获得了更高的优势，最终迫使优步退出中国市场。

第四种是价值链上下游或潜在竞争对手一定会掌握的关键资源。例如美团收购大众点评，就是为了获得高品质用户——即愿意点评餐食并撰写评论的用户。这些用户本身对品质的要求高，自然支付能力更强。他们在选择餐厅时，会去搜索一下餐厅评论，同时看看有没有团购的券——这是一个非常自然的场景，所以对于美团来说，大众点评是自己必须要占据的渠道。

作为业务负责人，无论我们的业务是处于探索阶段还是处于已成规模阶段，在做长期经营策略时，都可以优先考虑这些关键要素。

小型企业（尤其是资源一般的创业者）在做长期经营策略的时候需要考虑哪些因素呢？首先要避开大公司一定会做的市场，以及基于自身能力和价值链上下游一定会涉足的领域。

需要注意的是，大型企业最喜欢具有较大市场规模、人效比非常高、不复杂（不辛苦）的业务，而该业务毛利率的高低反而不是判断标准。比如有些互联网巨头（比如美团）也会做毛利率低的业务。

反过来说，做更辛苦的事情就变成了小型企业的机会。所有新崛起的企业都在做毛利率更低、更复杂的行业，这才是“难而正确”的选择。“难”才有机会，“正确”才有回报。因此，“难而正确”描述的仍然是我们制定长期经营策略的标准：这件事做起来符合我们的禀赋和特长，且大型竞争对手不会轻易入场，不会后发先至，这样作为小型企业的我们就有了生存空间。

所以，对于小型企业来说，要基于目标用户和市场，避开大型企业可能延伸到的地方，并将提供给目标用户的产品和服务中的关键要素做到极致。这是小型企业的生存之道。

小结：拿来就用的模板

制定长期策略思考内容	解释说明	我的思考
1.洞察用户价值	有哪些维度对市场进行分类	
	在这些分类维度下，选择哪些用户作为目标用户	
	各类用户选择产品服务时看中什么	
	他们在当下场景下用什么产品	
	用户有哪些需求是长期不变的	
2.看清市场	有哪些渠道分类与方案可以触达用户	
	这些渠道的诉求是什么，合作的利弊是什么，有哪些合作方式	
	有哪些供应方式可以选择	
	供应链的利益诉求是什么，有哪些合作方式	
3.交易模式设计	当前的交易模型有哪些用户、渠道、供应链愿意参与	
	业务是否具备规模效应和网络效应	
	用户、渠道、供应链这三方有哪些关键要素是具备规模效应的	
	哪些要素的持续优化可以让各业务具备竞争力与壁垒	
	业务的增长飞轮是什么样的？这个飞轮中用户核心效用有哪些，服务侧的核心要素能力有哪些，双方如何影响	
4.如何制定长期运营策略	行业终局是什么样的，最后的行业集中度会发展成什么样	
	竞争对手在用户、产品、渠道、供应链上面有哪些优势和劣势	
	有哪些竞争要素必须要占据，我们是否缺失，大概用多长时间能够赶上对手	

第4章

制定年度经营策略

2022 年9月1日，Temu 正式登陆美国市场，并迅速在美国的应用商店中占据了一席之地。Temu 提出的口号是“Team Up, Price Down;Shop Like a Billionaire”（拼得多，省得多；像亿万富翁一样去享受购物）。此前，中国许多出海的电商企业面临的难题都是单位经济模型难以有效扩张。虽然用户在平台购买商品的模式已得到验证，但考虑到北美市场的仓储和物流成本，一旦促使用户购买更多的商品，物流成本就会上升。这将导致要么用户量减少，要么平均每用户收入（Average Revenue Per User，ARPU）降低，进而使业务规模无法有效扩张。

那么，Temu 是如何在实现规模扩张的同时，保持单位经济模型的良好状态的呢？这就得从 Temu 的业务模式说起。Temu 采用全托管模式，也就是说，商品供应商只需将商品运送至Temu 指定的仓库，后续的定价、上架、物流以及售后服务均由Temu 负责。商家仅在商品出售后，按照规定的价格和售卖数量与 Temu 进行结算。凭借这种业务模式，Temu 依托中国强大的供应链，能够为美国用户提供大量价格低廉的生活用品。

不过，美国市场与中国市场存在差异，美国每单的平均物流成本为 5 美元至10 美元，且短期内这一成本难以降低。如此一来，如果客单价低于 10 美元，物流成本占比过高，那么商品就会失去竞争力。这就好比在国内花 5 元买一件商品，却要支付 5 元的运费。Temu 是如何解决单位经济模型持续增长这一问题的呢？首先，通过推荐商品，引导用户一次性购买更多的产品来分摊运费。用户在下单时，Temu 会向其推送更多的商品，这些商品大多已存储在前置仓，并且在体积和重量上不会产生过多的物流成本。其次，Temu充分发挥自身业务优势，主推生活消费品。从消费场景来看，这类商品更容易凑单。当用户购买量增加时，Temu 便可以开展满减活动。通过这种方式，即使在物流成本较高的情况下，Temu也能实现较高的 GMV。

在日常经营活动中，大家肯定都遇到过商品或服务能否灵活调价的问题。这里所说的调价，既包括涨价，又包括降价。就拿一款手机来说，即便我们宣称它比 iPhone 好，就算它确实更好，但想要向用户解释清楚也并非易事。首先，用户必须使用过 iPhone，才能进行比较；其次，我们还要了解用户关注 iPhone 的哪些功能，然后才能有针对性地进行解释。然而，价格优势无须解释，所有的消费者都能看明白。所以，低价获客模式看似是所有的业务都在采用的一种手段。

但实际上，是否要采用低价获客模式，还需要慎重考虑。因为低价获客模式存在一些隐患：一方面，对于对价格敏感的用户来说，一旦产品价格稍有上调，他们就可能流失，进而导致企业很难从这类用户身上实现持续盈利；另一方面，低价策略会改变用户的价格预期，导致用户在非特卖价格时期不愿购买。企业后续若想要提高价格，就会变得十分困难。

不过我们也发现，有些服务在定价机制上相对灵活。以打车服务和环球影城门票为例，其价格可能每天、每个时段、每个季节都会有所波动。而这些业务之所以能取得良好的效果，除了依赖长期的经营策略，还得益于年度经营策略的有效落实，正是这些逐步累积，使得各业务之间的经营现状产生了差距。

4.1 经营能力决定公司赚多少钱

在当前行业环境下，整体经济增速逐渐放缓，且外部缺乏重大技术变革。在这种背景下，企业若想脱颖而出，那么经营水平便成为核心竞争力。在同一条赛道上，竞争对手众多，企业之间比拼的重点在于少犯错、提高运营效率。对中小企业而言，选择低毛利市场，避开高毛利领域，投身于辛苦且业务更复杂的经营中，同时严格把控成本、合理规划支出，这些经营行为能够更充分地展现出企业的经营能力。

长期经营策略最终需要落实到具体行动中。在这个过程中，有的企业能够顺利将策略落地执行，有的企业却难以实施。这种差异正是企业经营能力的直接体现。而决定企业在经营策略实施过程中成败的关键在于年度经营策略的科学性、合理性与可操作性。

4.1.1 年度经营策略概述

长期经营策略是基于对行业发展态势和竞争对手情况的分析，旨在找到企业的生存与发展空间。它是通过洞察用户价值，并结合竞争对手的实际状况所做出的推演与假设。而年度经营策略则是用于验证这些假设是否正确的具体实施计划。所以，在未经过有效的年度经营策略验证之前，长期经营策略更像一种假设。

如图4-1所示，展示了年度经营策略与长期经营策略之间存在着紧密的关系。长期经营策略是企业的战略蓝图，明确了用户价值、商业模式、关键要素以及商业壁垒等核心内容。而年度经营策略则将这些长期目标拆解为可操作的年度任务，是长期经营策略的具体实施载体。它通过明确年度目标，将组织能力与商业壁垒的构建落实到具体的年度规划中。

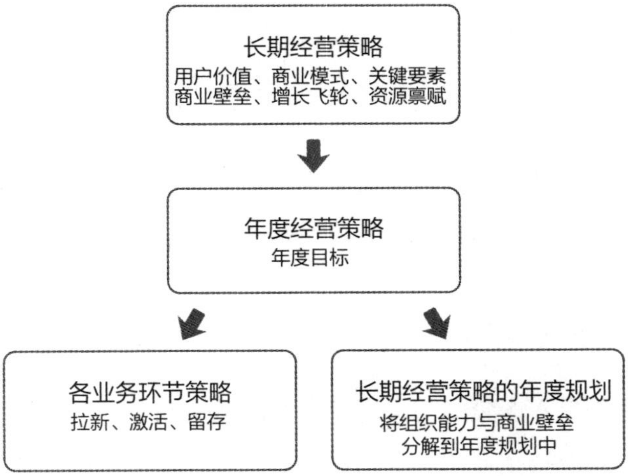

图4-1

年度经营策略进一步细化为各业务环节策略，包括拉新、激活和留存等。同时，年度经营策略涵盖了目标收入、业务数据、利润分配等内容，例如，明确哪些利润用于日常经营，哪些用于构筑业务壁垒，以及制定渠道和供应链的年度规划策略等。这种从长期到年度的策略分解和实施，有助于企业在竞争激烈的市场中构建商业壁垒、推动增长飞轮，并充分发挥自身的资源禀赋。

下面以笔者服务过的出海客户为例进行说明。在年度经营策略报告中，强调产品设计要具备耐用、防摔、防撞的特性。当针对收入较低的国家出口时，目的是延长产品的使用周期，降低用户的购买决策门槛，并在这一方向上持续迭代。然而，该策略忽略了长期经营策略中对价值交付结构的整体思考。

首先，目标人群是否真正关注耐用、防摔、防撞这些特性？这类人群在市场用户总量中所占比例是多少？是否还存在其他因素的组合效应？比如，对于电动产品而言，外形设计是否足够时尚、酷炫，充电时长和使用时长是否比耐用等特性更受关注？此外，在产品销售环节，还有几个问题需要考虑：在渠道选择上，是采用出海直营模式，还是与当地经销商合作？供应链该如何规划？是由团队负责设计后外包生产，还是让制造企业完成设计和生产？如果产品热销，又该如何防止供应方跨过企业直接面向市场销售？从价值链交付的全流程来看，仅在耐用、防摔、防撞方向上进行产品迭代，远远不足以支撑整体业务的经营。

任何年度经营策略都会受到长期经营策略的影响。我们需要从价值交付链的角度进行思考，综合考虑市场需求、竞争对手动态，以及潜在竞争对手分析等因素，全面评估我们的产品或服务是否契合用户需求，产品或服务还有哪些提升空间，价值交付链是否存在优化的可能性，以及所定义的用户范围和提供的产品与服务是否存在问题。经营洞察应致力于在价值交付链上实现全局最优，而不能仅仅聚焦于某个用户环节，如获客、激活或留存。

4.1.2 年度经营策略框架

前面介绍了长期经营策略与年度经营策略的关系及相互转化。长期经营策略侧重于提出假设并寻找企业的生存空间，而年度经营策略则必须是具备明确量化指标和既定目标的策略。年度经营策略框架如图 4-2 所示，该策略始于明确经营目标，进而设定短期业务目标。随后，从业务结构中发现更多的经营策略，实现策略选择的精准与高效。通过能力建设，不断降低策略的实施成本，同时借助数据指标管理整个业务团队。

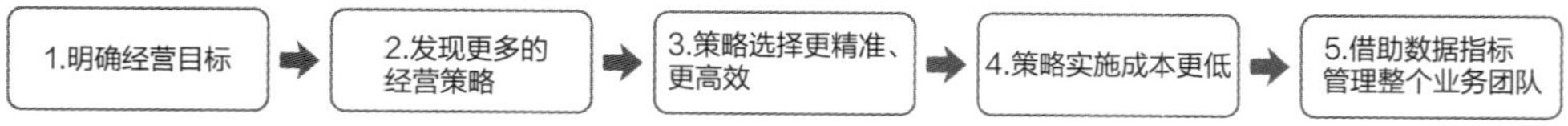

图4-2

下面将详细分析年度经营策略框架的内容。

首先，从长期经营策略中提炼出关键要素并转化为具体指标，同时明确年度经营目标。该目标预估务必精准，即先确保准确性，再随着业务发展不断提高预估速度。各环节的目标确定后，就构成了策略的评价标准。

基于评价标准，就要依据业务结构探寻更多的经营策略（也被称为经营动作）。一方面，要挖掘出更多可执行的策略。另一方面，在发现这些策略后，要准确选择与权衡，判断哪些策略对业务目标的影响更大、成功率更高、执行成本更低且实验周期更短。实施策略后，若确实对业务目标有帮助，就要在众多提升业务目标的经营策略中持续筛选出更优的策略。例如，若渠道 A 的获客效果不好，就换成效果更好的渠道B；若针对同一用户群，策略B 比策略 A 的效果更佳，就采用策略 B 。如此不断寻找最佳的策略组合。在该过程中，我们要不断拓展可实施的经营策略范围，找出更多、更优质的策略。与竞争对手相比，我们还要做到预估更精准、实施成本更低、实验周期更短。

之后，我们可以把总结出的业务规律同步给更多的管理者，帮助他们理解指标之间的关系和优质策略的评估标准，明白哪些策略可行，以及实施这些策略后能带来多大收益，知晓哪些长期经营策略能使我们比对手做出更多、更快、更准的策略。这样一来，我们的效率就会远超竞争对手，从而形成一个完整的经营闭环。

1. 如何拉开经营差距

不同团队或部门由于执行能力存在差异，因此业务发展出现差距。经营活动始于精准目标的制定，而第一个差距往往源于经营目标预估不准确。如果经营目标过高，那么团队将难以实现，从而打击积极性，增加运营风险；如果经营目标过低，则无法充分挖掘业务潜力，错失发展机遇。因此，经营目标的准确性无疑是衡量年度经营能力的首要指标。

第二个差距体现在发现经营策略的能力上。例如，竞争对手的团队能够敏锐地捕捉到更多的经营切入点，其员工时常能迸发出新的创意，快速定位业务优化的方向。然而，我们可能只是盲目地抄袭和追随，他们做什么，我们就跟着做什么。因为竞争对手能想到的，我们却想不到，所以这便形成了一种经营差距。

第三个差距体现在策略实施成本方面。当发现某些经营策略后，我们需要考量其实施成本是否低于竞争对手。之所以要关注这一点，是因为更低的成本意味着在相同的时间跨度内，竞争对手或许能执行 100 次策略动作，而我们仅能执行 10 次。只要我们能够对自身的策略进行量化评估，就能在同一周期内有更多的机会找到最优策略，获胜概率也会更大。

另外，策略实施的时间和反馈速度同样会影响实施成本，因为在一些涉及用户生命周期或留存率的实验中，如果实验周期过长，且基础设施建设不完善、数据提取与分析工作滞后，就会导致反馈时间延长，进而减少单位时间内的策略实施次数，间接增加实施成本。

因此，只有明确经营目标，同时提高反馈速度、发现更多有效的经营策略、降低策略实施成本，才有可能拉开与竞争对手的差距。理想的状态是，在实施策略之前，基于经验和业务内在规律，对策略效果进行准确预判。

2. 年度经营策略的核心点

年度经营策略的核心点包括三部分，如图4-3所示。只要我们开展量化经营，就一定会涉及这三个核心点。

图4-3

首先，经营的关键在于做好用户分层。如果不进行用户分层或分类，那么就没有真正触及经营的本质。其核心在于根据不同用户的需求，为每类用户提供精准匹配的产品或服务。只有这样，才能以最低的运营成本获得最大的用户收入。如果对所有用户都采用相同的策略，那么就相当于没有策略。因此，在经营过程中，我们需要不断思考并解答这些问题：当前的用户群中有哪些类型的用户？如何识别他们？应该为他们提供何种服务或优惠？

其次，效果评估是经营中至关重要的一个环节。从年度经营策略的整体目标到具体营销活动的目标，都需要进行效果评估。我们要判断经营策略是否有效，是产生了正向作用、没有作用，还是产生了负向作用。

最后，需要结合经营成本，评估每个经营策略的投入产出比，判断是否盈利，并识别哪些策略获得的利润最高。

以上这些便是年度经营策略的核心点，后续的方法论将围绕这三个核心点展开介绍。

4.2　量化用户价值，明确经营目标

量化用户价值、明确经营目标的核心思路如图4-4所示。首先，要度量企业提供的产品或服务的长期价值，明确其核心要素。在此基础上，结合用户需求、服务内容和供应链情况，确定用户价值指标。

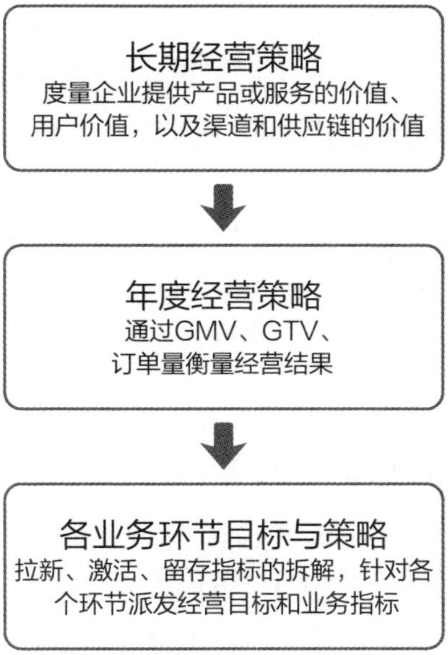

图4-4

在交易模型里对各个环节所提供的价值进行量化。用户、渠道、供应链各方关注的利益点各有不同，关键在于在满足各方利益诉求的同时，实现我们自身的商业诉求，找到其中的平衡点。

以番茄小说为例，用户在意的是小说内容是否精彩以及阅读体验是否良好。小说的作者关注的是用户价值带来的收入，而广告主则追求广告的转化率。各方都有自己的利益诉求，需要找出与之对应的量化指标，并将其度量出来。首先，平台方需要在提升阅读体验和实现商业收益之间进行权衡。例如，通过控制小说中的广告次数与频率，找到各方利益的平衡点。

其次，在明确各方诉求的基础上，平台方应聚焦自身的商业诉求，通过提供服务收取费用。同时，利用GMV、GTV（Gross Transaction Value，总交易价值）、订单量等关键指标来衡量经营结果，并据此设定合理的年度经营目标。

最后，将年度经营目标进一步分解到各个业务环节，确保每个层级和环节都有明确的收入目标，并针对这些目标制定相应的策略。通过这一系列步骤，年度经营目标的设置就得以完成。

4.2.1 度量用户价值与商业价值

年度经营目标的起点是理解用户价值，核心在于深入剖析业务交易逻辑，精准识别各参与方的诉求，精准提炼并清晰描述各方所关注的价值点，进而探寻出可量化的关键指标。其思考流程如图4-5所示。

图4-5

以网约车出行业务为例，网约车业务的核心逻辑是网约车平台撮合司机和乘客（即用户），并从司机的收入中抽取一定比例作为佣金。用户期望自己能尽快被接单，并且在接单后订单不会被取消。一个更前置的考量指标是，在用户发出需求的区域内是否有足够数量的司机可供选择。此外，用户还关注出行价格是否合理、出行过程是否安全，以及到达目的地的速度是否快捷。针对这些用户诉求，可以设置以下度量指标：

- 用户等待时间可以通过接单到达时间来衡量。
- 订单稳定性可以通过接单率来衡量。
- 价格诉求可以通过每公里行驶价格及订单总价来衡量。
- 安全与品质方面，可以通过司机行驶事故率，以及车辆轴距、品牌、型号、年限等指标来衡量。

通过这些指标，可以更全面地评估网约车服务是否满足用户的期望。

司机则希望降低车辆的空置率，提高自身收入，减少用户接受订单后的取消率，优先接到长距离的订单，并在叫车需求高的地区运营，同时希望用户的要求越少越好，尽量不要遇到醉酒用户。针对司机的这些诉求，可以设置如下度量指标：空置率和收入可以用每小时行驶时长、每小时收入、每公里运营成本、订单数和订单均价来衡量。工作体验则可用司机净推荐值（Net Promoter Score,

NPS）[1]调查来衡量。

针对商业诉求。从网约车平台的角度来看，网约车业务属于平台业务模式，平台的收入来源于交易佣金，其公式为：

- 收入 = GTV × 平均抽佣率

其中，GTV（总交易价值）可以进一步拆解为：

- GTV = 活跃用户数 × 用户平均订单数 × 订单均价

其中，活跃用户数又由激活用户数和留存用户数构成，依次类推，层层拆解，我们就能得到业务端的相关指标。

业务的侧重点主要集中在与交易收入相关的指标上，通过对这些指标的分析，我们能够清晰地了解收入是由哪些关键要素构成的。经研究发现，收入与GTV之间存在更紧密的关联性。考虑到提高抽佣率可能会对交易活跃度产生负面影响，因此从业务发展的角度出发，我们应更加关注整体交易量的增长。而交易量的构成要素包括活跃用户数、用户平均订单数和订单均价。此时，我们需要深入到业务实际中，确定重点聚焦的指标。

以网约车出行业务为例，用户从A点到B点的出行目的十分明确，这使得在订单均价方面进行大规模优化的可能性较小。不过，可以针对不同的用户群体和服务品类进行局部调整，比如，引导用户选择更高品质的车型。但在业务发展的早期阶段，重点应放在提高活跃用户数和用户平均订单数方面，积极鼓励用户优先选择网约车出行。随着这两个指标的提升，GTV会相应提升，进而带动收入增加。这种明确关键指标，并通过优化这些指标来提升核心收入的思路，正是制定经营目标的核心逻辑。

根据相关公式和指标，我们能够拟定出年度需要实现的业务目标。紧接着，依据核心公式，对所有团队的KPI 进行拆解，并分配到各个团队。每个团队进一步把目标细化为业务环节的子指标，围绕这些子指标设计出更多的经营策略，以此提高业务目标的完成比例。当做到这一点后，业务公式和指标就成为团队统一的决策依据。整个团队在进行决策时，思路变得简单直接：我们只需要聚焦于一个经营目标，只有那些能够提升经营目标的行动策略才是好策略。这种基于数学

1 净推荐值是一个用于衡量客户忠诚度和满意度的重要指标。

逻辑构建的反馈机制，与业务逻辑高度契合。例如，在业务发展阶段，应将重点放在获客和用户数量增长上，同时提高用户使用出行App的频率，确保用户每次出行时都从平台下单。

交易模型可以从多个维度进行剖析，包括用户价值、平台收益、交易订单以及供给等。其中，建议优先从用户价值这一维度展开分析，因为用户价值的实现是完成经营目标的基础。不同业务在用户价值和商业价值的监控维度上存在差异。以网约车出行业务为例，用户期望出行体验得到保障，订单具有确定性且价格合理；而司机则希望在单位时间内获得稳定的收入。

虽然用户使用产品的行为与网约车平台的商业收益在整体上具有一致性，但在某些具体场景下，两者之间可能会产生矛盾。例如，为了缩短用户等待时间并快速吸引更多的司机加入网约车平台，网约车平台可能会降低价格。然而，若用户数量没有增加，则可能导致司机的空车率上升，甚至接不到订单。再如，在部分提供免费试用服务的软件中，用户价值和商业收益也可能存在冲突。用户希望观看更多的视频，而平台则期望通过增加广告投放来提升收入，这两者之间的矛盾较为明显。

所以，尽管经营目标更多地关注收益侧的指标，但也不能忽视对用户价值的监控与维护，防止因过度追求收益而使用户体验变差。经营者必须同时关注这两个维度，确保在平衡二者关系的基础上，实现业务的可持续发展。

4.2.2　各发展阶段的经营目标

在制定企业业务经营目标的过程中，还需要结合业务所处的发展阶段，因为不同阶段的经营目标会有所不同。在业务发展的过程中会涉及许多目标，企业需要根据不同的阶段选择适合的经营目标。从业务发展的角度看，经营目标可分为三个阶段，如图4-6所示。

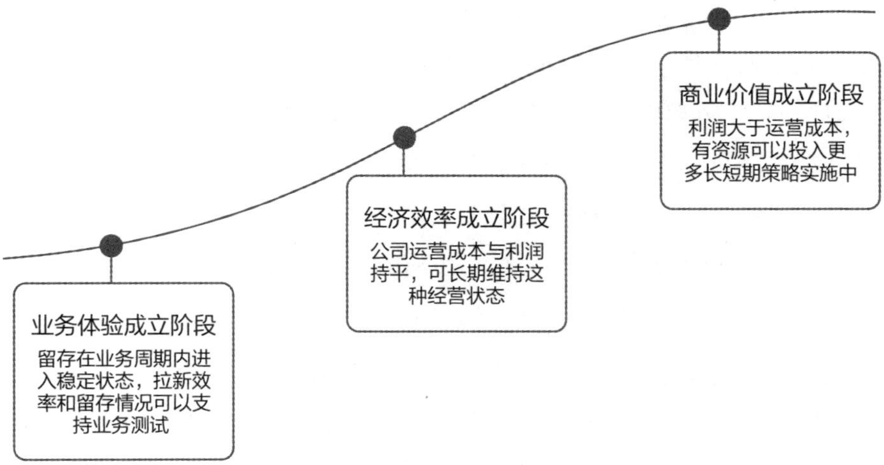

图4-6

在企业的业务发展早期（即业务体验成立阶段），或者刚刚启动尚未实现营收平衡之时，企业的经营目标应当聚焦于吸引更多的用户来使用企业的产品或服务，从而扩大业务的整体规模。与此同时，企业需要通过对用户留存数据进行深入分析和研究，以此来验证所提供的产品或服务是否能够满足用户的实际需求。具体来说，在这一阶段，企业需要检验用户是否对产品存在真实的需求，以及产品是否拥有稳定的用户留存率。当用户留存曲线逐渐趋于稳定时，这一现象可以被解读为已经有部分用户认可了企业所提供的产品或服务，并且愿意持续使用该产品或服务。此时，意味着产品或服务的体验已经获得了初步验证。在留存率稳定后，随着新用户数量的不断增加，整体用户活跃度将会快速提升。

在业务发展的早期阶段，企业主要需要关注的指标包括渠道的拉新效率、用户注册率、产品激活率、用户留存率和活跃用户的构成情况等。

随着业务的持续发展，当产品的用户体验获得验证后，企业的下一步目标便是努力实现业务利润收入覆盖公司的各项运营成本和人员成本，从而达到净利润平衡的状态。至此，企业的业务发展便进入第二阶段，也就是经济效率成立阶段。这一阶段通常也被业界称为市场产品契合期（Product Market Fit，PMF）。在经济效率成立阶段，企业的单位经济模型需要被验证是切实可行的。这意味着企业能够在不断扩大业务规模的同时，还能维持良好的盈利能力。然而，在实际应用中，许多业务在这一阶段往往会面临一个共同的问题，那就是随着业务规模的不断增长，可能会导致用户质量出现一定程度的下降，进而使每位用户对业务所贡献的收入产生不利影响。在这一阶段，企业关注的重点指标应当是活跃用户数、ARPU和用户生命周期价值（Customer Lifetime Value，缩写为CLV或LTV）。此外，需要注意的是，对于不同类型的业务，净利润平衡的计算方式可能会存在一定差异。例如，线上业务需要重点关注业务收入与运营成本是否能够持平；而线下业务则需要进一步考量每个店的盈利状况。如果企业采用的是单店模式，那么还需要对单店的利润情况进行全面评估。

当业务发展到商业价值成立阶段时，企业的业务开始实现持续盈利。此时，企业所赚取的利润可以被合理地用于关键要素的建设，以此来提升企业在市场中的竞争力，或者进一步投入新用户的获取工作中。这一阶段对企业经营能力的要求更高，因为利润的存在使得企业在资源分配方面拥有更多的选择。这就要求业务负责人必须具备通过深入分析数据来洞察业务发展态势，并能够最大化资源利用效率的能力。

在整个业务发展过程中，业务负责人需要具备敏锐的洞察力，及时准确地识别当前业务所处的具体阶段，并根据不同的阶段选择合适的经营目标，以此来对业务发展进行有效的衡量和指导。

4.2.3 制定业务经营底线

经营底线并不等同于毛利率控制、盈亏平衡点这类财务指标。这是因为财务结果的反馈存在一定的滞后性，财务结果的本质是业务结果的外在呈现。因此，我们要顺着财务指标往前追溯，找出与之相关的业务指标。经营底线更多地着眼于业务层面，只有对业务指标进行有效管理，才有可能实现更优的经营结果。

在日常业务运营中，公司的每一位成员都必须坚守经营底线。然而，不少公司在制定策略或设计补贴方案时，缺乏明确的底线，灵活性过大，导致在很长一段时间后才发现业务处于亏损状态。因此，作为经营者，必须树立风险意识和底线思维。首先要清晰地了解在何种业务场景下，哪些指标的恶化会使业务陷入困境或亏损，然后将这些底线要求细化到具体的补贴或策略中，并传达给公司各个业务岗位的人员，让全体员工都清楚企业不可触碰的“红线”，一旦触碰这条“红线”，企业将面临亏损风险。

在营销活动中，我们可以通过核销率、折扣率和用户消费行为等数据来测算补贴金额是否过高。然而，整个业务的经营底线往往难以被察觉，因此需要我们重点关注。

发现整个业务经营底线的核心在于分析关键业务指标的连锁影响（如图4-7所示）。如果关键业务指标下降，就会使用户价值指标下降，用户对服务不满意，进而不再购买或付费。这会进一步导致核心业务指标，如活跃用户数、订单量和交易总额等恶化，最终使业务利润不足以维持运营，业务进入不可持续经营状态。这里我们不以最终的财务收入作为经营底线，是因为当财务状况恶化时，业务经营往往已陷入糟糕的境地。因此，我们需要监控业务指标，以便能够提前采取干预措施。特别是在互联网公司或具有规模效应的实体行业中，业务规模一旦跌破临界值，就会损害用户价值。而这种用户价值的下降又会进一步反作用于业务收入，最终形成恶性循环。因此，我们需要找出这种经营临界值。

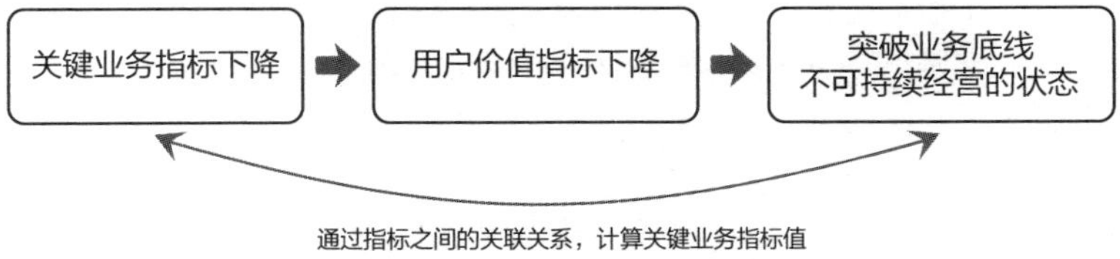

图4-7

寻找经营临界值的核心思路是从用户价值出发，与竞品进行对比，明确在何种规模下用户价值会大幅降低，导致用户不再选择我们的产品或服务。

案例：如何计算网约车新业务的经营底线

2018 年 3 月，某公司开始布局网约车业务，并相继在各个城市开展服务。当时，网约车市场已较为成熟，头部企业占据了一定的市场份额。在这样的市场环境下，如何为每个城市制定合适的经营策略，确保业务可持续运营，成为该公司面临的关键问题。

要确定网约车的经营底线，首先要明确业务在哪些情形下会陷入困境。我们可以从用户价值的角度来分析，对网约车的用户而言，他们希望在发出订单后，司机能尽快到达出发地，即等待时间越短越好，同时接单率要高，且订单最好不被拒绝。在这些基本的用户价值得到满足后，价格越低，就越能吸引用户。

接单成功率和订单等待时长与区域内的司机数量密切相关。而司机数量又受发单密度的影响，也就是单位区域内要有足够多的用户发出订单。只有当发单数量充足时，司机在单位时间内接到的订单量（即每小时订单数）才会增加，司机的每小时收入才能得到保障，他们才会愿意继续留在该网约车平台。这看起来就像一个“鸡生蛋，蛋生鸡”的循环。

通过对业务的深入分析，我们可以得出一个关键结论：如果用户发单密度降低到一定程度，那么司机就会选择离开网约车平台，而司机的离开又会导致用户等待时长增加、接单成功率降低，从而进一步恶化用户体验。针对这种情况，网约车平台可采用补贴的方式来维持司机的每小时收入。如果司机的收入低于竞争对手，网约车平台就需要弥补这一差额。然而，当补贴无法弥补司机的收入缺口时，司机就会选择离开。司机离开后，用户发单的响应率降低，用户也会随之流失，最终业务就会陷入负向螺旋状态（如图4-8所示）。

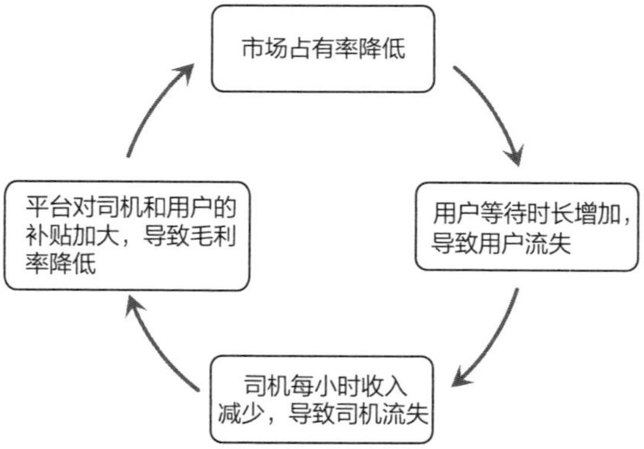

图4-8

市场占有率与发单密度直接相关。在一定时期内，用户打车需求的总量相对稳定，因此市场占有率决定了城市中有多少用户选择该平台打车。当用户无法通过当前平台叫到车时，他们往往会转而选择该平台的竞争对手。这种“此消彼长”的局面是企业最不愿看到的。所以，市场占有率不仅会影响司机每小时的订单量，还会影响用户的接驾成功率。因此，需要重点关注市场占有率与订单成交率之间的关系，如图4-9所示。

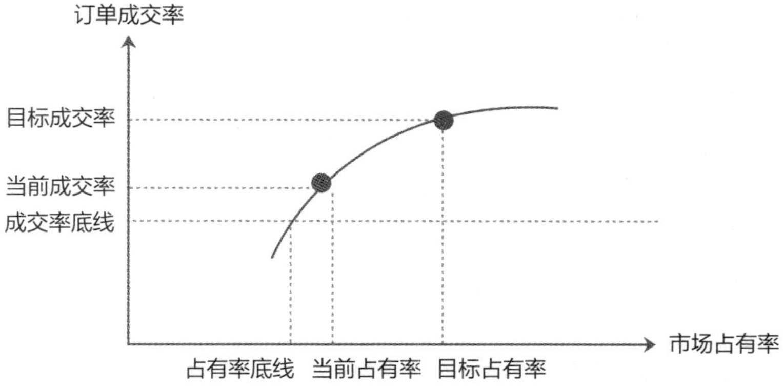

图4-9

通过拟合市场占有率与订单成交率的关系曲线，我们发现当市场占有率低于某个底线值时，订单成交率就会显著下降。这意味着司机的收入加上平台补贴无法满足其每小时收入预期，司机将选择离开。因此，市场占有率底线是网约车业务需要重点关注的经营底线。一旦市场占有率下降，就应加大补贴力度，以尽快恢复市场占有率至可承受的范围。若市场占有率持续下降且难以恢复，则需考虑退出该市场。

长期经营策略的实施依赖于年度经营策略，而各业务环节的年度经营策略又需要以明确的年度经营目标为指引。经营目标至关重要，只有深入理解业务，制定科学的业务公式与经营目标，并清晰梳理业务结构，我们才能挖掘更多有效的经营动作，从而确保业务的可持续发展。

4.3　根据目标找到经营策略

通过前面内容的学习，我们已明确了经营目标，并将其细化分解至各业务部门。接下来就是围绕这些目标制定切实可行的经营策略，具体可从以下四方面着手。

- 拓展经营领域：不断探索新的服务边界，挖掘更多的细分业务，以此扩大业务版图，为经营动作提供更广阔的施展空间。

- 挖掘交易单元：对服务进行标准化处理，只有标准化的服务才能得到精准定价，进而提升交易效率。同时，深入剖析现有产品或服务，依据实体产品或服务的特性，挖掘更多可售卖的独立单元。
- 优化用户旅程：从用户旅程的各个环节入手，梳理出可优化和提升的关键点。
- 优化用户价值交互环节：全面审视供应环节，洞察每个环节中可优化的空间，通过精细化管理降低成本，提高运营效率。

4.3.1 拓展经营领域

寻找经营策略的逻辑应遵循由大到小、自上而下的原则。在众多经营策略中，对经营目标影响最大的是拓展经营的市场空间。这首先反映了市场需要以多快的速度去抢占。抢占市场的速度至关重要，因为产品之间存在替代性，一旦用户习惯使用一款产品，迁移就会相对困难。目标市场是由当下的产品决定的，其能够占据的市场空间是可以被计算出来的，而抢占目标市场的速度则取决于企业的经营能力。

扩展经营的市场空间或服务边界不能仅仅局限于在现有产品或服务中进行拆分，应试着拆分出更多的产品或服务。一种有效的方式是回归到场景或用户群层面，挖掘出更多的细分场景或细分用户群体。

以网约车业务为例，早期的网约车市场只有传统的出租车和新兴的网约车这两个品类。随着业务不断发展，平台对用户进行分层分析后发现，在出行确定性、价格、成交时间周期和服务体验等多个维度都催生出了新的细分场景和细分用户群体。

用户在选择交通工具时，通常会从出行确定性、价格和服务这三个核心维度进行考量，如图4-10所示。对这三个维度中的任何一个进行合理细分，都能衍生出新的品类。例如，一些用户对价格较为敏感，更倾向于选择低价的交通工具，哪怕这意味着要承受较低的出行确定性；而有些用户则将出行确定性放在首位，为了确保行程稳定，他们愿意支付较高的价格；还有一些用户追求高品质的出行体验，愿意支付更高的费用，乘坐更优质的车辆并享受更贴心的服务。基于用户在这些维度上的不同偏好，我们可以在市场中拓展出更多的新品类。更多的品类不仅能服务更多的潜在用户，还能挖掘潜在需求，从而扩大市场空间，丰富经营策略。

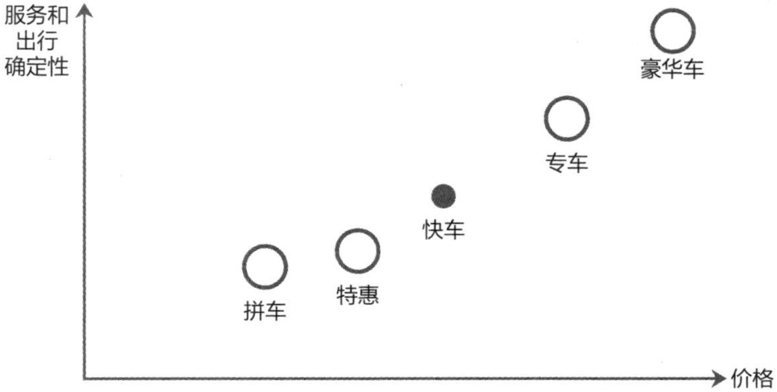

图4-10

因此，业务负责人首先要思考的问题是产品形态到底可以占据多大的市场空间。在经营过程中，经营策略要么能通过优化产品形态来扩大可以服务的市场边界，从而扩大市场空间；要么能快速占领目标市场。

4.3.2 挖掘交易单元

产品通常可分为实物产品和服务类产品，其中，实物产品本身就是一个可直接售卖的独立单元，而服务类产品则需要经过包装，才能转化为可售卖的单元。鉴于此，我们需要优先聚焦于如何对服务进行包装，将其打造为可售卖的单元，以此挖掘更多的经营策略。

1. 标准化处理服务的售卖单元

在线下实体店中，服务业务往往难以实现标准化。为了包装服务的售卖单元，使“非标服务”逐步走向标准化，常用的方法是对人员提供的服务进行分级。

以理发行业为例，不同级别的理发师的服务水平是有差异的，这种差异可以作为对理发师进行分级的依据。由于服务存在差异，定价也会随之调整，从而丰富可售卖的价格档位。然而，在某些业务场景中，服务难以得到标准化包装。例如，装修设计师提供的设计服务或汽车检测维修师进行的维修检测服务，这类服务的定价很难确定，通常会因服务内容的不同而产生较大波动。在这种情况下，可以尝试拆分出最小的售卖单元，以此降低用户的交易门槛。例如，牙医的牙齿诊断服务、汽车检修服务等，都可以将这些服务包装成独立的售卖单元。

2. 拆分最小售卖单元

通过拆分服务或产品，能够有效地降低交易门槛。在对服务内容进行拆分时，我们可从履约流程和功能特性两个角度出发，审视能否单独拆分出一个最小闭环的服务单元（如图4-11 所示）。这类单元虽然颗粒度更小，但仍能为用户提供完整的服务体验。

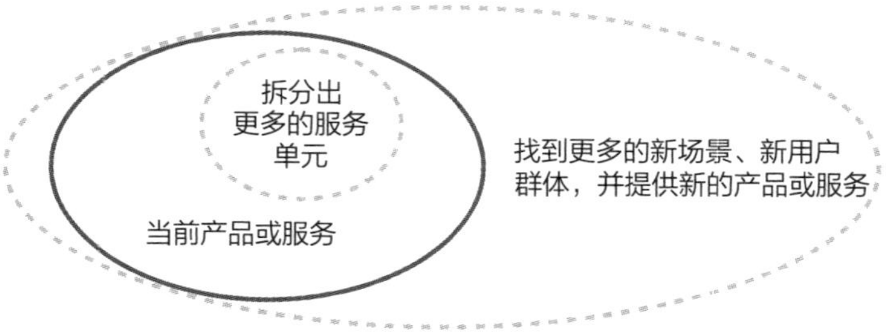

图4-11

以理发行业为例，快剪门店将洗剪吹服务中的剪发部分单独拆分出来，作为一项独立服务。又如，笔者钟爱的一家牛排店 PandaSteakhouse，原本提供的套餐制牛排分量较大，一份套餐包含沙拉、蘑菇汤、牛排、薯条。一些胃口较小的用户会觉得有负担。后来，牛排店针对这类用户推出了沙拉、牛排或小份牛排组合。这些举措满足了不同用户的需求，大大提升了服务的灵活性。再看小米汽车采用的大额订金模式，由于一次性支付整车款项的门槛过高，因此，有购车意向的用户可以先支付订金。事实上，许多价格高昂的产品都会通过拆分出更小的服务单元，来降低交易门槛。

拆分服务单元的核心在于，在不改变产品服务形态的前提下，从当前产品服务中拆解出更小的单元。例如，网约车的拼车服务，就是把一辆车原本提供的整体服务拆分成单个座位的服务。而拓展服务边界的核心在于，在某一服务大类中挖掘新场景、新用户群体，并提供全新的服务。

除了拆分服务单元和拓展服务边界，我们还可以从既定产品或服务的用户旅程和供应链入手，探寻更多的经营策略。

4.3.3 优化用户旅程

我们可以从用户旅程的角度探寻更多的经营策略。所谓用户旅程，是指用户从接触到产品信息，直至完成交易的全过程。如图4-12所示，图中横向呈现的是用户旅程中使用产品的各个环节，这些环节按照时间顺序排列，构成了一个通用的思考框架。大多数情况下，用户会按照顺序从左往右经历各个环节，虽然大部分节点无法跳过，但跨越不同节点的成本会有所差异。

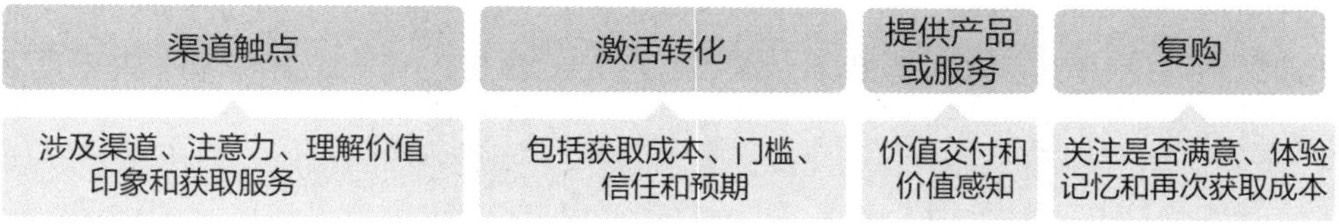

图4-12

参考“海盗模型”（AARRR 模型）中的核心节点，我们可以将用户旅程分为以下四个阶段。

- 渠道触点：即用户从何处知晓产品，以及如何获取产品。
- 激活转化：用户首次购买产品并体验服务。
- 提供产品或服务：履约过程，将产品或服务交付用户，这是核心的交易模型。
- 复购：即用户对产品或服务满意后，不断购买。

每个环节有与之对应的影响要素，这些要素对用户行为的影响程度各不相同。

下面以购买咖啡为例，分析各阶段对用户旅程的影响，如图4-13所示。

触达用户是第一步。要让用户选择使用我们的产品或服务，首先要让他们知道我们的产品或服务。在选择渠道时，目标用户在该渠道受众中的比例越高，品牌的无效曝光就越少，渠道的性价比也就越高。这里所说的渠道，涵盖了所有能够触达用户的方式，例如，线上销售、线下门店、电话销售和户外广告等。

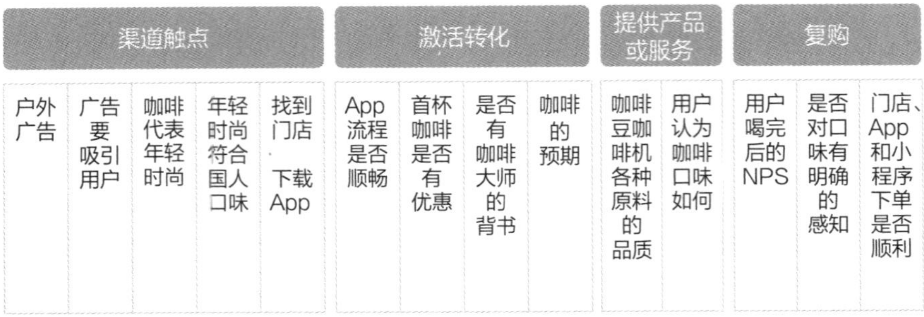

图4-13

当产品或服务成功触达用户后，关键在于让用户注意到产品或服务，而不是对产品或服务视而不见。这就是电梯广告常常配有“洗脑”音乐，通过反复播放来吸引用户注意的原因。再看品牌咖啡店，它们都有自己独特的品牌色，比如提到绿色，大家往往会想到星巴克；提到蓝色，就会想到瑞幸。这些咖啡店正是通过特有的颜色和突出的外形设计，成功吸引了消费者的目光。

让用户理解产品价值，就是要以尽可能低的成本让用户了解产品的作用，将产品价值快速传递给他们。例如，瑞幸咖啡在电梯广告中打出“上午咖啡，下午茶”，蜜雪冰城的“你爱我，我爱你，蜜雪冰城甜蜜蜜”，以及农夫山泉的“我们不制造水，我们是大自然的搬运工”。这些广告语都力求用简洁有力的一句话让用户瞬间明白产品价值。在互联网产品领域，这种价值传递主要体现在落地页。大家通常更喜欢用图片来展现信息，因为这种方式简单直接。如果必须使用文字，那么应尽量采用短句，争取用一句话说清楚，因为用户往往没有耐心去看第二句话。因此，如果一句话说不清楚，就需要想尽办法把它变得简单易懂。

当用户注意到产品或服务后，还需要让用户记住我们的产品或服务。值得注意的是，产品的触达和使用可能并不是通过同一个渠道实现的，也不一定是在同一时间发生的。以瑞幸咖啡为例，我们在电梯广告中能看到它的宣传，但在实际购买时，仍需通过外卖平台或者前往实体店。这就要求我们考虑，当用户想到该产品或服务时，能否便捷地获取。截至2024年第三季度，瑞幸咖啡的门店数量已达21,343家。如此密集的门店分布，极大地提升了产品或服务的触达能力。用户在选择咖啡时，通常会在口味和购买成本之间进行权衡。一般情况下，用户想喝咖啡时，会优先选择周边方便购买的咖啡，很少有人会因为心仪品牌的店铺不在附近，就放弃购买它。

当用户完成与产品的接触，并通过相应渠道使用产品或服务后，接下来要考虑的关键环节就是激活转化。

在交易过程中，获取服务的成本是一个关键的考量因素。线上交易产品的获取成本通常相对较低，但并非毫无成本。比如，App安装包过大导致用户从应用商店下载缓慢、小程序在微信中不易被用户找到等情况，都会增加用户的获取成本。对于实体产品，获取渠道是需要重点考虑的问题。例如，距离用户最近的售卖点是否方便，以及在商超中是否容易被发现等。降低首次使用产品的门槛至关重要。仍以咖啡行业为例，很多品牌会对新用户提供优惠减免，以此降低用户的体验门槛。降低购买门槛的方式有多种，但归根结底主要分为两类：一是降低首次购买的门槛，二是减少用户购买时的顾虑。例如，京东推出“7天无理由退货”服务，就是为了降低用户的使用门槛。

询价与砍价也是交易过程中的一大阻力，让价格变得标准且透明是降低交易门槛的有效方法。一般来说，实物商品的价格较为明确，此时商家的经营策略重点就在于围绕业务来判断价格是否需要调整。

信任同样是阻碍交易的重要因素，尤其在大额交易中表现得更为突出。例如，北京的二手房价格高昂，中介费用是按照成交总价乘以中介费率计算的，这使得中介费总额相当可观。可即便如此，买卖双方大多也不愿省去这笔费用。因为没有中介，买家就会担心付款后卖家不办理过户手续，而卖家则担心过户后买家不支付款项。因此，中介在交易中起到了担保的作用，而中介费就是信任的成本。此外，信任还涉及多个方面，包括产品或服务是否存在夸大宣传、是否存在欺诈行为，以及是否存在安全和使用风险等问题。这些因素都会抑制交易的发生。

产品预期对交易而言是一把“双刃剑”。在用户尚未决定是否使用产品之前，较高的预期有利于促进转化，但当用户真正开始使用产品后，过高的预期会导致产品难以满足用户的期望，进而使用户容易感到失望，影响复购。用户使用产品后，我们需要关注交付的产品或服务的实际价值与用户的感知价值。

用户在使用产品的过程中会产生感知价值，尤其是对于效果不易评估的产品，感知价值显得尤为重要。例如，传销就是一种将感知价值扭曲到极端的负面例子。还有一类产品，其感知价值难以直接展现。比如网约车，虽然在安全方面采取了诸多策略，但这些策略的作用并非仅在危险发生时才能体现，而是为了预防危险事件的发生。这使得用户很难直接感知到其价值。因此，许多网约车公司通过上车时的电话提示、深夜出行安全提示、一键求助按钮，以及驾驶舱播报公司与警方合作等方式，将难以感知的价值转化为用户可以直接感知的价值。

复购的核心在于用户对当前产品或服务的满意度。用户只有满意了，才有可能再次购买。用户的实际体验会修正其认知和偏好，如果用户首次使用后不满意，那么他们基本不会复购。此外，下次使用的成本高低也是影响复购的重要因素。只有当用户对产品满意、记住了该产品，并且下次使用成本较低时，用户才更有可能持续使用该产品。

4.3.4 优化用户价值交付环节

除了从用户旅程角度梳理经营动策略，在用户价值交付侧也存在一种优化结构。用户价值交付通常包括四个环节，如图4-14所示。

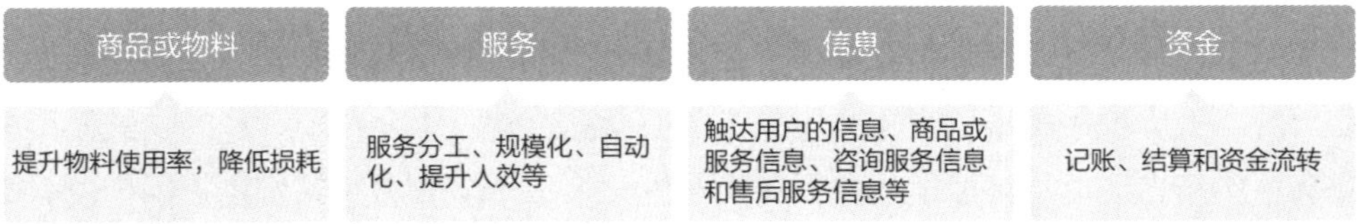

图4-14

一是商品或物料，即在产品生产过程或服务中必需的物品。例如，咖啡产品涉及的物料包括一次性纸杯、咖啡豆、牛奶、糖浆等，以及咖啡机等相关设备。优化用户价值交付应注意提升物料使用率，降低损耗。

二是服务。在一些业务场景中，用户交互的对象并非单纯的产品，服务同样占据重要地位。这些服务既包括交付产品过程中的附加服务，如售后服务、售前咨询，也涵盖线下体验类业务中的接待引导等。因此，一次完整的交易极有可能包含多种服务内容，我们需要考虑服务环节是否能够实现标准化。例如，从服务分工、规模化、自动化，以及提升人效、降低管理难度等维度制定相应的经营策略。细化分工可以提高工作效率，或者由机器或软件系统来替代人工操作，规模化生产能够降低单位成本。

三是信息，包括触达用户的信息、商品或服务信息、咨询服务信息和售后服务信息等。

四是资金，大致涉及三部分内容：记账、结算和资金流转。记账是与各结算方的账目往来（包括收入和支出），结算是与各交易方的最终资金收付，资金流转则是实际款项的流动方式。

在优化用户价值交付侧的策略时，应依据上述四个环节进行分析，这有助于我们找到每个环节可能出现的常见策略。在选择经营策略时，需明确每个策略所处的环节，以及这些环节对产品、服务和自身业务可能产生的影响。这些影响因素将作为决策的重要依据。例如，策略实施后，产品质量是否会受到影响？成本是否会发生变化？是否需要额外投资？环节的稳定性是否会改变——是从稳定变得不稳定，还是从不稳定变得稳定？管理的难度是增加还是减少？

在实际业务中，我们应先按照上述环节进行梳理，再对各种可能性逐一排查。不仅要思考在更细的业务流程中哪些节点符合规模化要素，还要思考哪些物料成本或运营成本可以降低，同时也要综合考虑利润和人效是否能够提升。这些都需要从经营层面进行考量，以进一步提升利润。通过对用户价值交付环节的优化，经营层面的规模效应能够得到进一步放大。

下面仍以咖啡行业为例展开说明。具体来说，可以从以下几个方向着手（如图4-15所示）。

商品或物料			服务			信息			资金		
咖啡豆品质	咖啡机	其他原料品质	服务员引导顾客下单	咖啡师制作咖啡	门店装修	广告要吸引用户	找到门店或下载App	咖啡SKU展示	顾客收款	代理商结算	账目记录

图4-15

第一，针对商品或物料的效率提升，能否根据每天的人流量预估牛奶、燕麦奶等原材料的使用量？例如，星巴克通过预测天气来判断第二天冷萃咖啡的制作量，就是一个典型例子。冷萃咖啡需要在保证口感的前提下当日售罄，否则就会造成损耗。再如，对于咖啡豆、咖啡机等关键物料或设备，是否可以优化上游供应链管理？星巴克将供应链直接延伸到咖啡种植园，在保证品质的同时有效降低了采购成本。

第二，服务能否实现标准化和规范化？例如，在本例中，是否可以采用全自动咖啡机制作咖啡，或者对每种咖啡品类都能按标准化流程执行？

第三，能否精简信息交付流程的环节？例如，在本例中，通过菜单清晰展示咖啡品类及每种品类的制作物料，或者借助App让用户直接选择咖啡的具体要求。这样可以减少服务员介绍的环节，同时避免因交流信息错误导致咖啡制作出错的情况。减少业务节点能极大地降低业务的复杂度，因为业务节点的增加往往会使复杂度呈几何倍数增长。

第四，在资金管理方面，在保证安全的前提下，如何降本增效？例如，在本例中，利用自动收款系统完成收款、记账和结算等工作。

另外，我们还可以通过复制竞品策略或寻找相似业务策略的方法来寻找经营策略。仔细观察竞品在业务环节上与我们的不同之处，如果竞品在某些方面做得更出色，就可以复制其成功做法并加以应用。通过这种方式，我们不仅能检验自身的经营结构是否支持这些策略，还能思考如何改进。

最后，可以从成本结构入手寻找经营策略。分析价值交付流程中成本主要集中在哪些环节，判断这些环节是否存在浪费现象，以及能否减少浪费。这实际上是一种量化业务指标的方法，但在实施过程中，难点在于量化业务本身可能会产生一定的成本。

4.4 提升经营能力的核心方法

通过拓展经营领域、挖掘交易单元、优化用户旅程和优化用户价值交付环节，我们可以发掘出许多可供实施的经营策略。然而，在实施这些经营策略的过程中，同样会遇到各种各样的问题。

一方面，面对众多的经营策略，企业需要权衡优先级并预估策略的价值。但预估往往存在较大困难。对很多公司来说，要么完全没有预估，要么预估结果不准确。很多时候，企业只能依靠业务方的主观感觉或说服力来决定优先级——谁的理由更具说服力，谁所负责的产品或方案就会被优先安排上线。

另一方面，产品上线后的反馈周期往往过长。如果不利用AB实验，几乎难以准确评估其收益；即便利用了AB实验，由于要考虑置信度等因素，反馈周期也会延长。此外，很多经营策略动辄需要数周的执行时间，而竞品团队在上线商品、推出新功能，以及开展营销活动等方面的速度非常快，迭代频次也很高。这些都体现出经营能力的差距。

为了有效实施发现的经营策略，我们需要准确预估策略的价值，并通过缩短反馈周期、降低实施成本来加快经营策略的实施速度。最终反馈到业务上，体现为业务人员每次执行经营策略的准确性和高效性。只有这样，才能在策略实施过程中占据优势，从而超越竞争对手。

为了实现这一目标，准确预估策略的价值是关键。首先需要明确该策略会影响哪些业务环节，以及这些环节对应的指标会产生哪些变化。其次，将经营策略代入业务公式，全面评估其可能带来的影响。依据业务公式和已积累的数据，结合过往策略的经验，预估新策略的收益，包括其可能带来的价值以及对各项业务指标的改善。同时，基于对业务的深入理解，判断该策略是否会给部分指标带来风险，最终综合评估策略的价值。

在日常的业务经营过程中，随着我们对每个策略的收益进行评估，撰写的公式会越来越多，对业务和公式的理解也会越发深入。如果我们对过往实施的所有策略都进行了评估，那么在面对每一个新的经营策略时，我们就能更加准确且全面地预估出它产生的收益。

通过对指标的拆解，找到可以反映业务收益的用户转化周期，以此来缩短评估周期。同时，明确关键策略对业务的影响，也有助于缩短评估周期。

在上述工作的基础上，着力构建经营能力，就能实现评估更精准、数据反馈更及时、策略迭代速度更快，同时降低策略实施成本。

4.4.1 准确预估策略价值

下面从以下三个方面对经营策略的价值进行预估。

1. 判断经营策略对业务价值的贡献

首先，可以评估策略是否强化了产品或服务的核心价值。产品的核心在于满足某一项需求，并在此基础上不断拓展新的细分人群、细分领域和细分功能。例如，传统烤箱增加一个定时提醒选择提示音乐的功能，就不如增加蒸汽烤箱功能更贴近核心功能。再如，外卖的核心价值是将餐厅的餐食配送到指定地点。后来业务逐步延展到配送其他物品，如药品、新鲜蔬菜、办公文件等，这就形成了另一个业务领域。在这种情况下，如果经营策略能够更精准地预估配送到达时间或更好地预估高峰时段的餐食订购量，那么这些策略将能够强化核心用户价值，从而更具价值。

其次，在发现经营策略之后，从用户旅程和用户价值交付的角度来看，该策略处于什么位置，以及它会影响哪些业务环节。例如，将品牌营销的策略放入用户旅程中，发现它会影响用户对价值的理解和对选择的信任度。对于线下业务来说，同一个经营策略在不同环节的影响也不同。比如，将冰激凌机放在店门口，可以更有效地影响揽客环节；放在店内，则更偏向于促进用户消费；而像宜家那样放在结账区域，则更偏向于给用户留下美好的购物体验。再如，开发一套线上合同审核系统，从用户价值交付的角度来看，它可以加快信息流转、推进自动化进程、提升人效，助力用户更高效地完成合同审核全流程。从这些维度来看，可以清晰地看到该动作对业务的哪些环节有贡献。

2. 定量评估经营策略的价值

在明确经营策略对业务影响的环节之后，接下来，应从业务公式入手进行分析，明确经营策略对业务公式中的指标到底产生了什么影响。这样不仅能让指标具备较好的可解释性，还便于对业务过程进行管理。另外，要度量业务指标对经营目标的影响，评估经营策略带来的正向和负向影响，综合判断策略的增量价值是否为正向。

（1）评估策略对指标的影响

通常情况下，公司在预估业务指标时，会利用过去12个月甚至更长时间的数据，据此拟合一条趋势线，再依据过去12个月的业务规模和利润变化情况，来预测后续的收益或特定目标的变化趋势。这种方法的核心是基于历史数据的大趋势进行预测，但它存在一定的局限性，因为该方法假定所有的隐含条件都随着业务目标同步增长，然而实际情况并非如此。相比之下，更好的做法是拆解业务，深入分析收入构成，明确哪些要素共同构成了下一个月的业务规模。在下一个月的业务规模中，既包含下一个月新增用户带来的贡献，也包括用户从本月到下一个月转化为老用户后的复购贡献，以及更早月份的用户到下一个月转化为老用户后的复购贡献。我们需要先提取每个月所有的新用户和老用户在下一个月的数据表现，再进行加总统计。这样，所有的经营动作对下一个月预算的影响就会变得清晰。

以电商平台业务为例，对于新用户而言，其行为和购买模式主要影响下一个月新用户的相关数据。结合业务公式中的各项指标，新用户佣金利润的计算公式为：

- 新用户佣金利润 = 渠道流量 × 转化率 × 激活率 × 订单量 × 每单金额 × 佣金比例–获客成本–运营成本

如果能够将所有策略的影响精准地回溯到业务公式中，就会发现以往的业务目标制定方式存在问题。过去的做法通常是取过去12个月的数据，首先按月度量其变化趋势，然后假定每个月都有一个增量，且下一个月的增量与上一个月大致相同。但实际上，这种指标预估方式在三个月之后就会出现较大偏差。例如，流量不会无缘无故地增加。很多时候，业务目标设定为每个月实现15%的新用户增长，下一个月依然如此。然而，这种设定并不科学，因为过去的15%增长可能是每月拓展新渠道带来的结果。如果下一个月没有新渠道加入，就很难维持同样的增长。流量的增长通常依赖于在流量端拓展新渠道，或者在现有渠道实施新的转化策略，比如提高获客效率、增加投放预算等。如果没有相应的经营策略，流量基本上就会保持稳定，不会随意增长。因此，要求逐月实现15%的新用户增长是不太科学的，新用户的增长必然与具体的经营策略紧密相关。

基于此，业务目标的制定逻辑就需要区别于过去的方式，更加贴合实际业务情况。

（2）度量每个指标对经营目标的影响

在深入理解业务收益模式及其对应的业务公式后，我们可以通过评估每个经营策略对公式中各项指标的影响，进一步分析这些指标的变化如何影响成本与利润，从而更精准地评估经营策略的价值。

下面以电商平台业务为例，详细探讨如何通过业务公式展开评估工作。

电商平台业务的佣金利润公式为：

- 佣金利润 = 渠道流量 × 激活率 × 用户平均订单量 × 订单均价 × 佣金比例–获客成本–运营成本

老用户佣金利润的公式为：

- 老用户佣金利润 = 激活用户数 × 留存率 × 用户平均订单量 × 订单均价 × 佣金比例–获客成本–运营成本

从上述两个公式可以看出，当留存率保持稳定时，快速获取新用户能够显著扩大业务规模，订单量会随之增加，进而带动佣金收入增长。由于电商平台业务具有规模效应，因此业务规模的扩大可以更快地摊薄获客成本。

下面来看传统餐饮行业。南城香CEO汪国玉在谈及南城香决定开展外卖业务时提到，外卖业务对于南城香来说是一项具有边际效益的业务。南城香的业务利润可以用以下公式来表示：

- 业务利润= 订单量 ×（售价–食材成本–加工成本）–人员固定工资–人员业绩工资–房租等固定成本

由于南城香的菜品是为全时段设计的，且使用的是电磁炉，相较于燃气炉每次开火的成本大幅降低，因此无论用户何时点单，成本都相差不大。此外，南城香各个菜品采用承包制，订单量增加时，人员工资等变动成本随之上升，且能分摊房租成本。因此，在决定是否开展外卖业务时，也可以套用业务利润公式，分析该策略会改变哪些指标，并进一步预估这些指标的改变量，从而计算出该策略对经营目标的影响。

（3）评估指标是否影响其他业务环节

在分析面向用户的经营策略时，需要全面评估其影响，判断这些策略是否在某些环节或特定时间维度下造成了负向影响。如果存在负向影响，就需要进一步评估收益是否划算。然而，一些分析师或财务人员在实际评估时，往往只关注较短周期或特定业务节点内的投入产出比，从而忽略了长期的影响。在设计经营策略时，至少应确保该策略不会对长期用户价值和品牌带来风险。因此，要衡量经营动作的长期影响，就必须从用户生命周期的全量价值入手，这样才能实现更精准的评估。

以电商平台业务为例，当平台需要调整补贴预算，并降低对新用户和老用户的补贴力度时，就需要权衡究竟是新用户的补贴降幅更大，还是老用户的补贴降幅更大。在总体预算不变的情况下，假设有 A、B 两种方案（如图4-16所示）：A 方案是多降低老用户补贴，B 方案是多降低新用户补贴。由于补贴力度与用户的订单活跃度息息相关，因此降低补贴后，新用户的激活转化情况和老用户的留存情况是可以大致估算出来的。在该电商平台的设定中，每个月新激活的用户被定义为新用户，首月之后所有新激活的用户以及之前累积的活跃用户则被定义为老用户，且老用户的占比大约是新用户的三倍。

方案 | 新老用户订单量	新用户订单占比24%	老用户订单占比76%
A方案:多降低老用户补贴	新用户激励大，获得更多新用户激活量，后续月份留存率比B方案差	老用户留存率比B方案差
B方案:多降低新用户补贴	新用户激励少，获得新用户激活量少，老用户留存率好于A方案	老用户留存率好于A方案

图4-16

从数据占比看，老用户的订单量占比更大，所以降低老用户补贴会使总补贴量下降得更多。如果只计算一个季度的用户生命周期价值，从短期数据来看，降低老用户补贴预算似乎是更合适的选择。然而，如果将评估周期拉长，以12 个月的用户生命周期价值来评估影响，那么得出的结论可能会截然不同（如图4-17所示）。

最终，A、B 两种方案所带来的总用户贡献是不同的。如果只关注 3个月的短期收益，A 方案会显得更具优势，因为它对整体用户产生的负向影响相对较小。但当将时间跨度延长至12 个月时就会发现，降低老用户补贴会在后续每个月持续产生负向影响，随着时间的推移，这种累积的损害在某个时间点可能会超过降低新用户补贴所带来的损害。

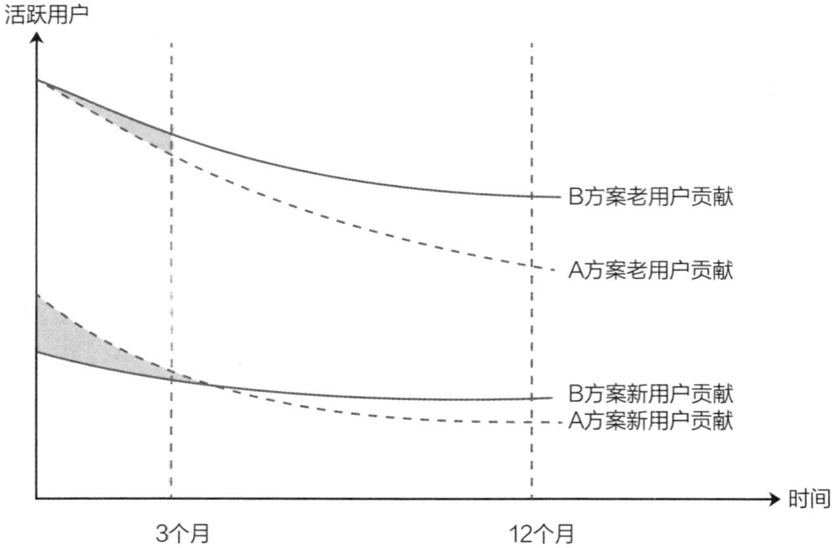

图4-17

通过上述案例，我们可以清晰地看到如何通过量化分析进行精细的对比，从而明确不同补贴策略对用户的具体影响程度。大部分经营者对定性分析较为熟悉，但在市场竞争中仅靠定性分析很难占据优势。只有比竞争对手计算得更精准，清晰地算出每次补贴所带来的收益和风险，才能掌握量化经营的核心能力，从而脱颖而出。

在基于业务公式评估经营策略时，不建议仅采用财务指标进行计算。财务指标通常采用一种简单的算法，即将所有的成本均摊到每一单，包括每一单均摊的运营成本和获客成本。例如，假设获取了1万个用户，每月能激活2000个用户，还有8000个用户未转化。此时决定对这8000个用户采取降价策略，成功转化了500人。按照财务指标的算法，就会发现在减去获客成本和一些运营费用后，这500人所产生的利润为负。但实际上，这500人已经不需要再均摊获客成本了，只需要承担运营费用即可。而使用业务指标和公式进行分析时，可以针对不同的用户制定更细致的计算方法。由于不同用户的收益计算公式会有所区别，因此这种方法能够更准确地评估经营动作的价值。

3. 评估经营策略的实施成本

在定量评估每个策略的收益后，再来看每个策略的实施成本。首先，如果经营策略较为复杂，则可以先尝试将其拆解为多个小步骤，以降低实施成本。其次，考虑是否可以在不进行软件开发的情况下完成该策略，因为工程师的介入通常会导致实施成本上升。此外，工程师介入的另一个缺点是代码的调整速度往往比业务的调整速度慢很多，无法及时响应市场的变化。

评估实施成本还可以从策略影响的环节入手，从渠道、产品和供应链等维度进行分析。例如，新增地推环节或用户推荐方式来获取用户，这实际上只是增加了新的渠道。再如，从以往只销售女士时装扩展到销售女士运动装，这属于产品品类的扩展。而成本相对较高的策略通常涉及业务的多个环节，例如，为手机引入本地资讯，这可能涉及产品的改造、供应链资讯内容的引入，以及广告收益分成形式等多个环节的变化，因此其实施成本会增加。

另外，实施成本还包括投资成本，如购买厂房或设备的成本；容易被忽视的硬件成本，例如，数据存储所需的硬件设备；试错成本，特别是对于那些没有容错性的需求，如内容审核机制或安全机制，一旦发生错误，成本可能会非常高；每个策略的实施还涉及机会成本，例如，如果品牌宣传高价值，就可能无法吸引追求性价比的用户；经营策略上线后还有维护成本，很多策略并不是一劳永逸的，例如客服体系，它可能需要持续管理和维护。

4.4.2 缩短经营策略的反馈周期

在对经营策略进行准确且全面的预判之后，接下来的关键是缩短经营策略的反馈周期。在这个过程中，通常会遇到两个常见问题：其一，对于那些旨在影响长期用户价值的策略，如何在短期的业务反馈中进行决策评估；其二，针对业务中的一些关键指标，比如用户满意度或客诉进线量等，究竟要将这些指标做到何种程度，才能使业务的投入产出比达到最优。从理论上说，只有投入足够多的资源，这些指标才能够持续向好。但从业务实际出发，我们更希望找到边际效应的拐点，即投入与产出之间的最佳平衡点。

针对这两个问题，我们可以采用如图 4-18所示的解决办法。

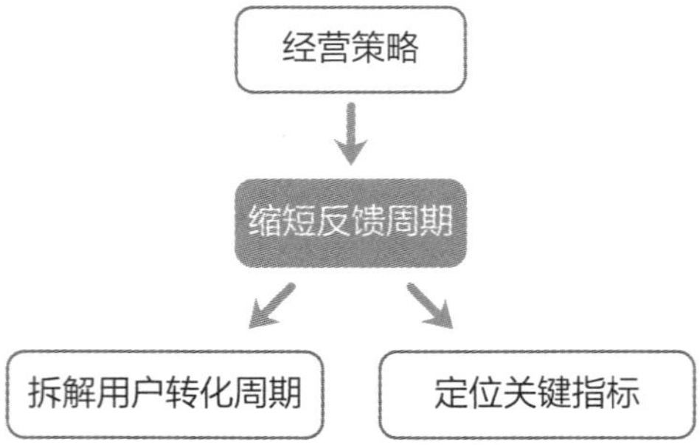

图4-18

为了缩短经营策略的反馈周期，我们可以对业务环节进行拆解，因为业务转化本身存在一定的周期。观察大部分用户在哪个阶段内完成转化的，如果大部分用户的反馈呈现正向，就不必等到全周期实验结束，便能够对经营动作的价值进行度量。对于投入产出比的问题，我们可以建立指标间的函数关系，通过求导的方法来找到投入产出比最大的区间。

这样，我们既能快速评估经营动作的短期效果，又能通过数学模型优化长期的投入产出比，从而实现更高效的经营策略。

1. 拆解用户转化周期

缩短策略反馈周期的第一种方法是通过观察经营策略的转化周期，并拆解周期，观察短期影响，以及与长期影响的关系，进而预估其长期影响。例如，针对老用户的经营策略，在策略上线后，我们需要计算该策略对用户后续每个订单的影响，并依据时间维度来计算用户在生命周期内的价值。具体来说，要观测用户从1单到2单、从2单到3单、从3单到4单等关键转化指标。如果发现某经营策略对用户从2单到3单的转化有正向影响，且对从3单到4单的转化没有负向影响，那么可以推测该策略大概率不会对长期业务带来风险。

在投放拉新的过程中，对渠道的评估更侧重于用户的真实贡献，因此渠道考核会格外关注用户激活情况。然而，保险、理财产品、房屋租售等业务，其用户激活周期通常较长。如果等到整体激活率的数据反馈后再调整投放策略，那么反馈速度就会太慢，难以满足业务实时调整的需求。

因此，我们需要对用户的转化周期进行拆解。如图4-19所示，展示了某款激活周期较长的产品的用户激活转化数据。从精确性角度来看，一个月内观测到的用户基本完成转化，虽然在后续时间内仍有部分用户完成激活，但占比相对较低。以一个月为周期来观测渠道的激活贡献最准确，然而反馈速度较慢。

时间|指标	当月激活用户数	3日激活	3日激活占比	7日激活	截至7日累计激活数	7日激活占比	15日激活	截至15日累计激活数	15日激活占比	30日激活	30日激活占比
第一个月	1,015,012	458,023	45%	161,134	619,157	61%	142,102	761,259	75%	253,753	100%
第二个月	1,562,048	955,131	61%	185,164	1,140,295	73%	187,446	1,327,741	85%	234,307	100%
第三个月	2,082,920	1,504,201	72%	287,110	1,791,311	86%	104,146	1,895,457	91%	187,463	100%
总和	4,659,980	2,917,355	63%	633,408	3,550,763	76%	433,694	3,984,457	86%	675,523	100%

图4-19

为了提升反馈效率，我们需要进一步拆解用户激活周期。以新用户为例，在一个月的激活量中，如果将观测时间缩短至一周，就会发现一周内用户激活量超过60%。因此，在调整投放策略时，我们可以通过一周内的用户激活率来判断该策略是否对用户产生了价值贡献。如果一周内的用户激活率不理想，那么后续转化率大概率也不会好；反之，若一周内的用户激活率表现良好，后续转化率也很可能较为可观。采用这种方法，我们无须等待一个月的数据反馈，就能快速判断出用户对平台的真实贡献，从而及时调整策略以满足业务的实时需求。

通过这一拆解方法，我们实现了从过去依赖长周期观测全部用户反馈，转变为在短周期内依据大部分用户的反馈来判断经营策略的效果，这一转变显著加快了反馈速度，提高了决策效率。

2. 定位关键指标

第二种缩短策略反馈周期的方法是找到与长期表现相关的短期指标，并逐步向下归因，找出关键指标。

在经营业务的过程中，我们发现某些项目会直接影响用户的留存率，进而影响用户生命周期价值和总的价值贡献。其中，NPS是一个衡量用户体验的重要指标，其分数与用户之间的转化率存在相关性。以电商平台业务为例，用户满意度越高，客诉就越少，这表明用户对服务的满意度较高，也就更容易留存下来。深入研究每个指标后会发现，它们都以某种方式作用于用户的生命周期，能够提升留存率和用户生命周期价值。通过对这些指标的研究，我们可以发现它们与用户生命周期价值之间存在某种数学关系。

例如，当NPS增长时，LTV也会随之增加，但这种增加趋势会随着NPS的进一步提高而逐渐放缓。在实际的业务操作中，我们无法对所有的NPS进行逐一分析。这时可以先将NPS和LTV拟合成函数，再对该函数求导，找到导数最大值对应的区间，即变化率最大时NPS的区间（如图4-20所示）。在这个区间内进行资源投入，能够实现投入产出比最高。

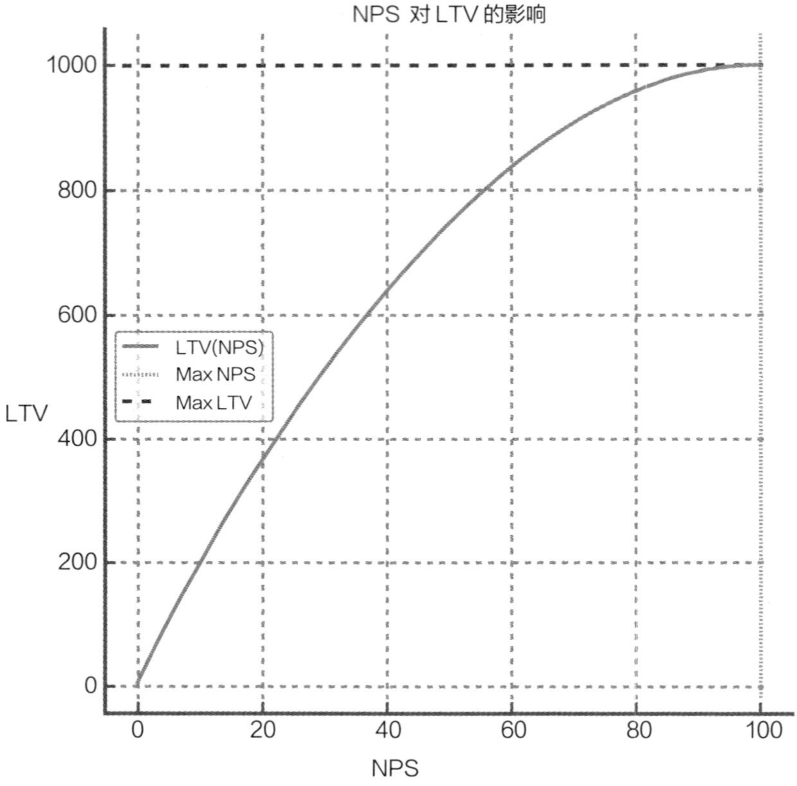

图4-20

需要说明的是，只要涉及预测，就难免会出现预测错误的情况。即使通过微积分进行精确计算，也可能会遭遇意料之外的状况。因此，数据分析部门需要对预测数据进行定期复盘。定期回顾之前的业务指标预测，依据业务最终的真实结果，判断拟合曲线与实际发生的业务情况是否相符。持续进行此类复盘，数据分析部门不仅能改进预测方法，还能积累一套有效的参数与策略。凭借这套参数表，数据分析部门能够在极短的时间内预测对所有策略的长短期影响。

这种能力的优势十分显著。与竞争对手需要半年时间测试关键行为不同，我们可以在一两周内完成反馈，并且达到95%的置信度。95%的置信度意味着，当对业务开展大量实验时，大部分实验结果会与预期相符。通过足够多的实验，剩下5%的误差是可以接受的。基于这一能力，我们不仅能在短时间内确定策略对用户生命周期的影响，还能在此基础上迅速全面上线策略并加大预算投入。这种快速决策和执行的能力显著加快了企业的迭代和反馈速度，从而让企业在竞争中占据明显优势。

4.4.3 降低策略的实施成本

随着经营活动的开展，我们依据业务结构和经营目标找到了更多可供实施的经营策略。此时，需要确保所实施的经营策略能够达到以下标准：预估准确、度量全面、反馈周期短、迭代速度快、实施成本低、业务利润高。例如，比竞争对手挖掘出更多的经营策略固然是一种优势，但能够做出正确的选择，精准预估价值较大的动作，并对这些动作进行有效的监控与反馈，才是企业更具核心竞争力的体现。

1. 经营能力是企业长期发展的关键因素

一些企业能够快速上线众多营销活动，针对不同用户行为制定差异化策略，甚至能针对同一人群后续的一系列行为给出极具针对性的策略。这些活动借助落地页或营销感知的配置工具，在营销活动系统中圈选相应人群、配置好相关参数后，就能迅速上线。这极大地降低了营销活动的实施成本。如果每次实施这类复杂的经营策略都依赖工程师开发，那么不仅会延长开发周期，还需要投入大量工程师资源，这将导致每个营销活动实验的成本大幅攀升。更严重的是，这种频繁且快速的迭代工作无法给工程师带来足够的技术成就感，容易引发团队内部的摩擦。

此外，在营销活动或实施增长实验的功能上线后，可以借助AB实验的分流工具、投放工具、埋点检测工具等技术手段，辅助数据分析师预估和监测业务，衡量营销活动的收益。这些评估系统能够极大地降低活动的量化评估成本，并且若能更早地预判到收益，还能实现快速迭代。例如，依托投放工具或渠道追踪流量检测系统，能够对每个渠道进行更细致、更清晰的分析，相较于竞争对手，就可以更高效地使用投放预算。同样，对于电商公司来说，在收购物流公司后，借助评估系统可实现对商品物流环节的精准管控，这种精准管控意味着企业可以提供更多的经营策略。像贵重物品签收、退换货现场查验等一些使用第三方服务时难以实施的场景，也变得可行。

再者，企业对生产线的投入以及对上游环节重要设备的投资，能够降低成本，并带来更多的选择空间，而这些选择是竞争对手难以企及的。这样，即便开展同样的经营策略，企业自身也能获取更高的利润，或者在关键时刻避免被对手牵制。

本质上，企业的最终目标是实现盈利。在与竞争对手的竞争中，企业都期望获得更大的市场占有率、规模和利润。那么，究竟有哪些因素决定了这些呢？一方面，是日常的经营策略；另一方面，是能力建设。经营策略如同速度，而能力建设则如同加速度。加速度比速度更重要，速度又比企业在市场中的位置重要。即便企业所处的市场位置再好，如果未来的经营策略无法带来增长，那么同样会被超越。当面对竞争对手时，即便对方当前的经营策略不如我们，但如果他们的组织能力和构建业务的核心能力更强，能够快速提升加速度，那么他们迟早也会超越我们。

随着年度经营策略的制定与分解，各个团队的目标逐渐明确，业务的预估、实施、评估和迭代速度不断加快，这可能导致业务团队变得短视。因为业务团队需要紧盯短期经营目标，围绕该目标发现问题、制定经营策略，完成一个又一个关键绩效指标（KPI）。业务团队的核心任务是执行好经营策略，完成年度经营目标。因此，必须建立相应的机制，确保长期经营策略中的壁垒和能力建设有专人负责，从长远角度改善业务能力。

2. 经营策略能力建设分类

经营策略是长期经营策略中竞争力和壁垒得以落地实施的关键手段。因此，判断经营能力是否有效实施，关键在于其是否满足构成竞争壁垒的要求：一是具备能够影响与竞争对手竞争胜负结果的能力；二是这种能力具有一定的实施难度或属于高度稀缺的资源。通过对业务结构的分析，我们会发现长期壁垒能力主要来源于以下几个方面。

第一，通过能力搭建实现成本的永久性降低。以投资建厂为例，企业通过这一举措能够获得稳定的产品供给能力。只要具备足够强大的管理能力，企业就能在这种产业整合过程中拥有更大的利润空间，进而拥有更多可供选择和实施的经营策略。

第二，通过能力搭建提升用户价值。例如，有效的广告投放能够增强用户对品牌的认知和好感，提升品牌在用户心中的地位；通过先进的客服管理工具和不断提升客服人员的专业能力，可以提高企业应对各类进线问题的处理效率和质量，从而为用户带来更好的服务体验。

第三，通过能力搭建降低重复动作的成本。以营销活动为例，这类活动通常需要定期上线。如果将其抽象成一个软件系统，那么在每次活动上线时，只需配置相关参数、选用合适的模板并圈定目标人群，就能实现快速上线。这不仅大大缩短了开发周期，还显著降低了研发成本。

第四，通过能力搭建解决成本和收益的平衡问题。例如，搭建专业的数据分析团队，能够更精准地预测产品销量，从而更好地管理库存。合理的库存管理既能避免因库存积压造成的成本浪费，又能确保产品的及时供应，满足市场需求，实现成本与收益的平衡。这些都是企业在年度经营策略中需要重点考量的核心能力。企业在经营过程中所获得的利润，应当合理地投入到年度经营中的长期能力建设上，以确保在长期的市场竞争中能够形成足够的竞争壁垒，最终在市场竞争中获胜。

3. 经营能力搭建的解决方案

经营能力的搭建有以下四种解决方案。

第一，对于规模较小的公司，其经营能力的搭建通常依据利益相关性来立项，由收益最大的部门牵头负责实施。这种方法的优势在于相关人员对业务场景非常熟悉，开发出的系统工具能够高度契合实际需求，避免出现脱离业务场景的情况。然而，这种方法也存在弊端。例如，长期项目可能会与业务人员的短期经营目标产生冲突，导致业务人员精力分散，而这种矛盾往往难以调和。

第二，在业务部门内部设立专门负责能力搭建的角色。这些人员对业务足够了解，能够从实际业务出发开展工作。但这种方法的缺点与第一种类似，对负责能力搭建的人员以及业务人员的贡献进行评估并非易事。接近业务一线的员工，其工作内容更容易量化，面临的业务压力也更直观，相应地，他们的晋升速度通常会比负责能力搭建的员工更快。

第三，随着业务的不断发展，会涌现出更多的基础能力需求，比如数据存储、用户画像、投放检测、数据采集和AB实验等。当业务规模较大且存在多条业务线时，每条业务线可能都需要具备这些能力。由于这些能力本身的标准化程度较高，搭建中台就成为一种可行的解决方案。不过，与具体业务紧密相关的能力通常还是采用第一种和第二种方案来搭建。

第四，在组织能力建设或投资建设能力方面，通常会依据业务情况将任务分配给不同的部门，且大多由业务部门牵头。任何组织建设都是基于业务需求展开的，由业务部门发起组织能力建设或者专业能力的采购，能够使其更快地融入业务中。通常情况下，业务方会以业务目标为牵引，逐步促使团队具备特定的业务能力，或者建立起某些业务流程的规范化管理。例如，针对上游收购公司或投资工厂的决策，必定是基于当前的业务目标以及对长期竞争壁垒的综合考量。如果是技术软件类的能力建设，那么一般由集团分配给技术委员会或首席技术官负责；如果是业务线级别的能力建设，则由业务线的技术部门负责人负责；而业务投资通常会交由战略投资部门的负责人来处理。

公司只要具备长期积累的能力、资源和更出色的管理能力，就能在年度经营中取得更优异的成果。因此，我们可以发现，在很多公司的长期经营策略中，除了用定量的数字目标来驱动业务获取经营利润，还会使用一些形容词或名词来描述经营方向，例如，“网约车要有壁垒”。此时，公司会将业务流程拆解，构建多个方向的壁垒，如行程安全的壁垒、派单算法的壁垒和司机治理的壁垒等。针对这些壁垒，公司将系统地投入资源，把长期目标拆解为阶段性目标，稳步推进业务发展。

小结：拿来就用的模板

制定年度经营策略	解释说明	我的思考
1. 年度经营策略的要素	完成年度经营策略的要素有哪些？这些要素中哪些要素的优先级比较高	
	业务需要建立的经营壁垒是什么	
2.经营目标	核心的业务公式有哪些？为什么选择这些业务公式	
	核心的经营目标有哪些	
	用户价值指标有哪些？这些指标是否可以直观地反映业务提供的用户价值	
	当前业务正处在哪个阶段，是业务体验成立阶段、经济效率成立阶段，还是商业价值成立阶段	
	业务经营底线在哪里？风险红线与具体的值是多少	
3.经营策略的发现	业务当前产品或服务有哪些要素限制了市场空间，如何占据当前的市场空间	
	业务是否可以扩展出新品类、新的场景或新用户群	
	在用户旅程中有哪些经营策略可以做？它们对用户价值的贡献如何	
	从用户价值交付角度分析有哪些经营策略	
4.提升经营能力	在业务中有哪些方法可以提升预估的准确度	
	在业务中有哪些数据可以辅助缩短评估周期	
	在业务中是否有预估，预估的准确度如何	
5.建设长期经营能力	基于长期策略中的关键要素和壁垒需要建设哪些经营能力	
	这些经营能力对应的指标或者目标与关键成果法有哪些？需要建设到什么程度	
	建设这些经营能力对业务的长期发展有哪些帮助	

第5章

量化经营策略

Musical.ly 曾是一款短视频应用，2014年7月上线后发展迅速。到2016年7月，其在全球日活跃用户数超过2000万，月活跃用户数超过7000万，其中北美活跃用户数超过600万。2017年，该应用被一家中国互联网公司收购并更名为TikTok，随后在北美互联网市场迅速崛起，成为热门短视频应用。

为什么TikTok能够在强手如林的北美市场突出重围？又如何在Instagram、YouTube等众多热门应用的激烈竞争中实现快速增长？人们通常认为TikTok的海外本地化策略实施得非常出色。但深入思考就会发现，本地化只是让TikTok与Google等巨头站在了同一起跑线上，那么 TikTok 最终胜出的关键因素究竟是什么呢？

核心原因在于字节跳动对短视频行业的认知远超当时的美国竞争对手。字节跳动此前已在中国成功运营了短视频商业模式，对短视频经济模型、各项指标变化以及商业模式的理解程度都远高于竞争对手。

当TikTok 进入美国市场时，通过Meta 进行广告投放，Meta一直不理解为什么TikTok 在次日留存率较低的情况下还大量投入资金进行推广，认为留存率低、活跃用户数少会导致投入的成本难以收回。而字节跳动在国内的短视频业务数据表明，随着用户量增加，获客成本会降低，用户生命周期价值也会提升。因此，TikTok出海初期，更关注“活跃用户数 × ARPU”，而非留存率。

从TikTok 的成功案例不难看出，现在竞争需要精细化的量化经营策略，而量化经营策略已成为决定胜负的核心能力。上一章阐述了经营的整体策略，本章则聚焦于如何将经营策略中的各个业务环节转化为指标体系，如何通过数据洞察发现问题，以及如何量化评估经营动作的效果，从而通过量化经营策略有效管理业务，并最终完成年度经营目标。

5.1　业务指标化流程

在量化经营策略时，首先需要将业务转化为指标体系。业务转化为指标体系需要如图5-1所示的四个步骤。

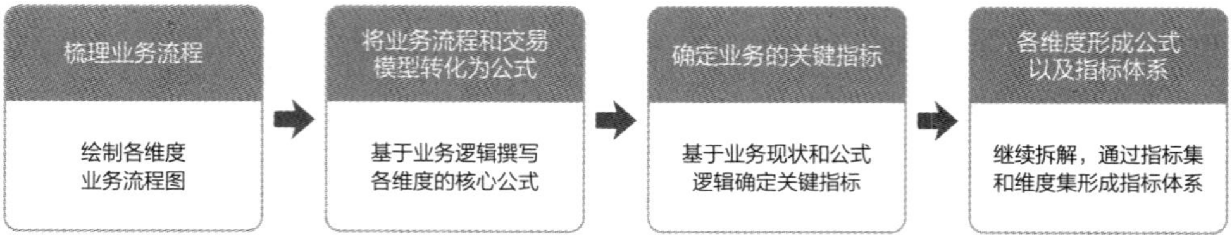

图5-1

第一步：梳理业务流程。在对业务进行深入理解后，需要绘制出清晰的业务流程图，对各个节点之间的流转规则和条件做到了如指掌。

第二步：将业务流程和交易模型转化为公式。这一步要求在熟悉业务流程的基础上，从业务收益开始，梳理并撰写业务收益的核心公式。业务收益的核心公式是各个环节数学逻辑的表达形式。

第三步：确定业务的关键指标。量化业务的关键在于找到核心经营目标，将收入公式与对业务的理解紧密结合。我们可以明确哪些关键指标？这些关键指标让策略实施与收益增长形成正向关联。对核心营收有重要影响，并且通过经营策略的调整和行动干预可以提升这些关键指标。这些关键指标被称为核心指标。

第四步：各维度形成公式以及指标体系。通过维度和指标的组合方式，从各个维度撰写并拆解业务公式。对想要分析的业务环节进行进一步拆解，这样就能将业务量化为指标体系。

为了实现业务指标化，我们应从整体交易模型入手拆解业务流程，确保业务中的每个模块都能实现指标化（如图 5-2 所示）。交易模型能更精准地反映业务的本质。首先梳理业务营收，弄清楚业务的收入模式。企业通过提供具有价值的产品或服务来满足用户需求，而用户则以金钱支付或投入时间的方式与企业完成交易。交易模型围绕交易活动展开，通过对交易模型进行拆解，了解交易与业务收入之间的内在联系，以及各个交易模块对交易过程和最终收入的影响。相较于财务指标，这种基于交易模型拆解构建的指标体系能够更早、更直观地反映业务中存在的问题，便于业务负责人及时洞察业务状况并做出决策。

第一，对业务营收部分进行拆解，这是因为业务营收是连接用户与服务以及商业模式的关键枢纽。先拆分业务指标，将业务收入的逻辑转化为公式，随后提取公式中的各项指标，以此构建起业务指标体系。

第二，交易模型的核心在于交易，即用户通过投入金钱或时间的方式来换取平台提供的服务。在清晰定义“交易”指标后，围绕交易展开拆解分析，深入了解激活率、留存率等因素对整体交易量的影响，从而形成交易指标体系。

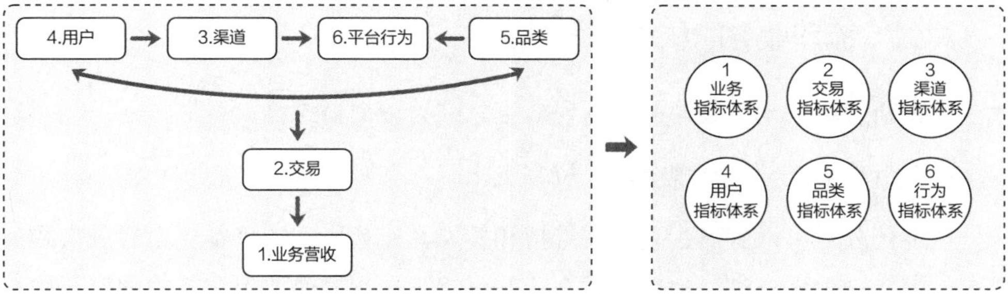

图5-2

第三，用户在使用产品时，会涉及获客渠道指标体系，这一体系主要用于明确用户是通过何种渠道接触并使用产品的，不同渠道的用户消费表现和转化率不同，从而形成渠道指标体系。

第四，用户与平台进行交易后，可以基于用户的消费频次和消费金额对用户进行分类，形成用户指标体系。

第五，在品类供给侧，尤其是像电商和短视频这类内容丰富的平台，可以依据多种品类维度进行拆分，形成品类指标体系。

第六，用户在平台上最终完成交易的过程，会涉及在平台上的一系列行为，这便构成了行为指标体系。

最终，这些交易活动会通过获客成本以及用户生命周期价值等因素，再次作用于企业的经营层面，并反映在业务营收上。将业务营收指标与更多的运营成本指标相结合，就形成了财务指标。整体而言，从交易模型拆分出的这六个维度对业务进行指标化，能够较为全面地量化业务情况。

此外，任何产品或服务都离不开“交易”这一核心要素。聚焦核心业务流程，基于核心交易的用户旅程进行指标化，以及通过桑基图将用户的旅程指标化，都是常用的业务指标化方法。

5.2 搭建业务指标体系的三个步骤

梳理完业务流程后，下面将详细介绍搭建业务指标体系的三个步骤。

5.2.1 梳理业务的核心公式

贝索斯曾将亚马逊公司的自由现金流总结为一个公式：

- 自由现金流 = 经营现金流 – 资本支出

从上述公式可以看出，企业在维持和扩展其业务所需的资本支出后剩余的现金流，就是自由现金流，它反映了企业的可持续自我造血能力。其中，经营现金流是企业通过核心经营活动所带来的净现金流入。在亚马逊案例中，经营现金流包括亚马逊售卖产品佣金收入、为商家提供服务的收入和AWS云服务的收入等。经营现金流已经考虑了净利润、折旧与摊销，以及营运资本变化，例如，库存和应收账款的变动。资本支出则表示企业的长期投资，例如，亚马逊购建数据中心和仓库等固定资产的支出。这些支出虽不影响当期利润，但会消耗大量现金。

贝索斯通过这个公式，将亚马逊的自由现金流以数据化的方式呈现出来。这不禁让我们思考，在日常的业务分析与管理中，我们是否也能够像贝索斯对亚马逊自由现金流的处理方式一样，用数学公式来精准表达业务的关键要素和内在逻辑呢?

梳理业务的核心公式，本质上是对业务商业模式的深度理解。值得注意的是，公司的盈利方式往往并非单一，所以其收入公式也不一定只有一个。通常，收入公式是基于某一种盈利模式的数学表达。在撰写公式之前，我们首先要识别业务的盈利模式，然后依据这些盈利模式推导相应的收入公式（如图5-3所示）。

图5-3

第一种是非常传统的互联网盈利模式——流量变现模式。该模式是指针对 C 端用户提供免费服务，并在服务过程中投放广告，进而向 B 端商家收取广告服务费。比如今日头条、百度等，它们通过开屏广告、信息流广告、搜索广告等形式为广告客户提供服务。其收费模式通常按照浏览量、点击量或转化量来计算，具体采用哪种付费方式，主要取决于广告商和流量售卖方之间的协商。对于这类公司而言，用户是业务的供给方，用户的活跃程度决定了可植入广告的数量；商家则是客户方，是平台收入的最终来源。这类业务十分看重活跃用户数，其业务逻辑是通过免费功能吸引用户使用产品，这要求免费提供的服务能够满足用户的强需求，像社交网络、资讯或搜索产品等，都具有高留存、高活跃的特点。当用户活跃度高、使用时间足够长时，就会产生大量可供投放广告的时间单位，平台便可以向商家提供广告服务。这种盈利模式对应的公式为：

- 流量变现模式收入 = 活跃用户数 × 账户日均广告展示数 × 广告每次展示所得收入

第二种是平台佣金模式。在这种模式下，交易方可能涉及多个角色。以外卖平台为例，就存在商家、骑手、平台、用户四个交易角色。平台在撮合交易完成后抽取一定比例的佣金。多数情况下，这类公司为用户提供服务，并向商家抽取佣金，但也有像链家这样向用户抽取佣金的模式。在互联网领域，这类平台企业众多，淘宝、拼多多、京东、滴滴、美团等电商公司或 O2O 公司都属于该类。这些平台关注活跃用户数、GMV或GTV，以及货币化率。

第三种是生产销售模式。在这种模式下，企业并非单纯地撮合交易，而是负责产品的生产或通过向供应链采购等方式制造产品，然后将产品卖给用户，赚取制造成本与售价之间的差价。像瑞幸、海底捞、京东等企业均有涉及。虽然这些零售企业原本主要售卖商家的产品，但对于一些供应链相对简单且热销的产品，它们也会选择直接生产或贴牌生产，以进一步提升利润，这类产品或服务大多通过线下渠道获取。以瑞幸和海底捞为例，其所在商圈的客流量在一定程度上决定了销售量的上限。

- 生产销售模式收入 = 流量 × 转化率 × 客单价

第四种是会员服务模式。这种盈利模式常见于视频、游戏、工具类产品，例如百度网盘、腾讯视频、京东会员等。该模式的核心在于提供具有足够大价值的服务，只有这样才能形成明显的体验差异，对免费用户和付费用户都能产生足够的吸引力。如果提供的用户价值不够大，就容易出现免费用户与付费用户之间的冲突，比如门槛设置过高，会降低对付费用户的吸引力；门槛设置过低，则对免费用户缺乏吸引力。

- 会员服务模式收入 = 活跃用户数 × 转化率 × 客单价

企业如何区分这四种模式，以确定自己的业务匹配哪种模式呢？

首先，流量变现模式不涉及用户的实际交易行为，对于依靠广告收入的平台来说，它们只需要展示广告，用户浏览或点击广告即可，平台并不参与商品的售卖。而平台佣金模式和生产销售模式的区别在于，在平台抽佣模式下，公司仅作为中介平台，不参与产品的生产，只在商家售出产品后收取佣金；在生产销售模式下，公司则需要涉及产品的生产或供应链环节。比如，美团外卖不生产外卖食品，只是为外卖商家提供配送服务；而海底捞和瑞幸咖啡涉及产品的生产和供应链，通过自己的门店进行销售，属于生产销售模式。会员服务模式主要看边际成本，这类业务通常具有很强的边际成本优势，例如，会员视频网站，卖出 1 千份会员和卖出 1 万份会员的成本相差不大。

需要强调的是，这四种盈利模式所对应的公式只是常见的示例，我们可以根据自己对业务的理解，撰写适合自身业务的收益公式。此外，随着业务日益复杂，如今几乎不存在单一模式的平台。以京东为例，它既包含商家入驻售卖商品的模式，也有京东自营业务，同时还向用户提供京东会员服务，并在平台上对商家的产品进行广告宣传。可以说，京东涵盖了上述所有的盈利模式。因此，我们需要根据公司的具体业务，仔细分析其中是否存在多个业务场景和多种收益模式。

5.2.2 定位核心指标

因特尔公司前CEO安迪·格鲁夫（Andy Grove）曾说过，一种业务核心的指标不会超过10 个。在前面，我们已依据业务流程和商业模式的分析解读列出了众多公式。现在，我们需要先从这些公式中筛选出核心指标，再借助这些指标来评估业务的经营状况。

1. 如何确定核心指标

如图 5-4 所示，核心指标的选取首先要基于收入公式或业务流程，聚焦于核心交易环节或收入产生环节；其次，要找准用户价值与商业价值的交汇点，该交汇点通常就是交易节点。不过，有些业务的用户价值和商业价值是相互分离的。比如，在前面介绍的流量广告业务中，用户和平台方的价值不仅相互分离，还可能存在矛盾：用户希望能够免费使用产品，且商业化内容越少越好；平台方则需要在维持一定用户体验水准的前提下，尽可能地提高商业收入。因此，在度量广告交易的同时，还需要对用户价值进行度量。

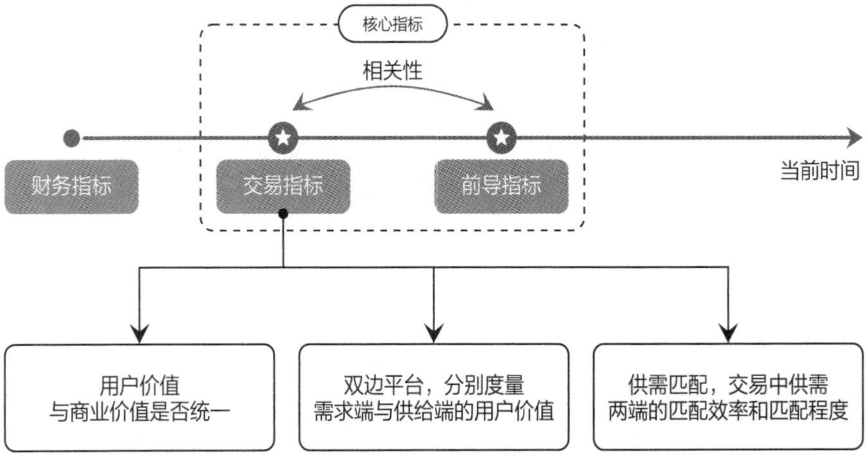

图5-4

在平台佣金和生产销售模式下，用户价值与商业价值具有相对统一性。不过，对于抽佣平台来说，供给端和需求端的用户价值与诉求存在差异，需要借助不同的指标进行度量。所以，除了对交易环节进行度量，还需分别对供需两端的价值进行度量。

完成上述度量工作后，就要依据商业模式和业务流程所撰写的公式，以及核心交易指标来探寻前导指标。以目标用户的订单均价和订单量为例，这些指标仍不够前置。虽然下单量和 GMV 值得关注，但此时用户行为已经发生。我们需要从时间线往前梳理，找出用户下单前会出现的操作或者经过的关键节点，这些行为和节点与最终交易节点的相关性极高。那么，哪些用户行为与最终交易高度相关呢？我们可以借助桑基图进行分析，明确用户下单前哪条路径的用户数量最多、哪条路径的转化率最高，进而确定前导指标。

以电商平台业务为例，其交易指标是GMV。从用户旅程来看，用户通常会经历加购物车、访问详情页、收藏商品、搜索商品等行为。我们可以对这些前导指标进行干预，比如从封面到详情页的转化率、搜索框的使用情况等，通过提升这些指标，最终实现GMV的增长。此外，围绕交易节点，如果品类丰富，则需关注供需匹配状况和每个流量的转化情况，分析是否存在用户需求未得到匹配的问题。

通过上述方法，我们能够找到四大类核心指标（如图5-5所示）。其中，前导指标和交易指标均能用于指导业务工作。前导指标与策略联系更紧密，业务团队可以围绕这些指标展开策略洞察；交易指标则与业务紧密相关，同时关联着经营目标。例如，在流量变现业务中，活跃用户数既能够反映为用户提供的价值，也能够依据人均在线时长粗略估算出收入。最后，借助用户价值指标或围绕用户价值延展的指标，如客服的进线量、差评率、退换货数量等，反向监控用户价值是否受到损害。

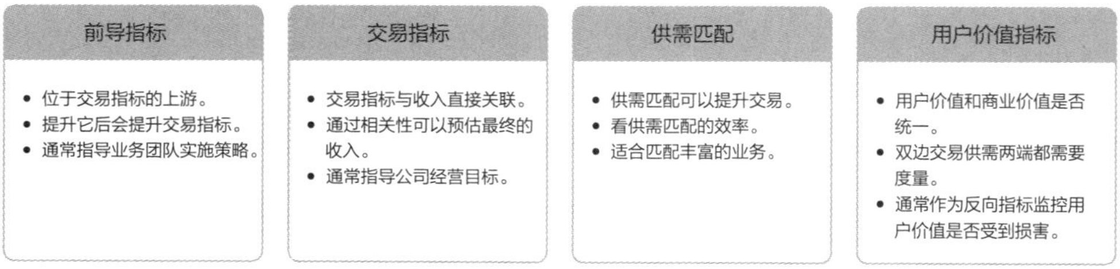

图5-5

在确定核心指标后，需要依据组织架构将其分配给不同的部门。若指标是复合指标，则可进一步拆解，虽难以完全消除指标之间的相互影响，但应尽量降低。首要任务是依据指标对团队进行考核，后续还需借助商业分析来衡量每个经营动作的收益。

考虑到多数基层员工较难理解复杂的业务逻辑，对于一线员工，最好将年度经营策略转化为一个核心指标及其目标数值，给出明确的指引性指标。针对每个部门，这个核心指标可被称为北极星指标。总之，首先要为每个部门确定核心指标，然后依据业务指标体系，将其转化为部门制定和评估行动的依据。

2. 核心指标评估方法

在确定核心指标后，可从以下维度对其进行评估，以检验这些核心指标是否正确。

（1）能否体现业务的核心价值

因为任何一款产品都无法脱离广义上的交易范畴，所以部分核心指标必然会反映交易情况。以流量变现产品为例，像短视频平台、微博、百度等，活跃用户数和用户平均使用时长这两个指标就紧密关联着业务所提供的价值和交易环节。它们能够直观地展现出用户对产品所提供价值的认可程度。

（2）能否反映业务的健康程度

该指标应当与业务的商业收益相关联。例如，对于流量产品而言，活跃用户数和用户平均使用时长是关键；对于交易抽佣和产销产品，活跃用户数、交易频次和客单价十分重要；而针对一些提供增值服务的产品，活跃用户数和付费率则是核心。通常情况下，随着活跃用户数的增加，可转化为付费用户的总量也会随之增加，进而带动最终收益的提升。对于用户价值和商业价值相互分离的业务，可以选取多个指标，但核心指标的数量最好不要超过10个。

（3）是否为前导指标

围绕用户价值和核心交易节点，挖掘前导指标至关重要。这里先解释一下什么是前导指标。假如企业的目标是成为行业头部，在行业竞争中脱颖而出。若仅在竞争对手获得市场份额第一时，才察觉到自身业务的优劣势，或者仅以业务最终的结果（如年度 GMV）作为核心指标，那么对业务状态的评估就会严重滞后。相比之下，月度 GMV 更具有前置性，我们可以根据业务波动将 GMV 细化到每个月。一旦发现每月的实际数据与目标差距过大，就能够提前采取措施进行干预，避免年度 GMV 无法完成。而相较于月度 GMV，每日的交易用户数和详情页浏览量则是前导指标。需要注意的是，前导指标具有相对性，比如相较于财务指标，业务指标可被视为前导指标；而相较于业务指标，用户在流程中那些与最终结果有很强相关性的行为则是前导指标。

（4）是否会导致动作“变形”，或者设有反向指标观测

针对指标导致的动作“变形”，笔者有过这样一次经历：在接到某公司的回

访电话时，对方因考核要求，暗示笔者最好给服务打高分，还表示若不打高分，后续还会有人来电询问具体服务情况，会比较麻烦。为了避免麻烦，笔者最终给出了满分回复。这样一来，这类用户回访就失去了原本的意义。由此，笔者不禁好奇：当管理层看到这样的回访分数时，是真的认为自己的服务非常出色，还是会对样本的真实性产生怀疑呢？另外，他们是否设定了一些反向指标，比如抽样提取通话录音，并设定抽样录音的通过率标准？对于一些销售产品的业务，如果单纯以利润作为指标，则可能会牺牲部分短期用户价值。常见的情况是，当用户发起退货退款请求时，商家会尽量拒绝。但对于抽纸、洗发、护肤等高频使用的产品而言，拒绝退换货对用户的伤害较大。因此，在进行经营管理时，虽然向各业务方下发的是核心指标，但作为管理方，还必须设置反向观测指标。

（5）是否能够被量化，并能被团队理解

该指标能否从数据采集和提取的角度进行严谨地描述？虽然业务人员不一定会编写 SQL 代码，但他们需要清楚从技术实现层面来看，该指标是否可以被获取，并且是否有严格的定义。

5.2.3 搭建指标体系

在梳理业务流程和呈现具体的流转路径的桑基图，并依据业务实际情况撰写各个维度的核心公式后，就可以按照量化业务的方法搭建指标体系。完成该指标体系的搭建工作后，就能测算经营目标，给出合理的目标数值，接着依据指标体系对经营目标进行分解，同时监控日常业务中重要指标体系的变化情况。通过有效管理指标体系的增长过程，最终实现经营目标。

下面以电商零售公司为例，详细介绍如何搭建指标体系，步骤如图5-6所示。

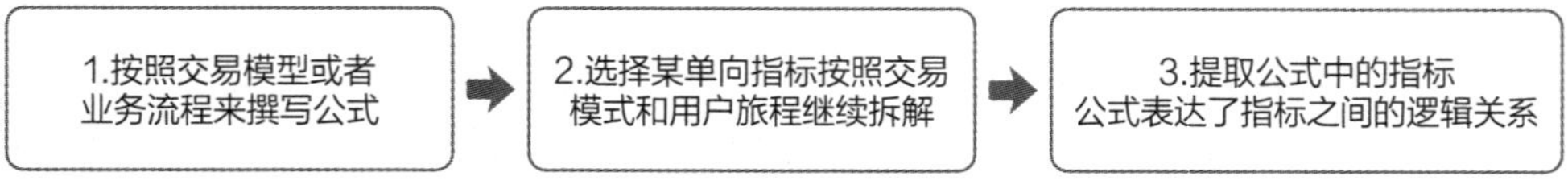

图5-6

首先，依据前面介绍的交易模型或者业务流程，在交易模型维度上，以终为始，从公司的毛利润入手进行拆解，撰写产生收入的交易模型公式，进而分析利润的构成要素。在此基础上，再依据交易模型和用户旅程，对利润公式中的各个指标继续进行拆解。最后，推导出该维度下的大部分公式。对公式中的指标进行去重和提炼处理后，即可形成该维度下的指标体系。同时，借助业务公式能够清晰地解释指标之间的逻辑关系。

1. 业务指标体系

业务指标体系更适用于经营分析，它并不是严格的财务会计术语下的体系。按照图5-6介绍的方法计算毛利的公式，毛利=销售收入–销售成本。在毛利的基础上，我们可以进一步计算运营利润，运营利润关注的是公司日常运营之后还剩下多少钱。以运营利润为例，其计算公式为：运营利润=销售收入–销售成本–运营成本。

对公式中的每个指标继续进行拆解。例如，拆解销售收入。作为电商零售公司，根据收入公式，可以将销售收入拆解为GMV × 佣金比例 + 订单量 × 平均服务费–确认收入后的退款金额。这样就将销售收入拆解为了更多个细分指标。按照这个流程，最后将运营利润中的每一项指标都拆解成为多个细分的指标，形成业务的指标看板，同时保留公式。这样我们就可以知道这些指标之间的数学关系，如图5-7所示。

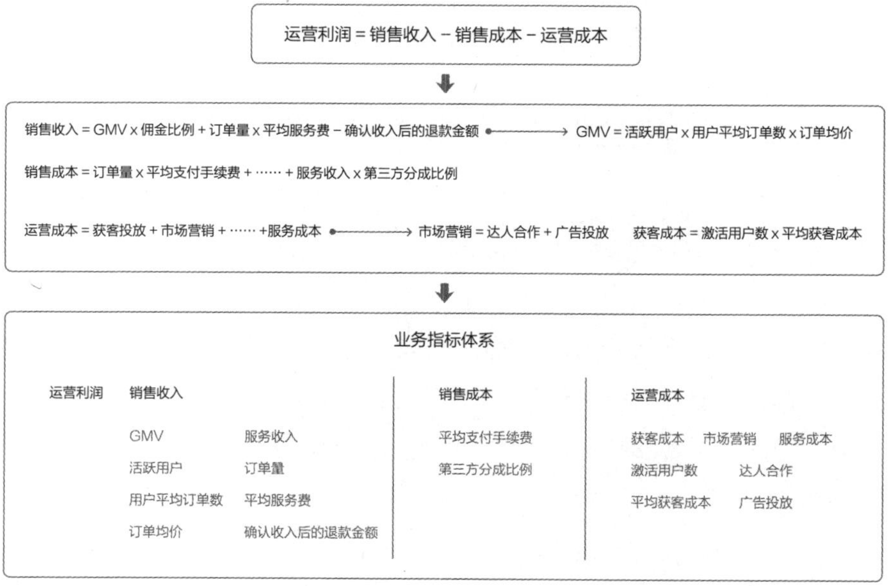

图5-7

2. 交易指标体系

如何才能更清晰地探寻经营结果背后的原因呢？实际上，经营结果指标与交易之间存在着紧密的联系。因为只有当用户与业务发生交易行为时，才会带来商业收益，进而导致业务指标发生变化。所以，我们要根据业务指标公式，进一步搭建交易指标体系。从经营角度来看，如果把业务指标视作业务经营的最终结果，那么交易指标便是形成这一结果的过程性因素。

在日常经营中，当业务指标出现异常波动时，交易指标体系往往是我们最常进行分析的对象。无论是广告流量、抽佣，还是产品销售等类型的收入，都离不开与用户的交易。例如，在流量模式下，收入的计算公式为：

- 收入 = 活跃用户数 × 账户日均广告展示数 × 广告每次展示所得收入

而在交易类模式下，收入的计算公式则是：

- 收入 = 活跃用户数 × 用户平均订单数 × 订单均价 × 佣金比例

交易指标体系同样可以从业务指标反向推导得出（如图 5-8 所示）。从收入反向推导至GMV，再对GMV进行进一步拆分，我们能够发现GMV是由参与交易的活跃用户数、用户平均订单数和订单均价这三个关键要素构成的。

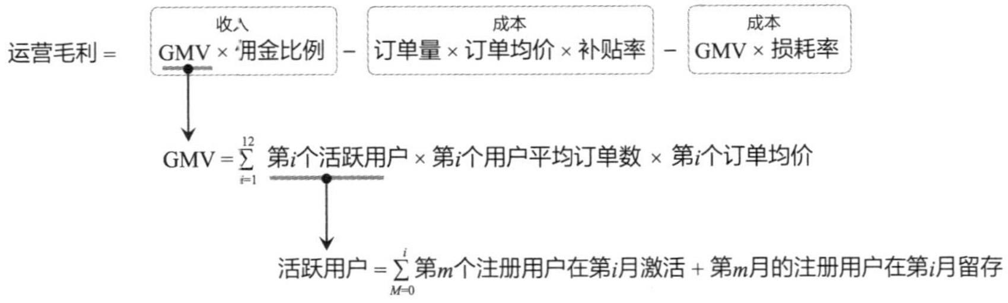

图5-8

接下来，我们根据活跃用户指标继续进行拆解。活跃用户主要由激活用户和留存用户两部分组成。当业务数据出现异常波动或者需要测算年度经营目标时，我们可以通过深入了解活跃用户的构成情况，来预估年度的活跃用户数，进而推算出最终的GMV。

活跃用户是指在特定的周期内，与平台至少完成一次交易的用户。这里的交易既包括购买的产品或服务，也包括花费时间使用平台提供的产品或服务。尽管不同业务对于活跃用户的定义可能存在差异，但如今以“交易”来界定活跃用户的方式越来越普遍。这是因为只有产生交易的用户，才能为平台创造价值，同时也表明平台提供的产品或服务满足了用户的需求。

从相关公式可知，若以月作为时间维度，对活跃用户按时间进行拆分，构建数据看板，就能清晰地呈现每月活跃用户具体由哪些时间段的激活用户和留存用户构成，如图 5-9 所示。

在搭建活跃用户看板时，时间单位可以根据实际情况调整为日或周，具体的时间颗粒度依据单位时间内的用户量来确定。为了简化内容，便于读者迅速理解活跃用户的构成，本例将时间单位设定为月。

假设业务自 2024 年 1 月开始开展，每月新增 1000 个注册用户，每月的激活率稳定保持在 20%，次月留存率为 50%，后续留存率为 100%（在实际的业务场景中，激活率、次月留存率，以及后续留存率需要在业务开展后通过计算得出。这里为帮助读者理解活跃用户的构成，先对这些数据进行了假设）。

注册时间丨激活时间	注册用户数/个	2024年1月	2024年2月	2024年3月	2024年4月
2024年1月	1000	100个激活	100个激活+50个留存	100个激活+100个留存	100个激活+150个留存
2024年2月	2000		200个激活	200个激活+100个留存	200个激活+200个留存
2024年3月	3000			300个激活	300个激活+150个留存
2024年4月	4000				400个激活
……	……				
活跃用户数	……	100	350	800	1500

图5-9

数据看板的核心在于依据用户ID和订单时间，判断该用户是否出现在每个时间维度划分出的看板表格中。表格中的每一行展示的是该业务以月为单位注册的用户在后续月份的活跃用户数，最终呈现为激活用户数和留存用户数。每一列则表示每月的活跃用户由哪些历史月份的激活用户和留存用户构成。

以图5-9为例，2024年2月的活跃用户为350人，这个数据是如何得出的呢？其构成可通过图中选中的两个格子中的数据计算得出。活跃用户的构成公式为：历史所有的注册用户在该月的激活用户数+所有的激活用户在该月的留存用户数。

其中，历史所有的注册用户在该月的激活用户为300人，即2024年2月注册并激活的200人加上2024年1月注册但在2月激活的100人。所有的激活用户在该月的留存用户数为2024年1月激活的100人，由于次月留存率为50%，所以，2024年2月的100人中留存了50人。因此，2024年2月的活跃用户为350人，等于2024年2月注册当月激活的200人、2024年1月注册但在2月激活的100人，以及2024年1月激活但在2月留存的50人之和。

至此，我们可以想象一下，随着时间的推移，每个月历史的注册用户在当月的激活用户数会越来越多，同时历史所有的活跃用户在当月的留存用户数也会不断增加，就不再是上述等式右边的三项相加，而是多项相加。我们可以把活跃用户类比为水缸里的水，将时间周期视作倒水的频率，把注册用户比作水桶里的水，每周或每月都会有新的水桶出现。那么激活速度就是每个水桶能往水缸里倒入多少水，留存则可以设想为每次倒进来的水都单独配备一个放水管，每个周期开启一次，以此决定放掉多少水。

（1）激活用户指标

艾韦纳什·卡希克（Avinash Kaushik）有一句名言："所有汇总数据都是垃圾，要么分组分析，要么不用。"基于此，我们有必要进一步剖析活跃用户的构成，探究激活用户和留存用户是如何对活跃用户产生影响的。

激活用户指标的主要作用是洞察激活行为对活跃用户数量的影响。如果沿用前面水缸的比喻，那么现在我们关注的重点就是每次水桶向水缸注水的平均量（如图5-10所示）。图5-10中的每个格子代表某个月注册用户在未来某个月的活跃用户构成情况。其中，深色字部分呈现的是某个月注册用户在后续时间周期中的激活情况。我们提取出每个月的激活用户数，将各自然月的时间转化为相对时间，形成新的图表反映注册到激活的转化速度。

从图5-10上半部分可以知道每个时间周期的用户在后续时间中的激活和转化情况。即每个月注册用户在后续第一个月、第二个月、第三个月乃至第*N*个月的激活用户数分别是多少。

（2）留存用户指标

介绍完激活用户指标后，接下来介绍留存用户指标。仍以上面的水缸装水为例，留存如同每一批倒入水缸的水的排水速度（如图5-11所示）。我们选取 2024 年 1 月注册用户后续激活用户的留存情况，以此来制作留存看板。

看清每个月注册用户对后续每月活跃用户的贡献

注册时间丨激活时间	注册账户数/个	2024年1月	2024年2月	2024年3月	2024年4月	2024年5月
2024年1月	1000	100个激活	100个激活+50个留存	100个激活+100个留存	100个激活+150个留存	100个激活+200个留存
2024年2月	2000		200个激活	200个激活+100个留存	200个激活+200个留存	200个激活+300个留存
2024年3月	3000			300个激活	300个激活+150个留存	300个激活+300个留存
2024年4月	4000				400激活	400个激活+200个留存
……	……					
活跃用户数	……	100	350	800	1500	2000

从自然月份转化为相对月份，形成新的图表反映转化速度

自然月丨相对月	激活账户/个	当月	第1月	第2月	第3月	第4月
2024年1月	1000	100个激活	100个激活	100个激活	100个激活	100个激活
2024年2月	2000	200个激活	200个激活	200个激活	200个激活	
2024年3月	3000	300个激活	300个激活	300个激活		
2024年4月	4000	400个激活	400个激活			
	……					

图5-10

每个月激活用户在后续月份中留存活跃的情况

注册时间丨激活时间	注册用户数/个	2024年1月	2021年2月	2021年3月	2021年4月
2024年1月	1000个账户	100个激活	100个激活+50个留存（1月激活在2月的留存）	100个激活+100个留存 2月激活在3月的50个留存+2月留存在3月50个留存	100个激活+150个留存 1月激活在4月的50个留存+2月激活在4月的50个留存+3月激活在4月的50个留存

1月注册1000个用户后续激活，以及激活后的后续留存，形成下面的图表

自然月丨相对月	激活用户/个	第1月	第2月	第3月
2024年1月	100	50个留存	50年留存	50年留存
2024年2月	100	50个留存	50年留存	
2024年3月	100	50个留存		
2024年4月	100			
	……			

图5-11

从图5-11的活跃看板和其中的数据能够看出2024 年 1 月注册的 1000 个用户中后续活跃用户的构成情况，其中既包含激活用户，也包括这些用户在后续月份作为留存用户持续构成活跃用户的情况。我们将所有的留存用户按照相对时间提取出来，并把各个自然月的时间转化为相对时间，进而转化为同期群分析图表，就是留存看板。

这个留存看板呈现了 2024 年这 1000 个注册用户在激活后，在后续第一个月、第二个月、第三个月……第N个月分别会有多少用户留存下来并持续保持活跃。随着时间的推移，留存完整转化的批次会越来越多，时间周期越来越长，拟合得出的留存曲线也会越精准。

3. 渠道、品类、行为和用户指标体系

基于交易模型对业务进行量化后，我们已从业务和交易两个维度构建了指标体系。接下来，我们还能从“渠道”“品类”“行为”“用户”这四个维度构建指标体系。限于篇幅，这里只对渠道部分进行拆解并构建其指标体系。

针对激活环节，我们可从交易模型的渠道方面继续拆解，进而构建获客体系的数据看板。获客体系的最终目标是实现用户激活，所以我们有必要探究渠道与用户激活之间的关系。

流量指标主要用于洞察用户的来源，以及评估每个渠道的获客成本、效率，其中还涉及投入产出比。由于激活用户数 =（渠道 1 流量 + 渠道 2 流量 + 渠道 3 流量 + ⋯ + 渠道 N 流量）× 流量转化率 × 激活率，因此将这个公式展开，便可以构建渠道流量看板，如图5-12所示。

$$\text{激活用户数} = \sum_{n=1}^{i} \text{第}n\text{月流量} \times \text{第}n\text{月注册率} \times \text{第}n\text{月激活转化率}$$

流量 = 渠道1流量 + 渠道2流量 + 渠道3流量 + ……

指标丨渠道	苹果商店	苹果商店转化	落地页	公众号	官网	小程序
曝光UV	100000次		100000次	100000次	100000次	100000次
落地页UV	10000次	10%	10000次	10000次	10000次	10000次
注册用户	200次	2%	200个	200个	200个	200个
激活用户	20次	10%	20个	20个	20个	20个

图5-12

渠道流量看板展示的是流量转化率。注册用户和激活用户的数据需要处于一个时间转化周期内。通常情况下，面向个人用户的产品激活转化周期较短，我们可以借助注册和激活看板来确定激活周期。例如，假设 90% 的用户从注册到激活只需要3 天，那么流量看板的激活周期就是 3 天。

5.3 依照指标体系实现年度经营目标

在明确了核心指标并构建指标体系后，接下来就需要确定年度经营目标。只有确定了经营目标，才能依托指标体系制定年度规划与策略。经营目标的实施流程可分为四个步骤，如图5-13所示。

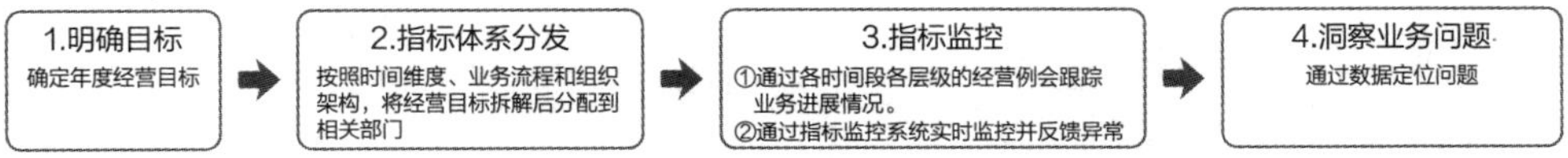

5-13

第一步，明确目标。也就是说，要依据业务的发展阶段和过往业绩，对年度经营目标进行预估测算。

第二步，指标体系分发。基于已确定的年度经营目标，按照时间维度、业务流程和组织架构，将其拆解后分配到相关部门，从而完成年度经营目标的拆解与分发工作。

第三步，指标监控。也就是说，在上述两步的基础上，通过各层级的经营例会，并持续跟踪业务进展情况。同时，通过指标监控系统实时监控并反馈业务中的异常状况。

第四步，洞察业务问题。结合日常沟通所涉及的指标体系和业务中的异常状况，定位异常指标，挖掘其背后的业务问题，并采取相应的干预措施。这样才能优化经营目标，或者对指标体系进行完善，从而更准确地实现年度经营目标。

5.3.1 测算三种类型的经营目标

对于初创公司或中小型公司而言，由于缺乏稳定的业务经营模式，因此在预估测算年度经营目标或业务经营指标时，往往感到十分困难。那么，具备科学管理和数据驱动能力的大公司在开展新业务时，是如何测算经营目标的呢？在上一章提到，计算业务经营指标需考虑业务发展的周期，同样，年度经营目标也需要依据业务的发展周期来确定测算。

在业务体验成立阶段，关注更多的是用户留存能否进入稳定状态，以及最基本的用户价值能否得到满足。该阶段侧重于对业务经营指标和与用户留存关联度高的用户价值指标进行测算。而到了经济效率成立阶段，就需要通过盈亏平衡来倒推各个业务经营指标的情况。这一阶段不仅关注业务经营指标，更注重业务最终的商业模式是否成立。

在商业价值成立阶段，除了关注上述指标，还要权衡资源分配以及长期策略的实施。处于商业价值成立阶段的公司可能处于业务增长期，也可能处于业务成熟期。由于商业模式已经确立，因此其计算方式会更加多样，年度经营目标和业务经营目标的估算大多取决于业务方对长期经营策略的拆解。

在实体业务中，善于经营的公司通常会通过单店或单城完成体验成立阶段和经济效率成立阶段的验证，并基于单店或单城搭建一个模型，以此指导资源投入和收益产出的函数关系，以及中间各指标和关键要素的成本变动。在此基础上，公司会建立猜想与假设，并通过扩张到多店或多城市去验证这些猜想与假设。最终，落实到年度经营策略和季度经营策略，必然包含资源费用和收益目标两部分。

每一个行业究竟是网络效应很强、具备马太效应的高度集中行业，还是相对分散的行业，可以通过公司的业务公式更容易地判断。实际上是这些指标和变量之间的相互关系决定了企业是否会越来越强大。

1. 体验成立阶段的经营目标测算

在业务刚起步或者尚未明确盈利模式的阶段，可以采用体验成立的测算逻辑来确定业务目标。其核心逻辑在于，从业务经营指标层面审视用户端和供给端的体验是否存在显著短板，以及能否在数据表现上迅速进入稳定状态。

具体而言，我们通过指标来评估用户留存能否进入稳定状态。这就不得不提及留存率指标。所谓留存率，是指针对使用产品或服务的用户，观察其是否会随着时间推移进入稳定状态，即持续留存并定期体验产品或服务，而不是在短期内出现用户全部流失的现象。例如，视频网站的用户会在一段时间内持续观看视频，电商平台的用户会在一段时间内产生购买订单，而不是仅看了两周视频或者下单两次就不再出现。

这种留存情况反映在数据看板上，则表现为：随着时间的推移，留存曲线是否会逐渐趋于水平状态（如图5-14所示）。图中实线代表水平状态，这种水平状态以周为单位计算，要求周与周之间的下降率低于 10%，其计算公式为：

- 下降率 =［第 N 周留存用户数–第（$N+1$）周留存用户数］/ 第N 周留存用户数 × 100%

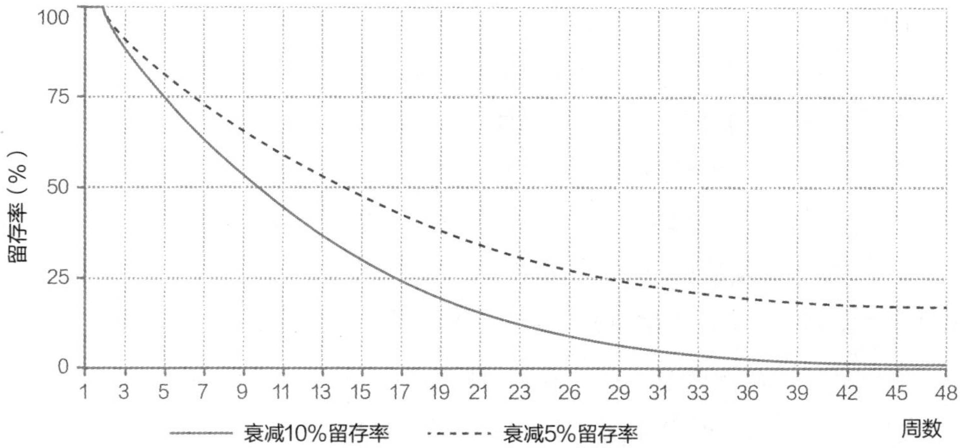

图5-14

理想的稳定状态是留存率的衰减持续保持在不高于10%的水平。以图5-14为例，若衰减超过 10%，则意味着激活用户在第40周（即10个月）之后，留存率趋于零，如果能够将留存率控制在5%以内，那么1年半以后留存用户依然存在，用户生命周期将得以延续。

在用户留存进入稳定状态后，还需要考虑能否持续优化，使用户留存拐点（通常留存曲线会在某个阶段后趋于平稳，该阶段的转折点即为留存拐点）提前出现。在体验成立阶段，更多的是验证用户能否更早地体验产品并留存下来，同时确认产品不存在明显的体验缺陷。在这个过程中，还需要积累足够数量的用户，以便尽快进入下一阶段。

2. 经济效率成立阶段的经营目标测算

在留存曲线保持稳定的情况下，随着拉新活动持续开展，新用户激活后也能维持稳定的留存率，活跃用户数会随之快速增长。此时，就需要验证经济效率是否成立，也就是通常所说的净利上岸。这是一种能够长期维持的理想经营状态。其核心逻辑在于，业务收入能够覆盖业务整体的运营成本（如图 5-15 所示）。

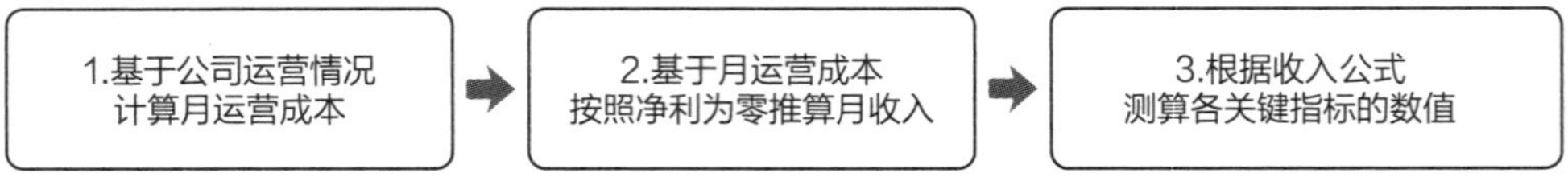

图5-15

以当前的运营成本作为计算基础，先计算出需要多少运营收入才能覆盖运营成本，再通过收入公式测算业务指标要达到哪个水平才能实现收入目标。从月维度来看，净利上岸的判断标准是每月净利收入减去每月运营成本的结果大于或等于零。运营成本涵盖员工工资、投放费用，以及其他经营过程中必要的支出费用。如果业务存在固定成本，则可以采用每月净利收入减去每月运营成本，再减去固定成本来计算。当计算结果为零时，就表示实现了净利上岸，这意味着业务经营所产生的收入足以维持运营，无须额外融资。

确定月运营收入的目标后，便可以依据业务收入公式反向计算各项业务指标。这里以生产销售模式为例，月净利收入 = 活跃用户数 × 用户平均订单数 × 订单均价 × 毛利率–相关税费与利息。通过这个公式，可以计算每个月业务经营所需完成的目标。之后，还可以针对每个指标制定相应的优化策略。最终，通过成本来推导收入，再从收入推导出各个环节的业务指标。

3. 商业价值成立阶段的经营目标测算

当业务度过了经济效率成立阶段，步入增长期或成熟期后，仅依靠运营成本或留存率来反向测算业务指标就不再适用了。在这个阶段，更适合采用经营目标测算的方式。该阶段经营目标的制定更多地依据业务当前的经济模型和长期的经营规划，以权衡规模与利润、短期利润与长期能力建设之间的关系，并结合年度不同的经营策略来测算不同的经营目标。

经营目标的测算方法主要有以下四种。

第一种方法基于当前的业务模型和年度预算，运用自上而下或自下而上相结合的方式，对新的年度经营目标进行测算。这种方法能够充分考虑到公司整体战略和基层实际情况，使经营目标更加合理。

第二种方法基于业务模块进行测算，即按照业务线、地区或店铺等维度，对各模块的经营目标进行测算。每个模块依据自身的业务模型进行计算，最后将各个模块的结果相加，得到总的经营目标。例如，按照城市规模将市场划分为一线、二线、三线城市，每类城市都有其独特的业务模型。我们可以根据每类城市的特点先测算出该类城市的总体业务目标，再将这些目标汇总起来。

第三种方法基于行业窗口进行测算。这种方法通常被行业头部企业所采用，即根据行业发展的集中度趋势，反向设定每个阶段需要完成的业务目标，进而预估每年的经营目标。这种方法有助于企业把握行业发展方向并提前布局，抢占市场先机。

第四种方法基于模型进行测算。即首先通过回归预测模型，将过去一段时间的收益拟合成函数$y=f(t)$，然后将未来年度的时间代入该函数，从而计算出对应的经营目标。

前三种方法能够对业务情况提供较为清晰的解释，最后一种方法则可以与前三种方法相结合交叉验证，进一步提高经营目标测算的准确性。下面详细介绍这四种方法。

（1）基于当前的业务模型和年度预算进行测算

在单位经济模型成立的前提下，我们便有了基础业务数据值。例如，去年业务经营的结果或者当前业务模型中各项指标的具体情况。这些基础业务数据值是实际发生的，而估算得出的年度经营目标则属于预期值，具体的测算方法如图5-16所示。

首先，要明确业务的收入公式中所涵盖的业务交易指标。明确这些指标后，我们就能将收入转化为业务指标进行测算，从而判断这些指标是否能够完成。然后，依据业务流程、交易模型和组织架构，确定并撰写各业务方和流程节点的相关指标。接着将历史数据代入收入公式，计算出维持业务正常运营所能获得的年度收益；而将各方对业务指标的预期提升值代入公式，则可以得出提升后的年度经营目标。

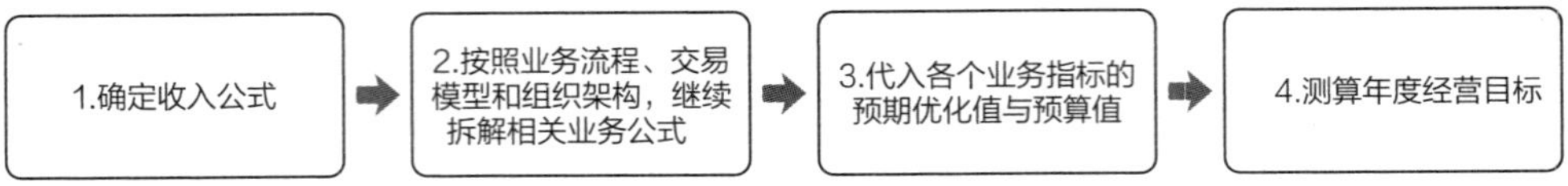

图5-16

（2）基于业务模块进行测算

很多公司有多条业务线、多种产品、多个品类，或者会按照业务渠道来区分业务。不同的城市、不同的门店所在地，其消费能力、获客能力和利润水平都会有所差异（如图 5-17 所示）。针对总的业务目标，可以将其分解到各条业务线或者各个城市。

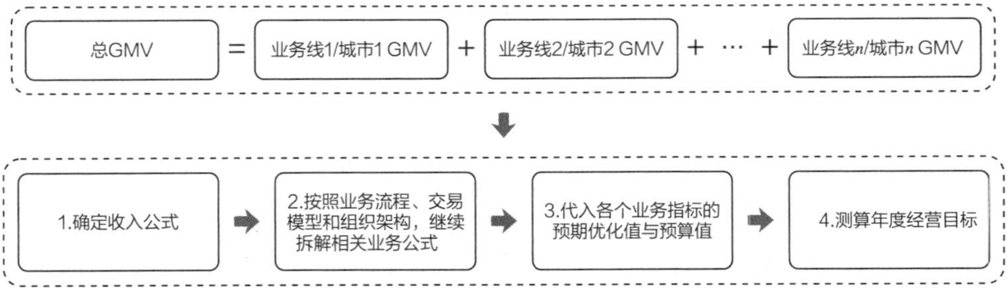

图5-17

假设公司有四条产品线，那么总的GMV就等于产品线 1 的GMV、产品线 2 的 GMV、产品线 3 的 GMV 和产品线 4 的 GMV相加。之后，每条业务线的收入都要依据单条业务线的业务模型进行测算。先写出各条业务线的收入公式，再代入预期数值，计算出每条业务线的目标值，最后将这些目标值相加，便可得出总的经营目标。

同样，对于线下业务，在测算全国的业务总收入时，也可以按照城市规模进行分层，分别计算各类城市的业务收入。例如，总 GMV = 一线城市的 GMV+ 二线城市的GMV + 三线城市的 GMV。而一线城市的 GMV 又可细分为新城的 GMV 和老城的GMV，即一线城市的 GMV = 新城的 GMV + 老城的 GMV。其中，新城的 GMV 的计算公式为：

- 新城的 GMV = 流量 × 注册率 × 激活率 × 用户平均订单数 × 订单均价

在测算新城市中公司的各个要素时，可以参考同等规模城市中已有的成熟业务模式。老城的 GMV 则等于老城新增用户的GMV 加上老城存量用户的 GMV，可依据该类城市的渗透率进行计算。最后，将所有城市的 GMV 相加，就能得到业务的总 GMV。下面通过某电商平台的案例，来展示如何运用业务模型测算 GMV 。

案例：测算业务的年度经营目标

某电商平台自 2022 年起开始运营，3年后，其 GMV（交易总额）已突破百亿元。这里，我们仅考虑佣金模式，将当月激活并开展运营的用户定义为新用户，而将次月及之前的所有用户视为老用户。该平台 2024 年全年的业务目标已圆满完成，如今需要预估 2025 年的年度经营目标。首先确定收入公式：收入 = 交易总额 × 佣金比例。接着，依据业务组织架构和业务流程对交易总额进行拆解，从而得出交易总额在各个维度的公式（如图 5-18 所示）。

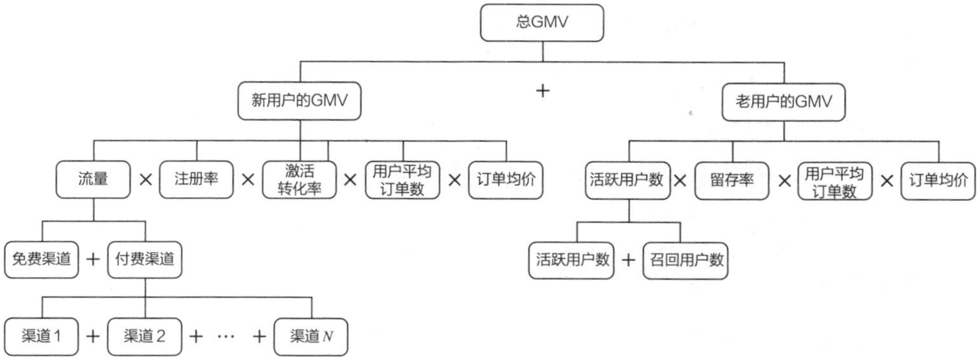

图5-18

完成公式拆解后，接下来的工作是在追加资源或实施策略优化的基础上，分析每个指标的变化情况，或者依据指标历史数据的趋势变化，预估公式中各指标的变动情况，并将这些预估数值代入公式，以此测算出 2025 年的总 GMV。

先计算新用户的 GMV。依据公式：新用户的 GMV =（渠道1流量+渠道2流量+…+渠道N流量）×注册率×激活率×用户平均订单数×订单均价。该公式可转化为漏斗模型，在增加预算或人力投入的基础上，能够预估新用户的 GMV，并分别测算付费渠道的 GMV 和免费渠道的 GMV 的收益。下面以付费渠道的 GMV 为例（如图5-19所示）进行说明。

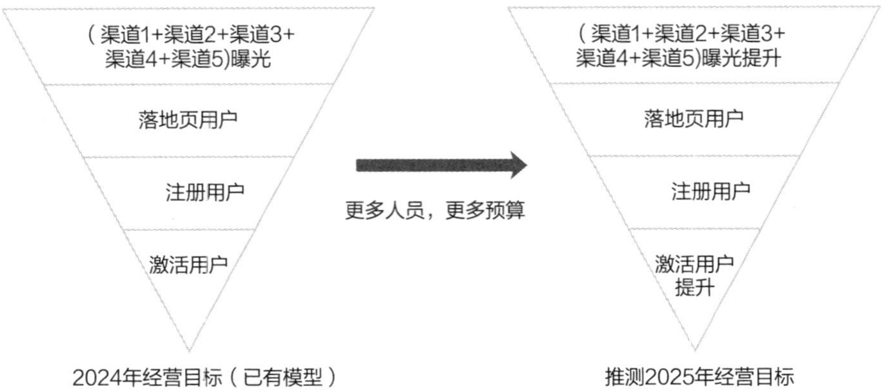

图5-19

付费渠道的 GMV = 流量×注册率×激活率×用户平均订单数×订单均价。在明确该公式的基础上，可以与产品和运营人员沟通，探讨预计的激活率、用户平均订单数和订单均价的提升空间。以激活率为例，产品和运营人员可以进一步对激活率进行拆解：激活率=激活用户数÷注册用户数；激活用户数 = 流量×下载应用率×注册转化率×商品访问率×下单率×支付成功率。通过对业务履约流程的分析，找出哪些更细的指标具有提升的可能性，进而预估激活率的提升目标。将所有指标的预估值代入公式，便能预测出付费渠道的 GMV。根据不同版本的预算和转化率的提升情况，给出不同预算下的 GMV 。同样，也可以计算出免费渠道的 GMV。如此一来，就能确定年度新客的 GMV 目标。

再计算老用户的GMV。根据业务背景，新用户激活一个月后会流转到老用户运营部门。该业务已经运营了 3 年，2025 年是其运营的第四年。总GMV= 2025 年留存老用户 GMV + 2024 年留存老用户 GMV + 2023年留存老用户GMV + 2022 年留存老用户GMV。用户累计的活跃情况可以用同期群分析图表来展示，我们可以按照年份分别进行计算，再将结果相加（如图 5-20 所示）。

自然月丨相对月	当月激活用户/个	第1月	第2月	第3月	第4月	第5月	……	第11月
目标留存率	100%	67.1%	62.9%	57.8%	52.5%	49.2%	……	33.5%
2024年1月	100,000	67,100	62,900	57,800	52,500	49,200	……	33,500
2024年2月	100,000	67,100	62,900	57,800	52,500	—	……	—
2024年3月	100,000	67,100	62,900	57,800	—	—	……	—
2024年4月	100,000	67,100	62,900	—	—	—	……	—
2024年5月	100,000	67,100	—	—	—	—	……	—
……	……	……	……	……	……	……	……	—
2024年12月	100,000	—	—	—	—	—	……	—

图5-20

2025年的老用户留存情况取决于2025年拉新运营激活的成效。当月激活用户数可以依据新用户总激活数量，按照2024年的获客趋势分配到每个月。结合2024年全年的留存曲线以及留存运营所设定的目标留存率，能够推导出2025年全年的留存曲线。已知每个月的激活用户数和每月的留存率，就可以得出每个月的留存用户数。依据公式：老用户的GMV=激活用户数×某周期留存率×用户平均订单数×订单均价，便可以预测2025年老用户的GMV。同理，对于2022年到2024年老用户的GMV，都可以按照之前的留存率趋势，推算出2025年的留存率。将各年的留存用户数代入老用户的GMV的计算公式，就能求出各年的老用户的GMV，并将它们相加，得到总的老用户的GMV。最后，将新用户的GMV与老用户的GMV相加，就可以得出年度GMV。

（3）基于行业窗口进行测算

在计算经营目标时，有一种较为特殊的情况，即当行业具备窗口期，且业务还处于高速增长阶段时，只基于自上而下或自下而上的方式来预测年度经营目标往往不够科学。在这种情况下，基于行业窗口的年度经营目标测算逻辑需要依靠对行业集中度趋势的估算，先测算出每年的市场份额增速和各头部企业的市场占有率，进而推算出企业每年需要完成的经营目标。计算公式为：

- 年度 GMV = 目标年度市场空间 × 市场占有率

该公式更多地从每年增长的情况出发，反向计算在预期市场占有率下的GMV。由于经营目标并非唯一，因此可以按照对应的市场占有率名次，测算出对应的市场占有情况下的经营目标和预算。

以电动汽车行业为例（如图 5-21 所示），从 2025 年到 2027 年，假设该行业的市场占有率预计每年都会以 9% 的速度增长。不过，后续增速将逐步放缓，由此可以明确 2025 年到 2027 年是整个电动汽车行业的窗口期。依据市场规模估算，能够得知每年电动汽车的销量预估情况。

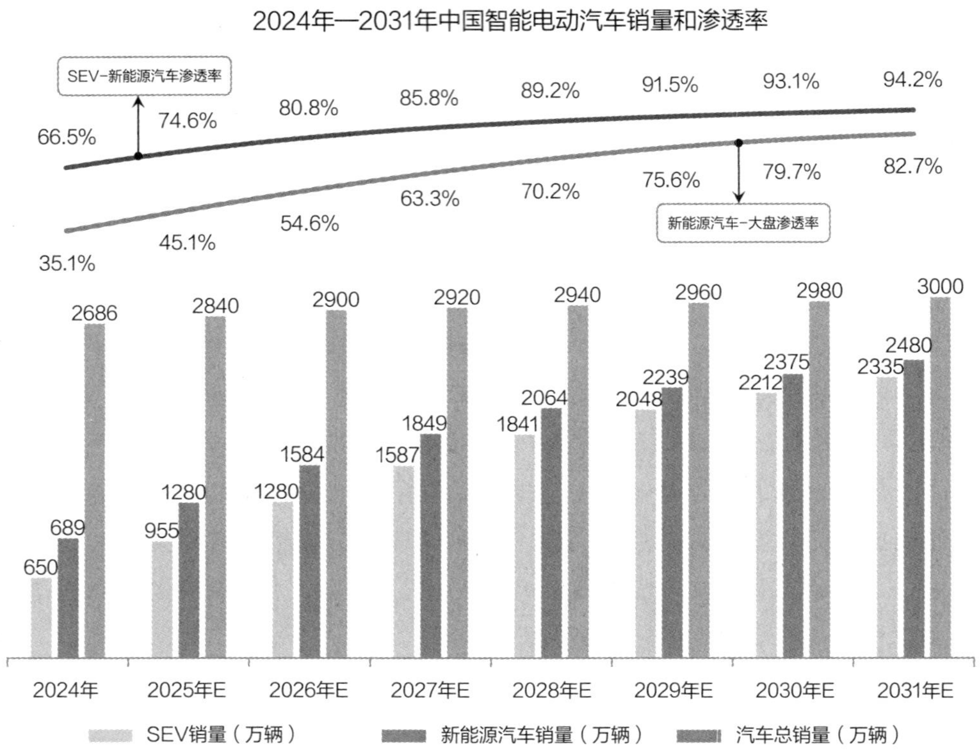

图5-21

按照行业研究中关于集中度和市场占有率的报告来进行测算，就可以确定达到某个排名所需销售的电动车数量。电动汽车行业属于 CR5 或 CR7 的市场类型，按照市场集中度的趋势，将对应的数值代入公式：年度GMV = 目标年度市场空间 × 目标市场占有率，便可以计算出每年的年度销售目标。

在得出基于行业窗口测算的年度销售目标后，还需要回到当前业务本身，利用业务模型与业务模块的测算方法，基于当前业务已有的单位经济模型，通过自上而下的方法进行计算，判断当前单位经济模型中各个业务环节的业务指标是否能够完成基于行业窗口测算得出的年度经营目标。最后，根据测算结果，对年度经营目标进行相应的调整。

（4）基于模型进行测算

在对经营目标进行测算时，时间序列模型是一种非常有效的工具。时间序列模型的原理是依据要预测的指标按时间顺序排列的数据点序列，通过对历史数据的学习，从中挖掘并解释数据变化的规律，进而依据这些规律来预测未来数据的变化趋势。

其中，自回归积分滑动平均（AutoRegressive Integrated Moving Average，ARIMA）模型是常用的一种时间序列模型。它具有强大的自适应能力，能够有效处理数据中的趋势和季节性特征，适用于各种不同类型的时间序列数据。在ARIMA 模型中，AR（自回归）部分是时间序列自身过去值的线性组合，用于捕捉数据的自相关性；I（积分）部分的作用是使时间序列平稳化，从而消除数据中的趋势影响；MA（滑动平均）部分则表示误差项的线性组合。ARIMA 模型的基本思想是在自回归模型和移动平均模型之间寻求平衡，从而构建一个能够精准适配时间序列数据中自相关和异方差结构的模型。

在实际应用时间序列模型时，通常需要将数据划分为训练集和测试集。例如，如果我们考虑的业务发展期为2018年至2022年，那么我们首先可以选取2018年至2020年的数据作为训练集，用以构建预测模型；接着，将2021年至2022年的数据作为测试集，以此来验证模型的预测准确性。由于我们对2021年和2022年的实际业务情况有所了解，因此可以通过比较模型预测的时间序列值与实际的GMV来评估模型的预测准确性。完成模型验证后，我们可以利用该模型来预测2023年和2024年的业务数据，进而估算未来年度GMV的变化趋势。

经过一系列测算得出的经营目标通常应该包含三部分。第一部分是经营目标的具体数值，这是我们最关注的核心结果。第二部分是目标的测算方法说明，常见的测算方法包括基于单位经济模型进行测算，或者按照业务线、城市、用户分层等维度进行拆解测算。此外，像年度 GMV、订单量以及业务公式中的关键指标，如活跃用户数和留存率等，也都可以借助时间序列模型来进行预估。通过对比时间序列模型预估结果和业务拆解预估的经营目标，综合分析后最终给出一个统一的目标，即确定一个具体的业务指标数值。第三部分是基于完成经营目标所需的预算。业务系统主要分为投入和产出两部分，随着业务规模的不断扩大，通常意味着需要招募更多的人员，投入更多的经营成本，所以明确达成经营目标所需的预算十分关键。

5.3.2 指标体系分发与监控

完成年度经营目标的预测和业务指标的构建后，并不意味着这个年度经营目标在年底就一定能达成。我们首先需要将年度经营目标拆解为子指标，然后根据业务流程和交易模型进行梳理，确保关键节点有团队负责，并按照组织架构将指标分配到每个团队。最后，将年度经营总目标按时间分解到每一天，确保公司所有的团队对负责的指标清晰理解，并能够实时掌握完成进度。这需要实现指标体系的分发与监控，并将指标体系融入业务决策的全过程。

1. 指标体系的分发

通常，分发指标会按照三个维度进行：组织架构、业务流程和交易模型。最终会将团队的年度经营目标按照时间维度分配到每季度、每月、每周，以及每天。前面已经对年度经营目标进行了分解，接下来需要将分解的子指标结合组织架构进行分发，如图5-22所示。

分解指标	子指标	部门	指标数值
新用户的GMV	流量	市场部	流量从 X 提升到 Y
	注册转化率	产品部	转化率从 X%提升到 Y%
	激活转化率	产品部	转化率从 X%提升到 Y%
	新用户激活数	新用户运营部+市场部	激活用户数从 X 提升到 Y
	用户平均订单数	新用户运营部+营销产品部	用户平均订单数从 X 提升到 Y
	订单均价	新用户运营部+营销产品部	订单均价从 X 提升到 Y
老用户的GMV	活跃用户数	老用户运营部+营销产品部	激活用户数从 X 提升到 Y
	留存率	老用户运营部+营销产品部	留存率从 X%提升到 Y%
	用户平均订单数	老用户运营部+营销产品部	用户平均订单数从 X 提升到 Y
	订单均价	老用户运营部+营销产品部	订单均价从 X 提升到 Y

图5-22

在为组织部门分配指标时，首先需要对核心目标进行拆解。其次，考虑到指标可能会影响经营动作以及团队之间的配合，可以安排多个团队共同负责一个指标，并通过权重分配来衡量各团队的贡献。例如，市场部通常负责激活用户数指标，与新用户运营部共同承担该指标，而产品部则负责转化率和最终激活用户数指标。需要注意的是，细分后的指标通常会受到其他指标和其他部门的影响，因此每个指标都必须明确一个主要负责的部门。最后，通过交易模型和业务流程检查是否有重要的业务节点或模块的指标未分配到团队。明确指标后，通常会将部门层级的核心指标按照时间维度进一步拆解，落实到每季度、每周和每日需要完成的指标，以便做好过程管理和实时监控。

2. 指标体系的监控

指标体系构建完成后，需要对数据进行有效监控，具体可分为以下两类。

- 日常数据呈现。一方面，数据以看板或日、周、月报告的形式呈现，具体内容可根据使用者的业务职责和权限确定浏览范围；另一方面，需要对日常数据的异常波动进行定义，以便在出现异常数值时，能够及时通知相关人员。
- 数据主动呈现。主动呈现的数据（尤其是数据报告）可结合定性评估进行分析。这类数据通常通过经营会议等形式进行讨论，进一步确保数据驱动的经营决策能够有效实施。

将数据呈现后，我们还需要让数据能够辅助日常的经营决策，这就离不开数据的沟通与使用。由于不同业务环节和部门使用数据的周期不同，因此，通常会依据使用周期，将数据划分为日、周、月等维度进行监控与使用。

日维度的数据指标体系通常会给出各级指标拆解后详细的数据变化情况，包括业务、交易、用户、渠道、品类等多个维度。团队可以将业务的同比、环比等历史数据与当前数据自动进行对比并展示。它通常包括如下内容。

第一，由数据分析团队评估当前业务的经营状况是否符合业务团队的预期。

第二，监控每日业务经营状况，及时发现是否存在异常。例如，订单数量突然下降，或者某个投放渠道没有数据，通过每日监控可以快速排查问题并及时干预，使指标能够快速回升。

第三，方便各业务团队快速查看自身经营动作的反馈。例如，检验昨日营销活动的效果、优惠券配置的成效、产品上线后的表现以及特定用户运营的变化。

周维度的数据指标体系通常用于业务环节的周会或业务负责人组织的跨部门管理会议。它通常包括如下内容。

第一，数据更侧重于各业务维度的周维度汇总与概要总结。

第二，分析与业务目标之间的差异。与日维度的数据不同，周维度的数据用于协调经营动作，强调量化分析与目标的差距或超额部分的具体数值。

第三，当前经营情况的评估，包括外部环境（如节假日或竞争对手的市场行为）。

第四，总结过去一周的新策略及其初步成效，同时关注已有策略的具体数据表现。

第五，各业务团队的洞察，包括所负责模块的重要业务问题，以及未来一周需要推进的工作内容。

月维度的数据指标体系通常用于各层级的月会或业务负责人组织的管理会议。月度监控更关注整体经营目标的完成情况，同时对未来经营策略进行规划。它通常包括如下内容。

第一，明确经营目标的完成情况，包括与目标之间的差距或超额的具体数值，各部门整体指标的月度完成情况，以及基于月度经营洞察的长期业务趋势分析。

第二，下一个月基于当前业务情况的预算分配和资源使用规划。

第三，重大项目或经营活动的准备情况及相关规划。

通过日、周、月不同维度的数据监控体系，业务团队可以实时掌握经营动态，并有针对性地调整策略，确保目标的高效完成。

5.4 数据分析与量化经营动作

在日常监控数据指标体系的过程中，我们会遇到各种各样的经营问题，这些问题可能源于业务数据的异常波动（被动），也可能源于经营主管在业务上遇到的难题（主动）。那么，如何面对这些问题，并运用数据进行分析和洞察？这就需要一套基础的数据分析方法。

5.4.1　数据分析洞察业务问题

随着数据驱动的量化业务与决策方法逐渐普及，业务问题的解决越来越依赖于业务方的主导，数据分析师则提供辅助支持。这种模式更有助于业务方识别问题、设计解决方案并推动其实施。如今，基于数据进行分析的能力已经成为一项基本技能。根据业务数据分析问题的流程如图5-23所示。

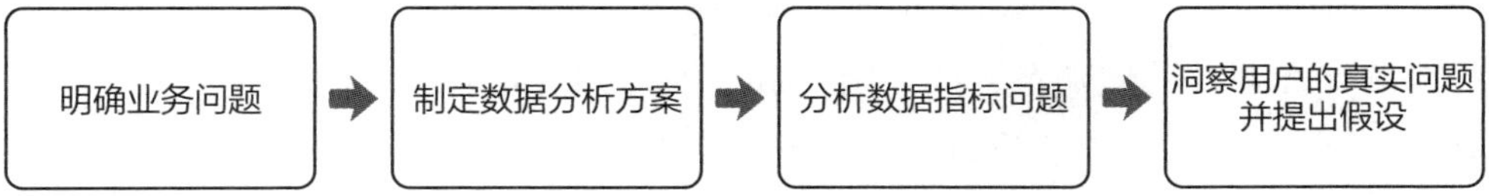

图5-23

1. 明确业务问题

明确业务问题通常来自两个主要方向：一是数据监控中出现的异常波动，例如，某些数据指标远低于常见的数据波动阈值，与常识认知相矛盾；二是上级对业务情况提出的问题，例如，认为活跃用户增速较慢，或用户注册后未激活，或业务毛利率较低等。这些问题可能来自上级对业务的诉求，也可能是业务人员浏览数据后提出的疑问。

问题出现后，需要进一步细化和明确。例如，针对“活跃用户增速较慢”的问题，应明确以下几点：一是时间范围，例如，上级认为从去年6月到现在，注册用户增速一直较慢；二是用户群体，例如是否只关注高消费用户的活跃情况；三是对于线下业务，需要明确是观察某个城市级别的用户，还是观察城市中市区店铺的活跃用户。

明确以上信息后，我们就可以将问题转化为更清晰的表述，例如，“截至去年 6 月，全渠道用户注册后活跃用户增速较慢”比之前上级说的“活跃用户增速较慢”要清晰得多。明确数据范围后，就进入数据分析环节，根据业务问题进行拆解，进而制定数据分析方案。

2. 制定数据分析方案

针对细化后的问题，需要对其进行拆解。拆解的核心思路是按照之前的指标拆解方案，将问题所定义的指标按照业务维度进行分解，直到能够从业务感知或数据异常值中发现具体问题为止。

以“截至去年 6 月，全渠道用户注册后活跃用户增速较慢”这一业务问题为例，对问题进行如下拆解：

- 活跃用户数 = 激活用户数 + 留存用户数

首先需要查看激活用户的速度，即从去年 6 月到现在的激活速度如何；其次需要查看留存用户的情况，判断是否存在流失过快的问题。之后需要再次对业务指标进行拆解，具体来看，激活用户数可拆解为：激活用户数 = （渠道1流量+渠道2流量 + … + 渠道*N*流量）× 注册转化率 × 激活率。通过该公式，可以分析各渠道的注册转化率、激活率以及绝对数量，以了解每个渠道对活跃用户的激活贡献。最后，还需要拆解每个渠道对留存用户的贡献。

此外，从一般业务常识来看，用户的消费金额越高，其消费频率通常也越高。基于这一规律，我们可以先获取相关数据，按照金额分布进行排序，明确用户分层，再查看这些不同消费层级的用户在活跃用户中的占比。这样不仅分解了问题，还在分解问题的过程中制定了数据分析方案，明确了分析师需要提取和分析的数据内容。

3. 分析数据指标问题

在获取数据后，需要依据公式和拆解逻辑分析哪些子指标对问题指标产生了影响。针对不同的变化情况采取相应的分析方法。

- 所有的子指标无变化：这种情况通常意味着数据获取存在错误，或者行为数据或投放数据的埋点出现问题，或数据采集存在异常。
- 单一子指标变化：这是最理想也是最简单的分析情况。例如，仅激活用户速度发生变化，而留存用户的情况与去年6月前一致。这时可以直接针对激活这个单一指标继续进行分析。

多个子指标发生了变化：这是业务分析中比较常见且难度较大的情况。

当对问题对应的业务指标进行拆解后，若发现两个以上的子指标有变化，应将分析重点放在变化大、占比高的指标上。例如，在分析活跃用户增速放缓这一业务问题时，发现不仅固定周期内激活的用户数量减少，已激活用户的留存率也有所降低。从活跃用户构成比例来看，留存用户所占比例更大。此时，需要进一步拆解留存率下降的具体环节，可以通过同期群分析，查看哪一批激活用户或留存用户在后续时间中的留存表现变差。针对变差的同期群中的流失用户，可以再次拆解，以了解是哪些运营动作或产品策略导致用户流失，进而使留存率降低。

此外，对于激活问题，可以通过批次分析，找出哪个时间段之后用户激活表现变差，同时关注这期间外部环境、流量以及产品运营策略的变化。例如，针对激活问题，可以继续拆分用户路径，发现M站的激活表现变差，进而聚焦到产品新上线的联想输入法：可能是因为有些用户填写的信息无法通过联想查找到，同时又没有其他输入方式，或者联想输入法本身出现问题，无法提交，所以M站和移动端网页版的整体用户激活量下降，进而影响全局的激活总量。

4. 洞察用户的真实问题并提出假设

在分析数据现状时，更多的是基于数据去发现业务指标存在的问题。例如，假设$Z=A \times B \times C$，若Z指标表现不理想，则进一步分析后发现影响Z的A和B指标表现欠佳，这其实只是洞察到了指标层面的问题。下一步，我们需要找到这些指标背后的真实问题。其中，一部分问题可以通过常识判断，或者由运营负责人或产品负责人通过体验走查发现；另一部分问题则需要通过用户访谈，或结合用户反馈来判断其在该业务节点上的具体情况。

以活跃用户的案例来说，如果留存转化率整体偏低，仅从业务体验方面很难判定留存率低的原因。因为留存是一个典型的结果指标，它只能表明留存情况不佳，至于用户为什么离开，背后的原因无人知晓。此时，就需要采用用户访谈的方式展开调研，由数据分析师筛选出流失用户，开展后续的用户洞察工作。不过，在一些互联网公司，也会给出具有普适性的解决方案，比如针对留存率低的用户发放优惠券或者对产品降价，以此来挽回用户。

总结来说，针对转化过程中的体验问题，我们可以依据自身的用户体验或数据反馈直接进行推测，通常这类问题的指标数据对现状的反映较为明确。如果这些方法都无法明确问题发生的具体原因，那么可以运用用户调研等相关方法，来深入洞察用户的真实问题。

无论采用哪种方法，从时间成本和实施难度的角度考量，都无法做到对所有的用户进行全面调研，并且用户的需求本身就具有多样性。在这个过程中，关键在于抓住主要的问题。此外，即使通过用户调研，也仅仅是从某个样本中收集到了用户的反馈，这些反馈所形成的用户问题推测本质上是基于归纳法得出的。

5.4.2 构建度量基础能力

在明确了各个业务问题以及相应的解决方案后，就需要制定相应的度量方案或经营效果的实验评估方法。为了客观地判断解决方案是否切实发挥了作用，避免主观臆断，必须针对解决方案或策略精心设计度量方案。

最常见的方法是业务方以上线时间为基准，对比上线前后业务指标的变化情况。比如，上线新的营销活动或者更改了某项功能后，去观察该时间点前后订单数量或功能转化率的变动情况。然而，这种方式存在不严谨之处，因为它没有充分考虑时间和外部环境变化带来的影响。例如，流量本身具有随机性，节假日期间用户往往更倾向于在电商平台下单，热门话题的出现或爆款品类的兴起都可能促使订单量上涨，对于用户规模较小的公司而言，某段时间内可能会涌入大量高净值用户。这些因素都有可能导致业务数据发生变化，所以，仅依靠上线前后业务指标的简单对比来评估效果是不严谨的。

此外，对于某些功能的业务数据，简单地与业务平均数进行对比同样不够严谨。以签到功能为例，使用该功能的用户通常属于高活跃用户群体，他们对平台认可度较高且更易留存。如果将这部分签到用户的数据与包含高活跃用户和低活跃用户的大盘数据直接进行对比，显然是不合理的。由此可见，常用的度量方案在很多情况下都存在不够严谨的问题。

下面我们将探讨如何对业务进行科学度量。其核心在于探索业务中经营动作与结果之间的因果关系。在日常经营中，我们需要对业务数据的变化进行归因分析，明确哪些经营动作能够切实有效地提升业务目标。由于经营动作与结果之间的相关关系和因果关系容易混淆，所以我们首先要对这两者进行区分。

相关关系表示的是两个随机变量之间线性关系的强度与方向。在实际的业务场景中，相关性往往预示着变量之间存在某种联系。在实际应用时，相关性常常会被当作因果关系的一种表征。以一个经典案例来说，在夏季，冰激凌的销量和溺水事故的数量都会呈现出增加的趋势。这两个变量之间存在正相关关系，但它们并非因果关系。因为即便减少冰激凌的销售，也无法降低溺水事故的数量。这背后的真正原因是，夏季气温升高，一方面促使更多的人去购买冰激凌，另一方面也使得更多的人选择下水游泳，进而导致溺水事故增多。由此可见，冰激凌销量和溺水事故的数量这两个现象背后存在一个共同的原因——夏季的炎热气候。

相关性不存在时间上的先后顺序。也就是说，冰激凌的销量增加与溺水事故的数量增加存在相关性，反之，溺水事故的数量增加与冰激凌的销量增加同样存在相关性。但我们不能就此得出“因为冰激凌的销量增加，所以必然导致溺水事故的数量增加”的结论。因果关系则与时间的推移密切相关。只有当事件A先于事件B 发生，并且通过控制变量法排除了其他变量的干扰后，我们才能认定A是B发生的原因。此外，因果关系还指代多因多果之间的关系，对于某个特定结果而言，任何能够对该结果产生影响的因素都可被视为它的原因。

实验度量的根本目的是探索因果关系，在许多应用场景中，因果关系都是核心关注点。例如，在促销页面增加倒计时是否会对最终的用户下单转化率产生影响？对于不同的页面样式和介绍风格，哪一种更能激发用户的购买欲望？要解决这些问题，需要对因果关系进行验证，这也是 AB 实验在度量经营动作价值方面被广泛应用的原因。

AB 实验（完全随机实验）也被称为分离式组间实验或对照实验，是一种用于科学地进行统计因果推断的研究方法。下面简单阐述 AB 实验在度量经营动作方面的应用：AB 实验通过随机分组，得到实验组与对照组（对照组通常设为基线）。理论上，可认为这两组的平均表现不存在任何差异。在实验过程中，人为控制单一变量，让实验组和对照组在同一时间开展实验，仅对实验组实施经营动作。随着时间的推移，观察实验组相较于对照组是否发生变化，并确定实验组变化的幅度。在此过程中，要确保除设定的变量外，其他变量保持不变，从而判定该经营动作与业务结果之间是否存在因果关系。

AB实验探究的是逻辑上的因果关系。尽管AB实验存在诸多限制，在某些场景下无法应用，但它依然是一种快速、简便且能够有效度量因果关系的实验方法。此外，AB实验还具备以下特点。

- 假设驱动：AB实验的设计通常以先验假设为基础。例如，假设某个新功能会提升转化率，或某种页面设计会增强用户体验。这些假设往往基于已有的数据分析、用户研究或理论模型。
- 随机分组：AB实验属于一种统计推断方法，即用一个样本来推断总体的特征。首先需要从总体中抽取数据，以使该样本能够描述总体的特征。其次，实验组也要做到足够随机，即实验组和对照组即使样本量不同，也要具备随机性，例如，年龄、所在地、收入、性别、使用的设备等都应随机分布在实验组和对照组中，以确保两组没有明显差异，即所谓的随机性。
- 度量可重复：随机分组为实验在统计学上的置信度提供了保障，而度量的可重复性则能进一步提升这种置信度。对于同一个经营动作，如果在某次实验中被认定为与业务结果存在因果关系，那么在重复进行度量实验时，所得数据的差距都应当处于统计置信区间内。举例来说，如果一个经营策略在首次通过AB实验度量后，证实是有效的，那么在一定周期后再次开展同样的AB实验，该策略依然应该呈现出有效性。这样的重复实验过程能够大大提升该经营策略有效性的置信度，增强实验结果的可靠性和说服力。

5.4.3　量化度量实验

下面从实际应用的角度来介绍 AB实验，将围绕假设检验、实验分流与实现方法、实验流程、AB实验注意事项等要点，详细讲解 AB实验的相关内容。

1. 假设检验

在度量实验中，通常会遇到类似的情况：对注册页进行优化，将注册时需填写的内容从5项缩减至3项，并通过AB实验来衡量这一改动所带来的收益。然而，当这一优化措施上线后，发现实验组的注册转化率在当日从8%提升到了11%。此时就会产生疑问：这种改善是否真的源于注册页的优化，是否对提升注册转化率有实际贡献？实际上，注册转化率本身会随时间上下波动，上线当日上升的转化率在后续可能会出现下降。那么，实验需要观察多久才能确认注册页的优化确实提高了注册转化率呢？再如，在功能上线当日，实验组和对照组的转化率分别为8%和9%，两者差异不大。在这种情况下，又该如何判断注册页优化是否对注册转化率的提升有帮助呢？说转化率从8%提升到9%没有提升显然不合理，但要说有明显提升，似乎也不太确定。这时，就需要回归到AB实验的原理，从假设检验的角度来判断在何种情况下实验是有效的，何种情况下是无效的。

AB实验在本质上属于假设检验。在进行AB实验时，我们会依据对照组和实验组的关系提出某种假设，通过操纵因子（也就是实验中的唯一变量），观察实验组和对照组之间的差异，并确定这种差异在统计学上是否具有显著性，最后依据两组数据的差异结果，对所提出的假设进行判断。

AB实验的原假设认定实验组和对照组不存在差异，而备择假设则认为两组存在差异。假设检验遵循反证法的思想，其核心在于证伪。首先假定两组没有差异，通常来说，现状是比较难以改变的，这一假定被称为原假设，也就是我们试图推翻的假设。例如，在前面提到的案例中，原假设就是注册优化对注册转化率没有任何影响。与原假设相对的则是备择假设，我们需要通过实验收集大量的数据反馈，以此来证明两者确实存在差异，即注册优化对注册转化率有影响。

下面举例来说。

原假设：注册优化对注册转化率没有任何影响。

备择假设：注册页面的优化对于注册转化率有影响。备则假设是原假设的否命题，两者之和概率为1。

那么，实验需要持续多长时间、需要多大的样本量，才能确保实验排除随机干扰因素呢？在 AB实验中，可能会出现两种判定错误的情况。一个AB实验共分四种情况，如图 5-24 所示。

实验判定丨事实情况	实际上原假设成立	实际上备假设成立
AB实验判定备择假设成立	第一类错误	✓
注册转化率	✓	第二类错误

图5-24

在AB实验中有两种正确的情况。第一种是备择假设成立，也就是注册页优化确实有效，实验也判定备择假设成立。第二种是原假设成立，也就是注册页优化后没有实际效果，实验也判定原假设成立。

在AB实验中，由于样本量、标准差等因素，可能会出现两种错误的判断结果。

第一种情况是：实际上原假设成立，即注册页优化并没有实际效果，但实验却错误地判定为优化有效。这种错误被称为第一类错误，也就是“假阳性”。其概率通常用α表示，也被称为显著性水平。在AB实验中，显著性水平是用于评估实验结果统计显著性的一种度量。设定p值为0.05（即α= 0.05），意味着在5%的情况下，实验会错误地拒绝原假设。p值设置为0.05是一个常见的标准，因为它在控制错误率和检测效果之间取得了平衡。如果p值小于0.05，实验结果就被认为是显著的。

第二种情况是：实际上备择假设成立，即注册页优化确实有效，但实验却错误地判定为没有效果。这种错误被称为第二类错误，也就是“假阴性”。其概率用β表示，且与统计检验的功效相关联，功效等于1–β。统计功效是指在实验中能够正确检测到实际差异的概率。设定功效为80%（即β= 0.2），意味着在80%的情况下，实验能够正确检测到实际存在的差异。也就是说，如果AB实验的两组确实存在差异，那么有80% 的概率可以将其检测出来。

在进行AB实验之前，需要估计最小预期提升（Minimum Detectable Effect，MDE）。MDE用于定义实验方案中希望检测到的最低效果（提升或变化），并以此来判断实验的价值。只有当实验检测到的效果差异大于或等于MDE时，实验组的方案才被认为是有意义的。同时，最小样本量也是基于MDE 进行计算的。

使用AB实验计算器来完成最小样本量的计算。具体步骤为：首先，输入显著性水平（p值）为95%（即α= 0.05）。其次，输入统计功效（1–β）为80%（即β=20%）。然后，输入对照组的转化率为30%。最后，输入实验组可能的变化为0.5%。

根据这些输入条件，计算器可以计算出所需的样本量。使用 AB实验计算器（如图5-25所示）来完成最小样本量的计算。输入p值为95%或者α= 0.05，输入1–β=80%或者β=20% 。对照组中的转化率为30%，以及实验组可能的变化为0.5%，则计算器就可以计算出所需的样本量。

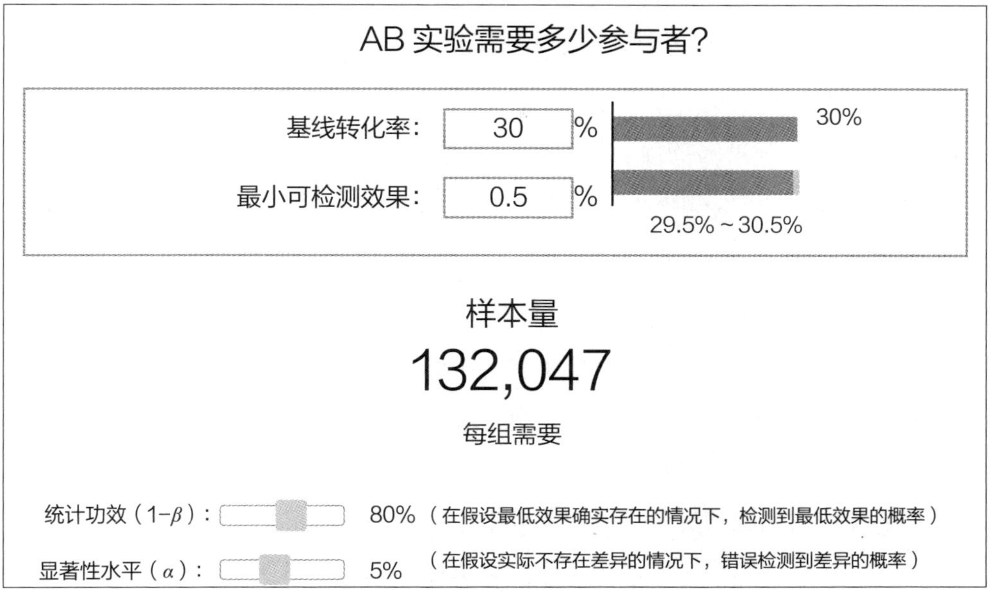

图5-25

在本例中，AB实验计算器计算出每组所需的最小样本量为132,047。确定每组的最小样本量后，可以根据每天进入实验的样本量预估实验时长。假设每天有80,000个用户参与实验，那么每组将分配40,000个用户。实验周期的计算公式为：实验周期=每组所需样本量 ÷ 每天每组用户量。以图5-25为例，132,047 ÷ 40,000≈3.3（天）。由于样本量必须是整数，因此需要向上取整，确保每个组分配的总样本量大于或等于132,047，最终实验周期应为4天。考虑到每周中每天的外部环境可能存在差异，建议实验周期至少为一周，以确保结果的稳定性。

在实验过程中，应根据AB实验计算器确定的最小样本量来判断实验组策略是否有效以及实验是否成功。具体而言，需要根据每天实验的用户量以及随着时间推移A组和B组累计的转化率，判断累计参与实验的样本量是否满足当前累计转化率计算下的最小样本量。如果满足，则说明实验组策略对用户有显著影响；如果不满足，则意味着实验需要继续进行，或者可能失败。

在进行AB实验时，一个常见的错误是看到实验结果显著就立即停止实验。这种做法是不合适的。在实验初期，显著性可能会在显著和不显著之间波动。例如，界面改版可能会引起实验组的注意，从而影响最终实验结果的置信度。因此，实验需要足够大的样本量和足够长的实验周期，以涵盖初期的波动，直到数据指标趋于平稳。

此外，如果有足够的流量和资源，则建议在进行AB实验的同时开展AA实验，以对比指标波动。如果AA实验的两个分组之间没有显著差异，而AB实验却表现出显著差异，则可以增强对实验结果的信心。

2. 实验分流与实现方法

最常用的分流方法是由服务器进行分组并保存实验分组的情况。具体来说，当注册用户首次使用实验功能或策略时，客户端会向服务器发送请求。服务器根据预设规则完成分组，并将用户的ID、设备号，以及分组情况保存在数据库中。当用户再次使用实验功能时，服务器会根据记录的分组信息，向用户展示对应的分组功能。这种方式能够确保用户始终稳定地处于实验组或对照组，从而保证实验结果的置信度。

因此，不推荐通过前端进行分组。如果通过网页端进行分组，那么用户可能会清空浏览器存储的实验分组信息，从而导致重新分组。这会破坏实验的稳定性，对实验结果的置信度产生负面影响。

对于原生应用，实验通常需要通过发布新版本来实现，将实验组和对照组预先置于新版本中。这种方式的实验成本较高，且实验的启动和调整需要等待版本更新。相比之下，H5或PC端的实验则更加灵活，可以随时进行，不受版本限制。目前，许多原生客户端除了基础框架使用原生的iOS或Android 程序，其他页面更多地采用H5来实现。这种架构为AB实验提供了便利，既保留了原生应用的性能优势，又兼具H5的灵活性。

对于非注册用户，可以采用流量随机实验的方法。流量随机实验不要求用户每次都进入同一个功能界面，而是根据流量随机分配用户到不同的实验组。这种实验方式的置信度计算方式与注册用户有所不同：对于注册用户，分母为用户数；而对于流量随机实验，分母则为流量数（即每次使用实验功能的次数）。

在此推荐使用专业的数据分析工具来进行AB实验。这些工具通常具备AB实验能力，可以通过SDK嵌入应用中，帮助实现随机分流。此外，这些工具还提供AB实验的样本量计算器和相应的数据看板，方便实时监控实验进度和分析结果。

3. 实验流程

大多数企业进行度量实验都有一套标准流程，AB实验也不例外，同样适用此流程，如图 5-26 所示。

1）提出需求与解决方案：根据上级或企业自身对数据的洞察结果，发现业务问题并提出猜想，进而针对猜想的用户需求设计解决方案。

2）设计实验：在这一步，需要数据分析师介入，与业务方和产品经理共同沟通方案。他们应根据解决方案来设计实验，并明确以下要点：本次实验的用户需求，即要解决什么业务问题或用户问题；选用何种度量方法；本次方案要优化的业务指标。由于一些现实情况可能无法使用AB实验，因此也需要明确使用其他方法来度量解决方案的业务价值。

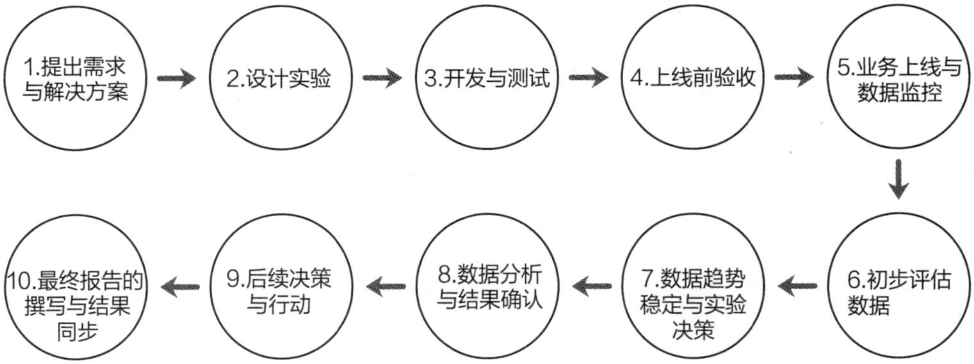

图5-26

3）开发与测试：研发团队接手解决方案并进行开发后，调用AB实验工具进行测试。测试的目的是验证用户是否能正确进入不同的实验组和对照组，以及数据是否能正确落入数据库中。

4）上线前验收：研发测试完成后，产品和业务团队使用产品进行上线前的验收，确保实验和解决方案符合业务方和产品经理的要求。

5）业务上线与数据监控：业务上线后，研发和运维团队主要判断在现网状态下数据是否正常存储，包括用户分组、数据埋点和数据存储是否都正常进行。

6）初步评估数据：业务上线24小时后，根据实验数据初步判断数据趋势是否与AB实验前的预估一致。通常在上线24小时后，实验组的用户已开始逐步适应策略变化，新鲜感也逐渐降低。此时，初步评估数据趋势有助于判断实验是否按预期的方向发展。

7）数据趋势稳定与实验决策：在数据趋势稳定后，基于当前AB组数据差异和实验周期内用户的样本量来确定是否要结束实验。

8）数据分析与结果确认：实验数据收集完成后，数据分析师根据设计的实验方案进行数据提取和分析，并计算关键指标（如转化率）的变化情况，以明确实验的初步结果。这一阶段的分析将为后续决策提供数据支持。

9）后续决策与行动：根据第8）步的分析结果，团队将决定是否结束实验。如果实验推翻了原假设，且结果符合预期，则可以考虑进行灰度测试并逐步全量上线。如果实验结果不符合预期，则需要深入分析最初基于数据产生的假设是否错误，或者实验设计是否存在缺陷。这一阶段的决策将直接影响后续业务的推进方向。

10）最终报告的撰写与结果同步：在实验结束后，撰写最终报告是一个容易被忽视的环节。通常情况下，团队成员在完成一个项目后，往往会迅速投入到下一个项目中，从而忘记将实验结果同步给参与实验的各个支持方，例如研发团队、测试团队和产品经理。然而，最终报告的撰写至关重要，它不仅是对实验过程和结果的总结，也是向各方明确传达实验结论的重要方式。最终报告可以由业务方牵头，并由数据分析师配合完成。报告的核心目标是为每一个投入时间和资源的实验提供一个明确的结论，尤其是当实验取得成功时，这一验证不仅是对团队价值的有力证明和肯定，还能显著提升业务方对团队的信任度，为后续推进新的需求方案实施奠定坚实的基础。

4. AB实验注意事项

拥有一套完整的量化实验流程可以确保实验顺利进行。然而，在进行 AB实验时，还有一些容易被忽视的细节需要关注。

（1）避免设置过多的观测指标

在实验设计阶段，如果设置的观测指标过多，那么偶然出现“变好”指标的概率就会增加。例如，如果实验只关注两个核心指标（如转化率和功能留存率），这些指标可能不会出现显著变化。但如果增加更多的观测指标（如使用时长、UV等），则总会有某些指标表现“变好”。然而，指标数量越多，统计显著性就越难以保证。这就涉及统计学中的“多重比较问题”或“多重检验问题”。通常，我们会设定一个显著性水平α（一般为 0.05），这意味着我们允许有5%的概率犯“假阳性”错误，即错误地认为某项改动有效果，而实际上并无效果。当我们同时检验多个指标时，犯“假阳性”错误的概率就会累加。

（2）AB实验结果不能简单叠加

AB实验的结果并不能简单地进行叠加。例如，如果在一个实验中，A组比B组的表现好15%，而在另一个实验中，B组又比C组好15%，那么我们只能得出A组的效果优于B组，B组的效果优于C组的结论，不能因此就断定A组的效果比C组好30%。这是因为不同实验的百分比计算所基于的基数可能不同，而且实验之间可能存在交互效应，即一个变化的效果可能会受到其他变化的影响。

（3）AB实验与灰度测试的区别

AB实验要求实验样本数据尽量与总体数据的正态分布接近，以确保实验结果的可靠性。而灰度测试则只需在部分数据中进行。例如，如果一家公司的业务遍布多个省市，AB实验最好从各个层级的城市中提取数据，以保证样本的代表性；而灰度测试则可以仅从某个城市中选取样本进行测试。

（4）注意全量推广后的效果验证

在AB实验中，统计显著性通常以95%的置信水平来设定p值，这表示实验结果有5%的概率可能仅由随机因素导致，而非实验处理效应。因此，即使实验结果显示出显著效果，全量推广后的实际效果可能也不如预期明显。如果频繁进行大量实验，那么偶尔也可能出现一两次结果不可靠的情况。因此，在全量推广之后，仍需要持续监控关键指标，以确保实验效果在实际应用中得到验证。

5.4.4 全量评估方法

在选择实验度量方法时，有些业务的解决方案并不适合进行AB实验，通常有以下四类。

第一，无法控制样本划分。如果无法控制哪些样本进入对照组，哪些样本进入实验组，那么AB实验就难以实施。例如，当上线一个独立的品类时，我们无法区分哪些用户可以使用该品类，哪些用户不能使用它。因此，这种独立业务的上线无法进行人为划分，也就无法进行AB 实验。虽然可以通过空间对照（如在A 城市开展业务，而在 B 城市不开展）来进行对比，但由于城市具有各自的属性和发展趋势，这种城市间的实验对照存在明显不足。因此，在这种情况下，需要采用全量评估方法来实现效果评估。

第二，功能需要全量覆盖。如果业务需要立即上线某个功能，并且该功能必须覆盖所有的用户，那么 AB实验就无法进行。例如，针对高级别的安全问题，需要尽快全量上线补丁。在这种情况下，不可能为了做一个五五分流的实验而让业务等待，更不可能通过实验来观察安全风险降低了多少，特别是涉及用户人身安全的高级别安全问题，绝对不能通过真实测试来评估用户是否受到安全影响。此外，如果存在明显的大数据“杀熟”风险，尤其是价格策略方面（如 A 用户和 B 用户看到的前端价格不同，或者一套优惠券只发给 A 用户而不发给 B 用户），这种情况也无法进行 AB实验。

第三，样本空间存在竞争。在平台业务中，如果我们对某个群体实施派单倾斜（例如，给予该群体比其他供给端多1.5倍的派单），那么这个获得倾斜的群体的竞争力可能会显著提高，而其他群体的竞争力则可能相对下降。在这种情况下，获得倾斜的群体业绩的提升可能远超过1.5倍，因为他们的相对竞争力增强，进而可能吸引算法分配更多的流量。这种复杂的竞争关系很难通过简单的AB实验来准确评估。不过，可以通过实施时间片轮转方案来解决这一问题。

第四，规模效应影响。在评估实验效果时，观测指标往往会受到业务规模的影响。例如，某专车接送业务在刚进入某个城市时，如果业务规模较小（比如只有一名司机和一名乘客），那么匹配效率可能会非常低；而当用户达到10万名，司机达到5万名时，随着规模的扩大，匹配效率就会显著提升。在这种情况下，如果我们将50%的流量分配给实验组，另外50%分配给对照组，那么每组的规模就会变为5万名乘客和2.5万名司机。这种规模上的差异可能会导致业务匹配效率出现较大的损失，进而影响评估指标的准确性。因此，这种分流方式会直接影响评估结果，使得AB实验在这种情况下难以有效实施。

下面介绍几种无法进行AB实验时的全量评估方法。

1. 双重差分法

双重差分法（Difference-in-Differences，DID）的实验原理如图5-27所示，它通过比较受到业务干预的实验组群体和未受到业务干预的对照组群体在策略实施前后的变化，来估计业务策略的因果效应。该方法的使用条件要求在没有策略干扰的情况下，实验组与对照组的待解释变量的差异随时间保持恒定，并且策略对对照组的待解释变量不产生任何影响。双重差分法通常用于评估全量上线的营销活动、基础价格策略调整、新产品功能上线等场景中策略的实际影响。

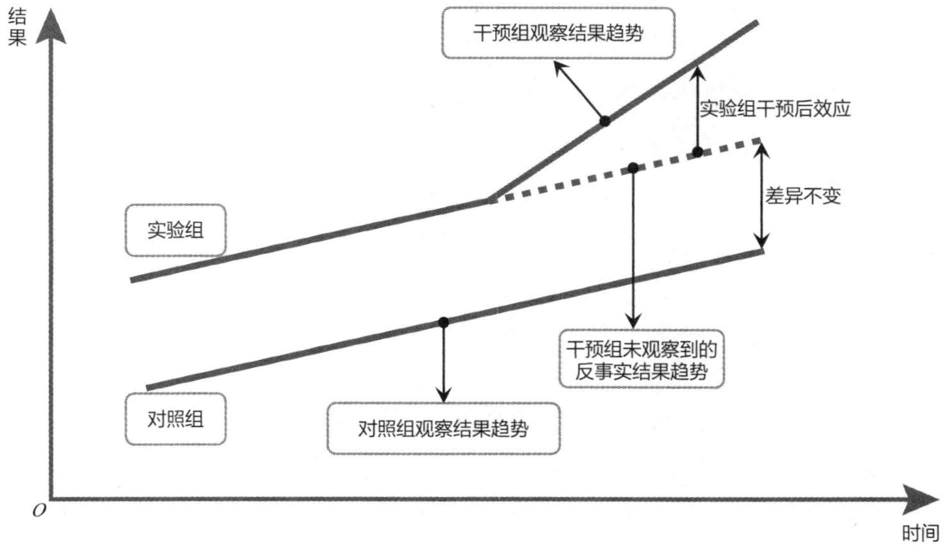

图5-27

例如，在评估全量上线的营销活动或全量价格调整时，需要选择两组实验对象，它们过去的消费总额或消费趋势相似。通过构建对照组来模拟实验组的反事实结果，即针对使用了营销活动优惠券的实验组，构建一个平行的对照组，假设该对照组未使用优惠券。然后观察随着时间推移，这些群体贡献的交易总额如何变化。这时，就可以使用实验组和对照组在策略干预前后的变化来计算策略带来的影响。

2. 合成控制法

合成控制法（Synthetic Control Method，SCM）特别适合评估单个或少数单位在特定时间受到业务策略干预的影响。其核心思路是通过加权组合多个对照组的结果，构建一个合成的对照组，使其在业务策略干预前的特征尽可能接近实验组的特征。该方法的使用条件要求存在可供选择的对照组，并且对照组与实验组在干预期间仅存在待度量的策略这个干扰变量。此外，对照组需要与实验组具备相似的特征。

合成控制法的局限性在于，策略干预前的数据需要达到一定规模，且对照组的选择和权重的确定对结果评估有较大影响。如果策略上线前的拟合效果不佳或获取的数据量不足，则不建议使用合成控制法。

这里仍然以全量价格调整为例，来说明合成控制法的使用方法。如果没有外部环境作为对照组，则可以采用合成控制法的时间错位方法。具体而言，将定价调整前的数据作为对照期，利用策略实施前的历史订单数据构建“假设未调价”情况下的订单变化趋势，以此作为对照。通过调整合成控制组的加权权重，使合成控制组的订单量变化尽可能匹配全量调价前的订单量变化。经过加权平均后，合成控制组应能很好地拟合定价调整前的订单量。最后，计算实际订单量与合成控制组预测的订单量的差值，从而得出全量调价的净影响。

3. 倾向值匹配法

倾向值匹配（Propensity Score Matching，PSM）是一种统计方法。它通过为每个接受干预（如政策实施、价格调整等）的对象找到一个或多个未接受干预的对象，这些对象在干预前的特征与接受干预的对象尽量相似。这种方法的核心目标是确保两组之间的差异主要来源于干预本身，而不是其他混杂因素。通过这种方式，可以比较接受干预的对象（干预组）和未接受干预的对象（对照组）之间的结果差异。由于无法同时观察同一个对象在接受干预和未接受干预时的结果，因此只能通过构建两组非常相似的对象，并在这些相似的对象中施加不同的干预，从而实现反事实推理的目的。

然而，倾向值匹配法的使用条件较为严格，这些条件也构成了该方法的局限性。具体来说，它要求在给定相关变量的情况下，干预效应必须是严格外生的。例如，在考虑了所有可能影响结果的因素（即相关变量）之后，接受干预的对象和未接受干预的对象之间的差异应仅来自干预本身，而不受其他干扰因素的影响。换句话说，干扰因素应是“外生的”，即它们不会受到其他变量的反向影响。此外，对象接受干预的概率应能被完全可观测的变量解释，且不可观测变量的影响可以忽略不计。同时，干预组和对照组的倾向值评分的取值范围必须有重叠，且两组在特征（如城市的经济水平、人口结构等）上应有足够的相似性。只有当两组的这些特征范围有重叠时，才能找到类似的对照组进行匹配，否则无法进行有效的比较。在匹配过程中，通常只保留倾向值评分有重叠的对象，以提高匹配质量。如果倾向值评分的重叠范围太小，则PSM方法不适用。此外，当匹配样本与总体分布不一致时，所得结果不能推广至总体。

这里仍以全量价格调整为例，说明倾向值匹配法的使用方法。首先，收集定价调整前的城市数据，包括订单量、经济指标、人口和竞争情况等特征数据。接着，收集定价调整后的城市数据，包括调整后的订单量及相关特征数据。利用定价调整前的城市特征数据（如订单量、经济指标、人口、竞争强度等），通过逻辑回归模型预测每个城市在该期接受定价调整的概率，即倾向值。根据倾向值，为每个接受定价调整的城市，匹配一个或多个未接受调整但特征相似（倾向值接近）的城市作为对照组。最后，通过比较每个调价城市的订单量与其匹配的未调价对照城市在相同时间段内的订单量差异，估算平均处理效应。

小结：拿来就用的模板

量化实施经营策略	解释说明	我的思考
1.业务流程	核心交易模型是什么	
	用户旅程是什么样的？是否存在其他的逆向流程或者分支流程	
	结合业务流程，有哪些核心的业务环节？用户通常的路径是怎样的？各条路径的转化率如何	
2.业务中的核心收益公式	公司的业务包含哪几种收益模式？其业务公式分别是什么	
3.业务中的核心指标	哪些指标是业务的核心指标？这些指标有哪些属于前导指标？这些前导指标与核心收益指标的关系是什么样的	
	核心指标的具体目标是什么？测算的逻辑是什么？它们对业务有哪些影响	
	年度经营目标对应的预算是怎样的	
4.针对业务构建指标体系	业务的经营公式和指标有哪些	
	交易指标有哪些？活跃用户由哪些激活用户和留存用户构成	
	用户从注册到激活的转化周期如何，同期群中用户的留存情况如何	
5.指标体系分发与监控	经营目标可拆解为哪些指标体系？这些指标体系如何分发给对应的组织架构，并确保团队对于指标的影响相对独立	
	周会和月会数据模板是什么样的？	
	为了更好地沟通经营活动，哪些指标需要在会议中同步	

第6章

拉新裂变的核心策略

在明确年度经营目标与年度经营策略后，需要将这些目标和策略落实到具体部门和业务环节中。关键步骤包括：将年度经营核心指标拆解为各部门的子指标，确保每个部门都有明确的目标；制订并执行日常经营计划，以实现这些子指标；构建年度经营策略壁垒，以巩固竞争优势。

6.1 适合线上投放的业务

拉新获客是业务经营的起点。无论时间多长，任何用户最终都可能流失。因此，持续获客是业务保持“造血”能力的关键。在竞争激烈的市场中，即使产品或服务质量极高，用户留存率很高，企业依然需要不断拓展新用户。从本质上讲，高速增长是基于对市场的解构和快速抢占。相比于吸引竞品用户迁移，获取全新的用户往往更具挑战性。因此，拉新获客可以说是商业竞争的“入场券”。

根据业务特性不同，获客方式呈现多样化。在传统行业中，信息触达渠道与产品获取渠道通常是分离的。例如，电梯中播放的饮料广告只是信息触达，而购买饮料则需要消费者到便利店等渠道实现。相比之下，互联网将信息触达和产品获取结合在一起，用户可以在线上看到产品后直接下单购买。此外，除了线上投放获客，传统的线下销售、渠道代理商等方式也依然被广泛使用。

什么样的业务形式更适合线上投放呢？需要满足以下三个条件：

- 要判断业务是否具有显著的网络效应。这类业务需要快速形成网络，线上投放能够加速其发展。
- 业务应具备较强的规模效应，且线上业务面向全国用户。
- 用户的生命周期应足够长且用户价值足够高，或者毛利率足够高，这样才能有效抵消投放获客的成本。

随着互联网行业的日益成熟，获客成本只会越来越高。当前的获客成本可能是未来最便宜的，因此，现在是进行投放获客的有利时机。

6.2 拉新洞察与策略

首先明确一下App、网页或小程序产品线上获取用户的主流程，如图6-1所示。通常，用户会在某个渠道看到被曝光的产品，从而获悉产品信息。与传统业务不同，这类线上产品的用户可以通过推广渠道直接使用产品。无论是线上推广还是电话销售，都可以通过二维码或电话销售过程中发送的信息链接，引导用户直接使用产品。

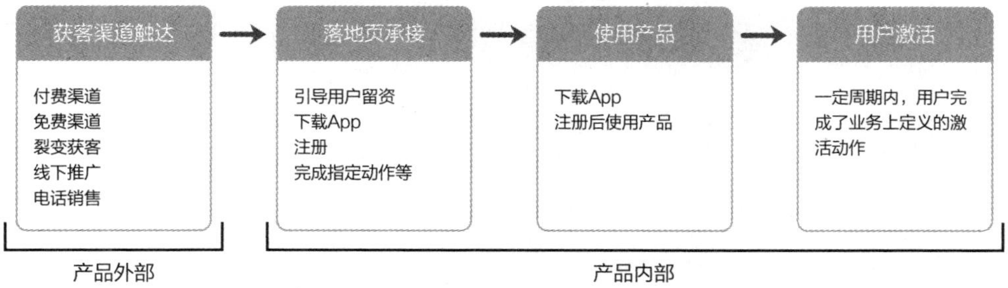

图6-1

对于外部广告渠道，首先要展示产品信息来吸引用户。用户点击广告后，会被引导到产品的落地页。这就相当于用户已经进入了产品的“大门”。通过一些技术手段追踪用户来源，公司可以知道用户来自哪个广告渠道。同时，通过数据回传，公司可以向广告平台反馈用户画像，让广告投放更精准。最终，用户可能会下载App或直接使用产品，完成激活转化。

拉新的第一步是看清楚收益。为此，需要建立反馈机制，构建获客数据体系，并计算投入产出比（ROI）。只有先看清楚数据，才能进一步分析，找到获客的机会。通过制定有效的拉新策略，就能实现业务增长。

6.2.1　构建渠道评估体系

渠道的评估体系需要逐层思考才能正确评估渠道的价值（如图6-2所示）。考虑到不同行业产供销模式和双边平台商业模式的差异，首先，需要衡量获取的用户中哪些对平台具有真实的价值，这种真实价值主要表现为商业价值和用户价值。

其次，要明确用户来自哪个渠道，并计算渠道的获客成本（CAC）和用户生命周期价值（LTV）。核心是要算清账，即投放的费用需要多长时间才能回本，并覆盖CAC。具体而言，需要确保LTV大于CAC，且ROI为正。只有当LTV大于CAC且ROI为正时，渠道才具有可持续性。一旦覆盖了CAC，后续用户持续的消费就都将转化为公司的收入。反之，如果LTV小于或等于CAC，那么公司实际上是在以“烧钱”模式推动增长。

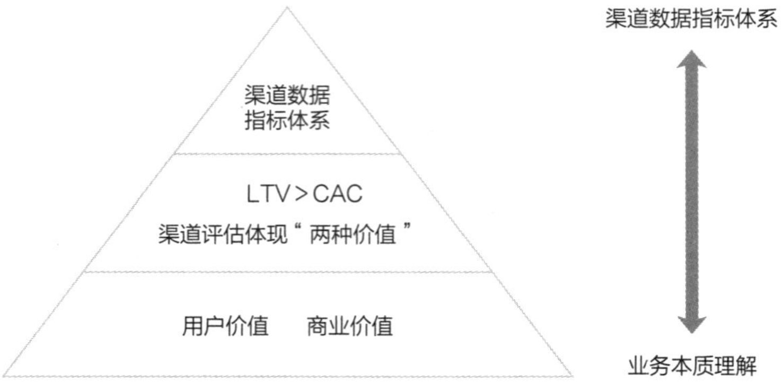

图6-2

最后，要基于对用户贡献价值的深入思考，制定渠道的数据看板和评估体系。理论上，渠道能够采集的指标种类相对固定。对业务本质的理解越深刻，基于这些数据指标构建的数据看板就越能反映真实的获客情况，从而越有利于指导渠道投放。

1. 评估渠道的方法

构建渠道度量的评估体系有两种方法。

第一种方法是基于预算和目标获客数来计算预算内的预期CAC。具体步骤为：首先，将LTV作为第二年的广告投放预算；其次，根据目标获客数和预算，计算出预算内的预期CAC；然后，在实际投放过程中，通过实际花费和实际获客数来计算实际CAC；最后，对比两者。如果实际CAC高于预算内的预期CAC，则可以考虑淘汰该渠道。这一流程分为两部分：第一部分的核心是测算投放获客的成本底线；第二部分是在真实投放中对渠道进行评估。

对于新产品的付费渠道投放尝试，或者经济模型已经成熟的产品投放，渠道评估体系的起点是LTV。基于目标激活用户数和投放预算占比，可以计算出预算内的预期CAC，这也可以被视为CAC的底线。本质上，这一底线是基于用户的LTV来确定的。在保持净利润的前提下，平台需要明确可以投入多少资金用于获客，以及希望获取的目标用户数量。计算公式如下：

$$\text{CAC}=\frac{\text{LTV}\times\text{净利润率}\times\text{投放预算率}}{\text{目标激活用户数}}$$

通过该公式，可以得到CAC的底线价格，为后续所有渠道评估建立对比基线。该公式在实际运用中并非单纯地比较CAC，而是基于收入来确定CAC底线。所有实际投放渠道的表现都将与之对比，高于预算的CAC意味着亏损和无法达成获客目标。对于新产品，如果无法明确目标激活用户数，则可以计算每个渠道的实际获客成本，并比较所有渠道的CAC，表现好的渠道可以作为表现不好的渠道的基线。

第二种方法适用于快速增长的业务，不是基于预算进行投放，而是通过ROI判断其价值与收益能力。具体步骤如下：首先，计算历史LTV；其次，设定投放预算占比；接着，计算渠道的ROI，通过ROI来衡量渠道的投放效果和潜力。其公式如下：

$$\text{ROI}=\frac{\text{LTV}\times\text{净利润率}}{\text{实际渠道投放费用}}$$

只要投放渠道获取的用户收入与实际投放费用的比值大于某个设定值，就可以持续在该渠道进行投放获客。通常，这个比值即为投放预算和CAC在收入中的占比。

无论是基于预算和获客目标计算CAC底线，还是基于ROI比来评估渠道，核心都是确保CAC要小于或等于LTV中可分配的费用。

2. LTV的计算方式

从上述渠道的评估方法可以看出，在进行渠道评估之前，需要先计算用户的LTV，核心在于评估每个渠道获取的激活用户后续为平台带来的商业价值。其难点在于如何定义激活用户，以及对于非现金交易的产品，如何定义用户的价值。

首先，需要绘制每个渠道获取用户的同期群分析图表（如图6-3所示）。这里假设用单个季度内用户贡献的价值来衡量用户价值。

自然月丨相对月	激活用户数/个	第1月	第2月	第3月	第4月	第5月	第6月
2024年1月	13,473	5,699	5,093	4,608	4,325	4,150	3,961
2024年2月	15,865	6,711	5,997	5,426	5,093	4,886	4,664
2024年3月	15,834	6,698	5,985	5,415	5,083	4,877	–
2024年4月	23,345	9,875	8,824	7,984	7,494	–	–
2024年5月	26,086	11,034	9,861	8,921	–	–	–
2024年6月	24,782	10,483	9,368	–	–	–	–
……	……	……	……	……	……	……	……

图6-3

如果用户已经经历了完整的生命周期，则可以直接计算LTV；如果用户没有经历完整的生命周期，则可以通过拟合函数（如图6-4所示）来推算用户完整的生命周期。

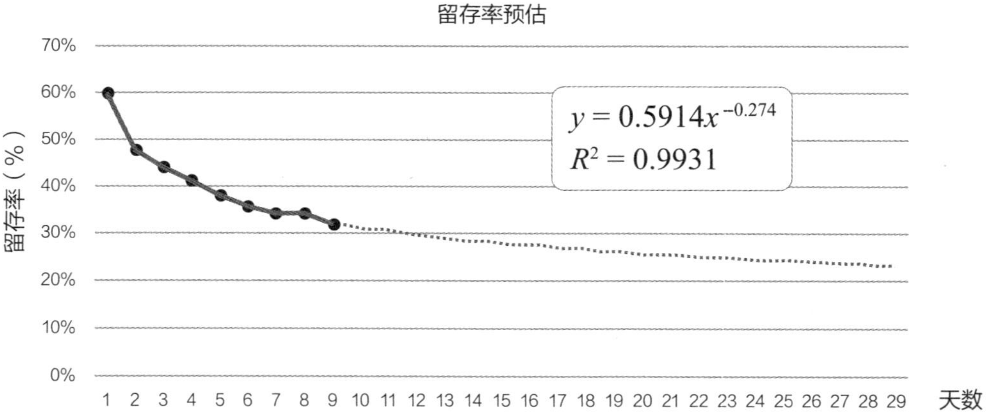

图6-4

这里用两种方法计算LTV。

第一种是计算每个激活用户在整个生命周期内贡献给平台的GMV，公式如下：

$$\text{LTV}=\frac{\text{计算周期内的GMV}}{\text{总激活用户数}}$$

GMV通过在生命周期内激活用户后续消费的订单表中的订单价格加总获

取。分母为计算周期内的总激活用户数。

第二种是按照生命周期中的各项指标来计算LTV，公式为：

- LTV=用户平均生命周期价值×用户平均订单数×订单均价

其中，用户平均生命周期价值是指每个用户的生命周期总和除以总激活用户数；用户平均订单数是指用户生命周期内总订单数除以总激活用户数；订单均价是指总销售额除以总订单数。

这种计算方法的好处是可以观察到每个关键要素对LTV的影响。

3. CAC的计算方式

在CAC的计算中，最难的部分是明确哪些通过投放获取的用户对平台具有价值。因为CAC的计算本身并不复杂，关键在于需要对业务有深刻理解，才能判断哪些用户具有价值并需要分摊费用，而哪些用户没有价值。例如，在以城市供需平衡为前提开展业务的网约车平台中，市场占有率第一和第二的公司对用户价值的评估会有所不同。市场占有率第一的公司，由于所有城市的供需相对充足，此时每名新乘客和新司机都在增强双边网络效应。然而，对市场占有率第二的公司来说，部分城市可能存在司机过剩或乘客过剩的情况，这就需要引入供需关系来评估用户的真实价值。

针对所有的获客渠道，也需要明确哪些是付费渠道，哪些是免费渠道。例如，通过文章的SEO（搜索引擎优化）或各媒体平台内容获客属于免费渠道；而广告平台、信息流平台等则需要投入资金才能获客。如果要计算CAC的总成本，则需要明确每个渠道负责人员的工资费用。

通过这种方式，可以更清晰地理解CAC的计算方法，并找到优化CAC的有效方法。

（1）付费渠道的CAC

计算付费渠道的CAC通常基于每个渠道的费用或预算进行。无论是处于增长期还是成熟期，业务通常都会被分配相应的获客预算。付费渠道相对稳定，是一种可靠的获客方式，通过预算即可预估获取的用户数。

在计算CAC时，需要明确两个关键要素：实际花费和获取的用户数。用户数可以根据业务需求进行定义，例如注册用户数、激活用户数或7日留存用户数。目前，计算CAC时更侧重于用户对业务的真实贡献，因此通常关注激活用户，即用户至少与平台发生过一次交易行为。激活用户数更能反映用户对业务的实际价值，因此在计算CAC时，应以激活用户数为主要依据。

既然关注的是激活指标，那么具体数量的计算就需要考虑激活的时间周期，如图6-5所示。从图中可以看出，C端用户的激活大多在当日甚至本周内完成，后续时间激活的用户数很少，可以忽略不计。

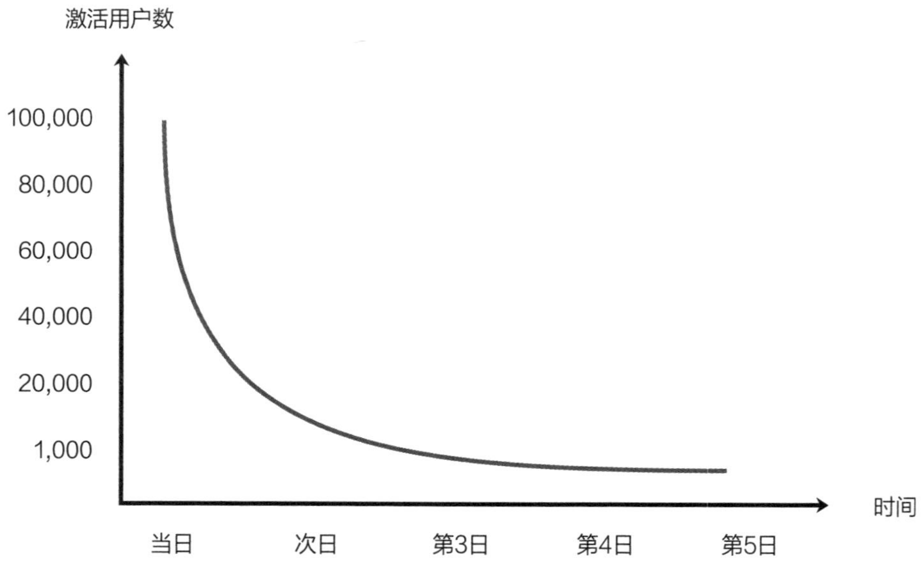

图6-5

为了计算得更精确，首先可以等待一个完整的激活周期，这样就能获取到这批用户的所有激活用户数。然后，在计算过去某一周或某个月的CAC时，只需要知道投放的费用，并统计这段时间内激活的用户数即可。公式为：

$$实际CAC=\frac{实际渠道投放费用}{实际获客全部激活用户数}$$

此外，在明确激活周期且周期足够短的情况下，可以使用“当日投放费用/单日激活用户”的方法来计算。这里的激活用户计算口径不考虑注册时间，而更多地考虑当日是否激活。

（2）所有的CAC

企业的CAC可以通过免费渠道和付费渠道进行计算。计算逻辑是将渠道获取用户的所有费用纳入考量，包括直接费用和间接费用。其中，整体的品牌费用也可以分摊到每个渠道上，从而更准确地反映企业真实经营业务中的CAC。公式为：

- 付费渠道CAC =（负责付费渠道人员的工资 + 所有付费渠道投放的费用 + 品牌摊销费用等）/ 付费渠道激活用户数
- 免费渠道CAC=（负责免费渠道人员的工资+ 品牌摊销费用等）/ 免费渠道激活用户数

增加人员工资和其他所有的获客费用后，得到的就是业务真实的CAC。

鉴于实际情况中有些费用信息较为敏感，通常会使用投放费用来区分付费渠道和免费渠道。业务经营者应当清楚付费渠道的CAC远小于所有费用的CAC。

6.2.2　评估拉新渠道的质量

在明确了LTV和CAC后，就可以构建渠道评估系统，以辅助优化获客策略。每次对评估系统进行优化后，可以运用新旧两套评估系统对历史数据进行对比分析，目的是找出新系统的差异。如果新系统比旧系统仅拉大了方差而没有其他实质性差异，那么这种优化的价值就不大，因为这意味着渠道投放的优先级并未发生变化。

好的获客评估系统与不好的获客评估系统之间的差异，就像电子显微镜与普通显微镜之间的差异一样显著。好的获客评估系统能够更精确地评估渠道效果，尤其是在质量居中的渠道方面，因为太好和太坏的渠道通常本身就容易被识别。在相同的投放费用下，好的评估系统可以更高效地调度资源，从而提高投放率。

评估的原则是实际CAC应小于或等于预算内的预期CAC，否则意味着亏损，或者需要投入更多的LTV来获取用户。基于这一评估原则，获客的洞察体系分为三大类：针对每个渠道获客效果的评估体系、针对每个渠道转化率的评估体系，以及针对业务整体经济模型的评估体系。

1. 针对每个渠道获客效果的评估体系

渠道投放效果评估体系的核心在于清晰了解每个渠道在各个节点的成本或收益情况，主要指标包括渠道费用、CAC和LTV。根据下面的公式：

- 激活用户数 = 流量 × 点击率 × 落地页转化率 × 注册转化率 × 激活率

可以计算出每个渠道的激活用户数。基于这些数据，我们可以构建如图6-6所示的渠道获客看板。在该看板中，每个渠道各节点的转化情况、CAC和LTV都可以按照前文讲解的公式进行计算。

渠道/维度	费用(万元)	落地页UV	注册页UV	注册数	充值数	注册成本(元)	充值成本(元)	充值率(%)	LTV(元)	LTV/充值成本
苹果商店	1287.5	2,743,621	823,086	164,617	26,339	78.21	488.82	16.28	1503.67	3.08
安卓市场	1056.3	3,185,942	955,783	191,157	34,408	55.26	307.00	18.13	948.72	3.09
搜索品专	834.2	1,925,738	577,721	115,544	13,865	72.20	601.66	12.07	1098.35	1.83
SEO	215.6	1,278,453	383,536	76,707	15,341	28.11	140.54	20.18	582.46	4.14
信息流	1623.7	3,692,105	1,107,632	221,526	22,153	73.30	732.95	10.24	2197.83	3.00
直达	53.8	537,296	161,189	32,238	2,579	16.69	208.61	8.14	848.29	4.07
其他渠道	318.9	847,935	254,381	50,876	7,631	62.68	417.90	15.17	881.56	2.11

图6-6

根据看板数据，可以使用四象限方法（如图6-7所示）来评估每个渠道的ROI和激活用户数。

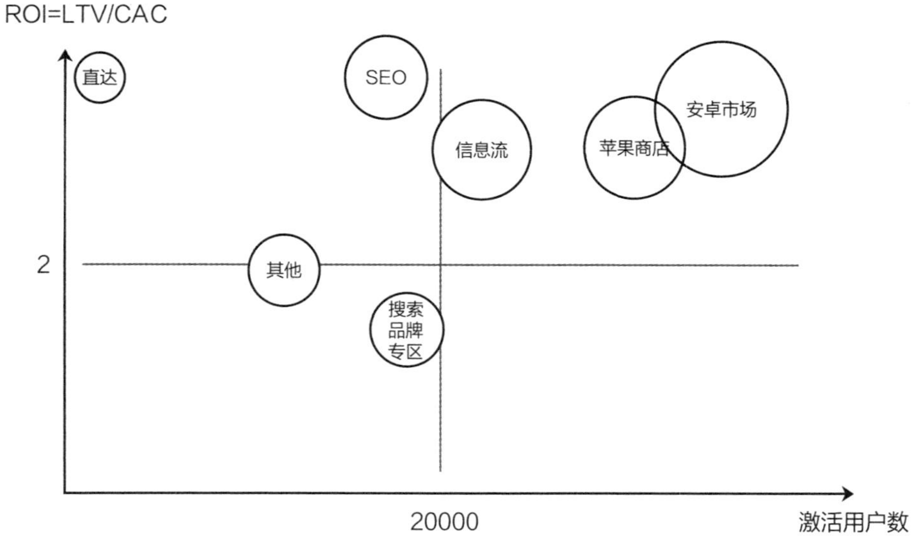

图6-7

对于激活用户数大且ROI高的渠道，应调配更多的投放预算，并持续优化；对于激活用户数少但ROI高的渠道，应考虑关闭或淘汰；对于ROI高但激活用户数少的渠道，应设法获取流量扶持；对于激活用户数大但ROI低的渠道，应设法优化渠道转化率，以提升ROI。

2. 针对每个渠道转化率的评估体系

基于用户激活转化流程，构建单个渠道激活转化流程指标体系，以进一步洞察拉新环节的问题，将渠道投放的激活转化流程梳理出来，并且针对不同的激活转化环节拆解指标（如图6-8所示）。

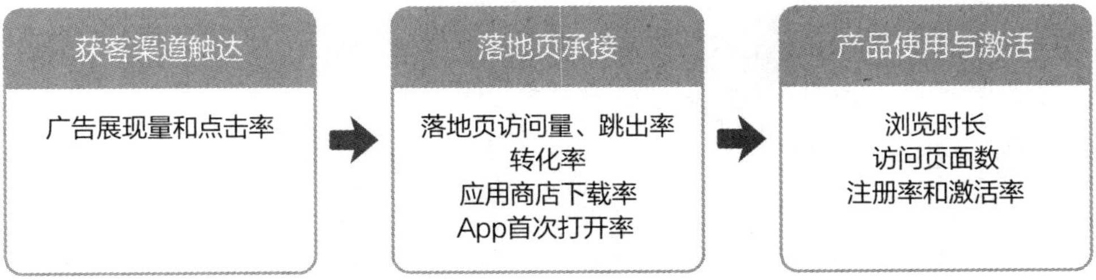

图6-8

首先，在获客渠道触达用户的环节，需要重点关注广告的展现量和点击率。通过点击率，可以判断广告封面是否成功吸引了目标用户，或者评估设置的用户画像是否精准。

其次，在落地页和App下载阶段，可以通过落地页的转化率来评估其质量，主要关注落地页的转化率和App下载率，以此判断用户是否被成功引导至产品中。在产品使用与激活阶段，需要关注与激活相关的指标，例如，用户的浏览时长、访问页面数、注册率和激活率等。

3. 针对业务整体经济模型的评估体系

通过不断优化拉新渠道，业务情况最终会反映在拉新业务整体经济模型的评估体系上。从长期来看，激活率将显著提升，因为渠道效率越高，同一批注册用户的激活率就越高。此外，激活速度也会加快，单位时间内可以转化的激活用户数量也会更多。

随着获客策略的不断优化，单位经济模型也会随之变化。首先，留存率的稳定将推动活跃用户的数量快速增长，进而带动订单量的快速增长。同时，渠道优化还会导致ROI不断升高，这反映出LTV与CAC的比率逐渐增大，表明盈利能力的增强。此外，业务整体的订单量与CAC成反比关系，即CAC越低，订单量越大，如图6-9所示。

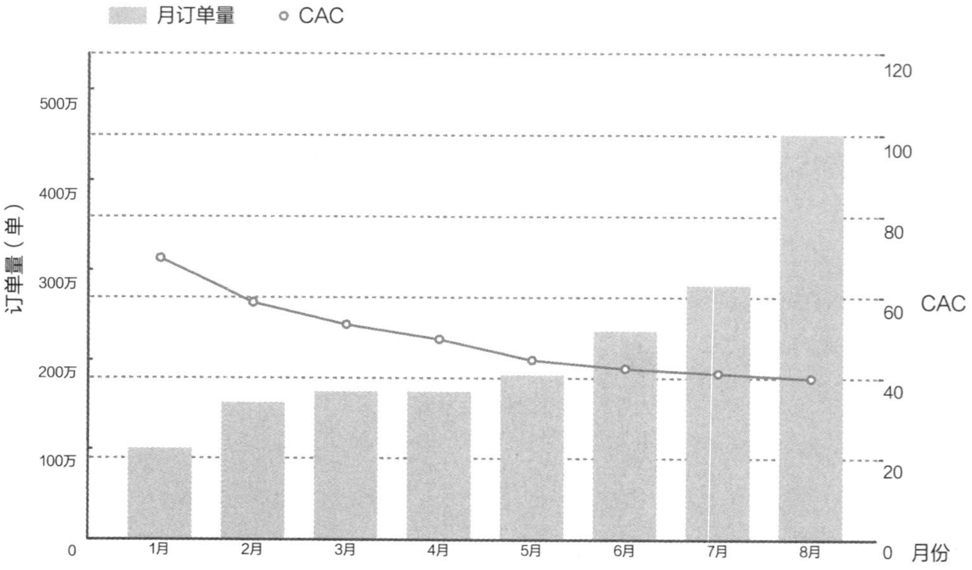

图6-9

随着业务的发展，推荐和线下的口碑宣传会逐渐增多，在免费渠道中，直接访问或通过裂变活动获取的用户数量也会增加。

随着这些细分的免费渠道的表现越来越好，其用户增长速度甚至可能超过业务整体的用户增长速度。因此，当整体的用户数量增长时，付费渠道的激活用户占比可能会相应下降。这一趋势在业务整体经济模型的评估体系上表现为付费渠道激活用户占比降低（见图6-10）。

6.2.3 拉新的年度策略

在制定拉新的年度策略之前，我们需要从整体上将拉新优化的思维框架自上而下分为三层：拉新的业务关键要素、拉新的年度策略规划和拉新的年度策略实施。每一层的决策内容都将决定下一层的上限和策略范围，因此需要按照从底层到上层的顺序逐层分析拉新策略。

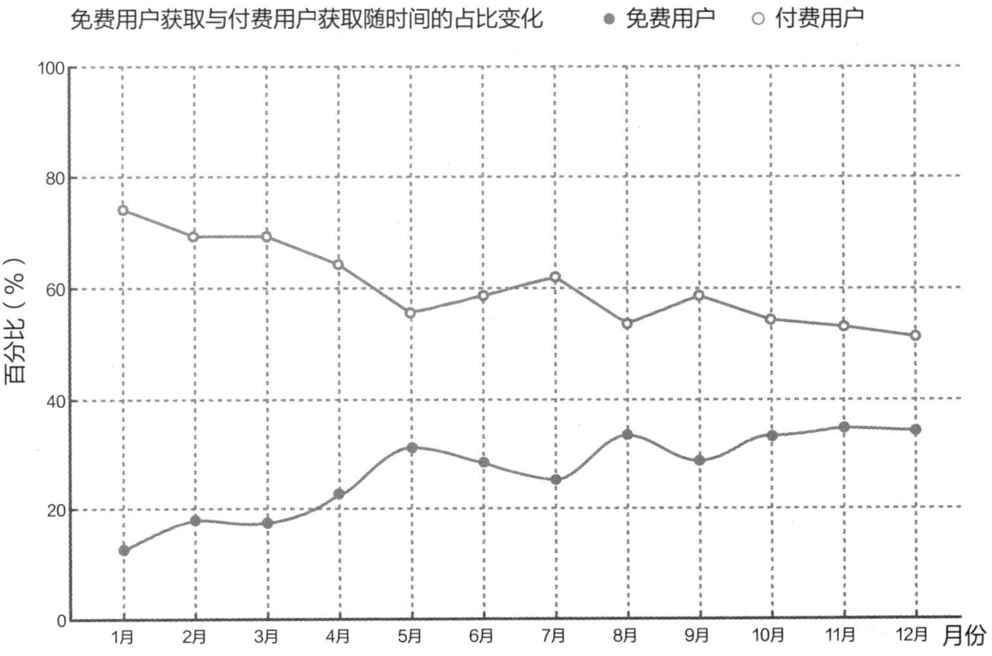

图6-10

1. 拉新的业务关键要素

拉新的业务关键要素聚焦整体的业务方向，而不涉及具体的投放行为。在该层面，需要明确的关键要素，包括：目标用户群体、用户画像、产品定价和产品服务形态。这些要素将最终指引渠道选择的方向。

具体来说，用户画像决定了选择哪些渠道以及目标用户在这些渠道中的占比。对用户的了解越透彻，渠道投放时圈选的用户画像就越精准，进而提高投放率。产品定价和产品服务形态共同决定可以选择的投放渠道，结合成本测算，可以确定哪些渠道能够承受获客成本。

2. 拉新的年度策略规划

在明确了拉新的业务关键要素之后，接下来需要进一步考虑拉新的年度策略规划。基于年度经营目标和投放预算，将策略分解为具体的投放渠道策略和能力建设策略。在年度投放过程中，需要明确各个投放渠道的选择，并梳理每个渠道的路径以及相应的数据采集方式。通过构建和优化拉新流程指标体系，可以不断优化渠道投放策略，合理调配投放预算。同时，还需要积极挖掘新的潜在渠道，以提升整体的获客效率。

从长期来看，企业需要构建在竞争中脱颖而出的能力。品牌壁垒是重要的长期目标，需要持续投入建设，才能形成独特优势。同时，自有媒体渠道虽然需要投入大量精力运营，但它能够将流量掌握在自己手中，从而为企业提供长远价值。此外，数据采集与分析能力同样重要。通过对渠道效率的深刻理解和精准分析，企业可以实现更高的获客效率，从而在长期竞争中取得优势。

在年度选择和拓展新渠道时，我们需要对渠道进行评估和选择。可以从使用成本（免费或付费）、数据化程度（是否可进行采集和测量）和效果预估三个维度，将渠道分为以下四类。

第一类是企业可控的自有渠道，例如，企业官网和自有社群。这些渠道虽然需要一定的人力投入，但本身是免费的，且构成了企业的获客能力壁垒。

第二类是裂变渠道，例如，通过爆款视频或策划裂变活动来实现用户增长。这类渠道虽有一定的方法论，但更多地依赖于专业能力和运气。

第三类是付费投放渠道。这类渠道本身需要费用，只要付费就可以使用，停止付费则会暂停使用。经过一段时间的投放，就会形成一个获客模型，根据该模型可以预测在一定预算下大概可以获取多少用户。

第四类是需要长期建设的渠道。这类渠道的特点是建立周期长，短期效果不明显。例如，户外广告，这类渠道更多关注的是品牌认知而非直接效果，追踪和测量也会很困难。

在全面了解渠道之后，就需要考虑选用哪些渠道。这需要一套综合的评估方法，具体包括以下四个方面。

第一，触达力度：即渠道深度触达不同类型目标用户的能力。“深度”指的是用户质量，而“不同类型”则体现触达范围的广泛性。渠道选择应基于上一层级确定的用户画像。例如，如果目标用户是二次元用户，那么B站和动漫网站就是备选渠道；也可以在短视频平台上选择动漫属性的人群进行投放。

第二，渠道费用：包括前期投入费用和持续投入费用。例如，免费的SEO渠道需要专人维护；广告投放类渠道除了投放经费，还需要专人管理渠道广告的实时效果，并根据变化调整策略。人员工资和投放经费都属于投入费用。

第三，准备时间：即启用该渠道进行投放需要准备的时间。例如，抖音媒体号需要一段时间上传视频，以使算法明确频道的内容和性质；接入广告投放平台需要对接相应的接口；写“种草”文章和制作视频需要KOL撰写文章或拍摄视频后才能投放。这些都需要准备时间。

第四，效果周期：即广告投放后多久可以看到效果。在线投放可以立即看到反馈，但素材类投放需要一定的周期才能看到效果。

3. 拉新的年度策略实施

最后是实施拉新的年度策略，即渠道获客的日常操作，需要结合获客活动等策略来提升效果。成功的获客活动需要考虑多个关键因素。

首先，良好的活动设计是基础，包括活动主题、参与人群和活动规则等，这些因素对投放获客的成功至关重要。其次，活动补贴策略也极为关键，它与活动设计共同决定活动的成败。此外，活动过程中的渠道反馈机制和用户使用路径（用户旅程是否顺畅）也会对活动效果产生重要影响。

接下来，列举一些在获客中常用的关键策略，以实现事半功倍的效果。

第一，结合热点事件开展活动。用户的注意力是一种稀缺资源，而热点事件往往自带流量红利。通过热点事件，可以有效地吸引用户关注。例如，拼多多的美国版Temu 在2024年美国橄榄球联赛超级碗期间播放了三条30秒的广告，总计花费2100万美元，这一举措使Temu 能够迅速在美国市场建立起品牌影响力。这也是许多内容投放或运营活动在主题设计上选择跟进热点的原因。此外，投放素材也应与这些热点事件配合。例如，如今大家普遍认为“双十一”期间各平台都会推出折扣优惠。

第二，优化整体拉新路径。拉新的核心策略包含投放率和转化率两部分。优化路径本质上是优化从用户曝光到最终目标激活行为这一用户转化漏斗。由于不同渠道用户的转化路径存在差异，因此可以细分到每个转化节点，并依据转化率加以优化。

第三，提升投放人群包的精准度。比如，若要获取年轻高收入群体，则可从现有产品已明确属于该群体的用户中筛选出人群包，并通过该人群包来优化投放引擎。

第四，优化首次触点。对于投放来说，信息流投放、网页广告、应用商店等任何获客渠道，都是用户接触平台的首个触点，也就是平台首次与用户接触之处。如果这些地方的信息无法吸引用户，用户就会流失。所以，持续优化这些触点十分必要，而且这也是投入产出比较高的一个方面。

第五，提供用户需要的信息。针对任何渠道的第一个触点，展示给用户的信息可依据用户分层或画像，打造成千人千面的内容。不同用户关注的内容各异，而触点页面的信息承载量有限。因此，应在尽量减少信息冗余的前提下，向用户反馈其需要的信息，消除他们的顾虑，提升信任度，进而实现用户转化。

第六，构建流量池。如果无法迅速将用户转化为激活用户，那么可考虑将用户引导至私域，其关键在于能够持续以低成本触达用户。设计完活动和转化路径后，需要思考在用户未转化时，哪些环节能够进行挽留，或者将用户转化到私域。

6.3 用户推荐与裂变的核心策略

在众多的获客策略中，用户推荐是经营者青睐的策略之一。为什么用户推荐会如此受经营者推崇呢？这是因为它不仅体现了用户对产品价值的认可，还具有极高的获客效率，其成本更是远低于传统广告投放。

在细分领域，用户推荐的优势尤为显著。它能够借助已有的社交网络迅速扩大用户群体。以小众爱好领域为例，用户在线下早已形成了社交圈。通过现有用户将产品推荐给圈内人，能够有效地触达更多潜在的用户。因为被推荐人往往更信任来自熟人的推荐，所以他们更容易对产品产生信任，进而提高转化率。此外，这种基于信任关系的推荐还会促使被推荐人在消费金额上表现得更为积极，愿意投入更多资金。

6.3.1 裂变活动分类与场景

在获客方面，设计推荐活动的目的通常是追求病毒裂变的效果，因此统一将用户推荐称为用户裂变。

用户裂变活动需要满足两个条件：其一，用户借助推荐人的社交渠道吸引更多用户；其二，被推荐的用户会继续向他人推荐，从而形成链式反应。通过利用用户的社交网络，企业不仅能够降低获客成本，还能够快速找到具有相似特征的目标用户。

在商业活动领域，一个营销活动若要成功实现裂变效果，通常需要在短时间内使病毒裂变系数（K系数，具体指每位用户平均成功邀请到的被推荐人数）大于1，从而形成扩散效应。然而，随着传播过程逐渐达到饱和状态，任何裂变活动的K系数最终都会逐渐降低，直至趋于零，此时传播活动也会随之停止。

在裂变活动中，种子用户是指那些已经在使用产品的用户，他们会通过推送信息或推荐入口参与到裂变活动中；而裂变用户则是指被推荐过来并开始使用产品的用户。若要判断一项业务是否适合开展裂变活动，那么可以从以下几个维度进行分析。

第一，隐私问题维度。部分用户由于重视个人隐私保护，可能不愿意向他人进行推荐。例如，在职用户群体在求职领域的裂变较难实现，因为他们可能不希望公开自己正在寻找工作的事实。然而，在大学生求职市场中，推荐行为则相对容易发生。这表明，即使是同一业务，不同用户群体对隐私问题的看法和接受程度也存在显著差异。

第二，服务匹配效率维度。一项业务是否能够满足大众化、高频次的需求，很大程度上决定了该业务进行裂变的可能性。例如，电商、视频、资讯和游戏类产品通常容易实现裂变，因为这些产品具有高频使用的特点。相反，购房、购车等低频交易业务则难以通过社交渠道找到同时有此类需求的用户，从而难以实现裂变。

第三，激励程度和稀缺性维度。用户对价格的敏感程度以及业务本身的毛利率会直接影响裂变效果。如果用户对价格不敏感，那么低佣金激励可能无法吸引他们参与裂变活动；而过高的激励力度则会显著压缩业务的毛利率。此外，激励物的稀缺性也会对裂变效果产生影响。例如，稀缺商品由于供应有限，因此难以实现大规模裂变。

第四，裂变活动的可持续性维度。裂变传播力度逐渐减弱的原因主要有以下几点。

- 人工干预因素：如果裂变活动流程中存在需要人工审核的环节，就会限制传播速度。
- 激励物的边际效应递减：互联网产品由于边际成本较低，因此易于传播。例如，热门视频的观看人数从1人增加到100万人，主要影响的是服务器承载量。然而，如果激励物是稀缺商品，那么由于其供应量有限，就难以实现大规模裂变。
- 业务本身的边际效应：利用错失恐惧症开展裂变活动时，虚拟物品可以通过逐层加价的方式吸引用户，但实体物品由于毛利率相对固定，因此难以实现边际效应递减。除非毛利率非常高，否则无法为每一层用户提供吸引力足够大的返佣。

因此，在实施裂变活动之前，需要全面评估业务是否符合裂变条件。如果核心业务本身不具备裂变特性，那么可以尝试将业务拆解，从中找到适合裂变的小闭环。例如，在教育行业中，直接对课程销售进行裂变难度较大，对体验课或前导课进行裂变则更符合裂变的特点。

6.3.2 设计裂变活动的要点

在设计裂变活动时，应首先从整体框架进行深入思考，构建起活动的基本架构，然后围绕每个维度展开细致且全面的规划。

下面介绍设计裂变活动的核心步骤。

1. 裂变活动整体设计

在设计裂变活动时，需要考虑以下三个方面。

（1）确定裂变种子用户与触达策略

裂变活动的成功离不开种子用户的选取和触达策略的制定。种子用户是裂变活动的第一批发起者，若要让用户持续参与活动并发起裂变，则需要尽可能巧妙地将裂变活动融入用户的日常使用场景。例如，在外卖点单流程结束后，适时派发红包；或者在骑行结束时，给予用户相应的奖励。如果不这样做，那么单独设计裂变活动就需要额外的曝光或流量倾斜，因为只有有了流量，活动才能实现裂变，否则，裂变就无从谈起。毕竟，用户的行为习惯很难培养起来，活动入口与用户日常使用场景的契合度越低，用户的自发参与度就越低。

在活动推广初期，尤其是当用户总量较少时，可以采用广撒网的方式来扩大活动的知晓度。对全体用户进行推送，并在应用界面中设置固定且醒目的推荐入口，方便用户随时参与。然而，当用户量逐渐增大时，频繁向全体用户推送活动信息，就可能会对部分用户造成打扰，反而引起用户反感。此时，精准定位种子用户就显得尤为重要。首先，需要明确种子用户的画像，通过数据分析等手段，找出符合特定条件的用户群体，然后针对这些用户展开持续的运营和维护。

一般来说，种子用户具备以下特征。

- 针对奖励型业务：如果业务呈现出用户平均客单价（AOV）和LTV 较低的特点，且推荐人和被推荐人的激励额度相对较小，那么下沉市场的用户往往是更合适的种子用户人选。因为下沉市场的用户通常具有更高的分享意愿，他们更有可能积极参与裂变活动，帮助活动实现传播和推广。
- 针对参与时间：不同年龄段的用户对时间的敏感度存在差异。中老年人和年轻人通常有更多的闲暇时间，参与各类活动的积极性较高，在裂变活动中的参与度也相对较高。而工作日的主力人群，比如上班族，由于闲暇时间有限，因此他们在工作日期间对裂变活动的参与度相对较低。

（2）利益分配

完成种子用户的筛选工作后，就需要深入思考如何激发用户参与裂变活动。在设计裂变激励机制时，既可以将热点内容与物质奖励相结合，也可以根据实际情况单独采用其中一种方式。而利益分配主要分为以下两部分。

- 推荐人的奖励：推荐人的奖励设定一般以渠道投放的获客成本作为参照标准。只要通过裂变方式获取新用户的成本低于或者接近渠道投放成本，就能够为推荐人提供与之等额的激励。值得注意的是，裂变所带来的新用户往往质量更高。从本质上讲，整个裂变激励物的设定能否清晰计算，关键在于对渠道投放成本的准确核算。
- 被推荐人的获利奖励：被推荐人的获利奖励可与新用户奖励保持一致。在大多数业务场景中，企业会为新用户提供一定的奖励措施和优惠政策，以此吸引他们使用产品或服务。

（3）裂变活动转化路径设计

裂变活动的转化路径设计需要针对推荐人和被推荐人分别进行。如图6-11所示，左图展示的是推荐人页面。在推荐人的落地页设计中，要突出奖励内容和奖励获取条件。页面设计应简洁明了，例如，通过直观的布局清晰展示邀请成功的具体条件，并提供邀请记录和获奖记录的查看入口，方便推荐人随时掌握自己的活动进展。右图是被推荐人的页面。对被推荐人的落地页设计而言，核心同样是突出其获利奖励和领取条件。基于裂变思维框架，我们需要围绕用户的动机和裂变玩法进行深入思考，不断完善活动流程和细节，从而提升裂变活动的整体效果。

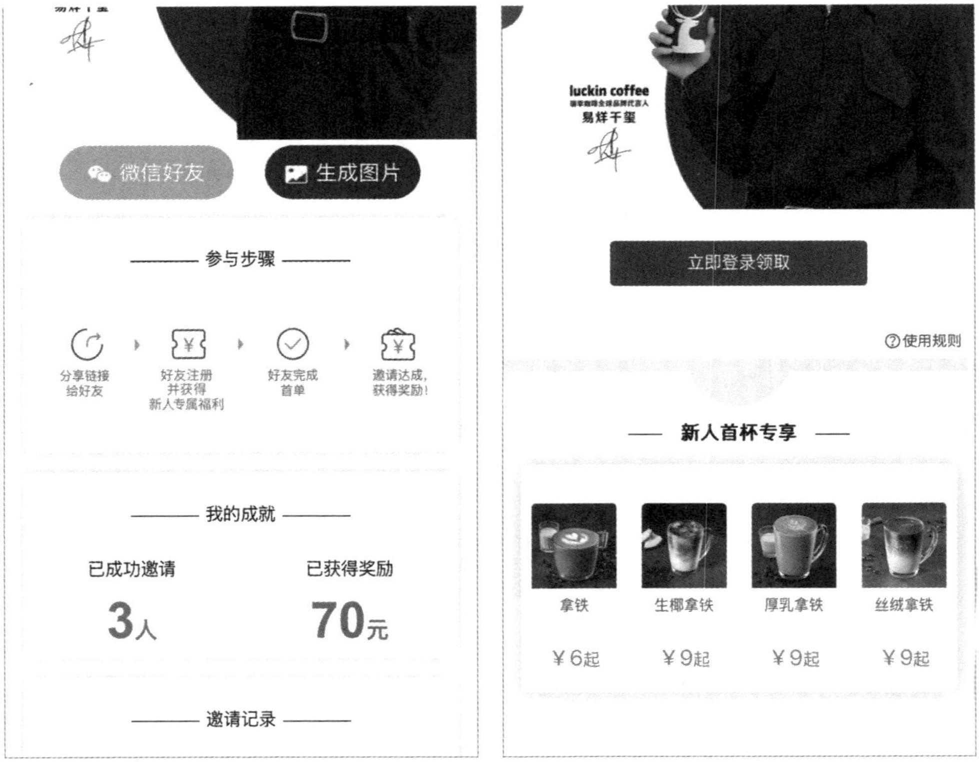

图6-11

2. 裂变动机

在明确了裂变目标并精准定位种子用户之后，需要重点思考种子用户愿意参与并分享裂变活动的原因。这一原因即为裂变动机，它是活动成功的关键。

裂变动机通常可以分为以下三类。

（1）获利

这是最常见的一种裂变动机，主要靠利益驱动。这种动机的优点在于用户参与门槛较低，很容易被吸引；缺点是成本相对较高，所以必须精确测算投资回报率。一般来说，通过裂变获取的新用户，在转化率和价值体现方面往往会有更出色的表现，这也使得基于获利动机的裂变活动在市场中较为普遍。

（2）自我表达（有趣、好玩）

自我表达动机可以与物质奖励相结合。例如，一些电商公司设计了互动性很强的游戏，用户在邀请朋友参与游戏的过程中，双方都能够获得红包或者优惠券。这类基于自我表达动机的场景主要包含以下两种典型情况。

- 展现自我：用户期望通过分享行为展现自身的认知水平或独特个性。就像微信读书的用户，他们热衷于将书中的精彩段落分享到社交网络，以此来表达自己的阅读感悟和思想见解。
- 寻找同类：用户在分享时，往往基于共同的兴趣或理念，将相关内容推荐给志同道合的朋友。这种分享行为的前提是所分享的内容必须契合种子用户的兴趣爱好。此外，还可以引入竞争机制，例如，设置排行榜等功能，通过激发用户的竞争心理和胜负欲望，促使他们主动分享。

（3）价值认同

基于价值认同的裂变动机所需的外部激励最少，用户的主动性却是最强的，这通常源于用户对产品品牌理念或价值的高度认可。以华为的用户为例，他们因为对品牌有着深厚的认同感，所以非常愿意主动向他人推荐其产品。

3. 裂变玩法

在分析裂变动机之后，需要将这些动机转化为具体的裂变玩法和清晰明确的活动规则。下面介绍主流裂变玩法的特点及其适用的应用场景。

（1）用户推荐用户

这是一种典型的老用户带新用户的玩法，被广泛应用于拉新场景。这种玩法没有设置成团的要求，原因在于拉新本身就具有一定难度，如果再设置人数门槛，就会大大增加用户参与的难度。通常情况下，用户只要成功拉来一个新用户，就能获得一次奖励，而且，此类活动的周期一般相对较长。考虑到拉新难度较大，为了提高用户的参与意愿，奖励通常是透明的，即所谓的“白盒”形式，让用户清楚知晓自己能获得的回报。

（2）瓜分和领取现金

这类活动一般以现金作为奖励手段，并搭配“黑盒”玩法。现金奖励具有强大的吸引力，能够快速吸引用户参与；而“黑盒”机制则可以在一定程度上控制现金补贴的总成本。在黑盒玩法中，用户虽然知道参与活动有机会获得现金，但具体的奖励金额在打开之前并不明确，这种不确定性增加了活动的趣味性和吸引力，同时也帮助运营者在保障活动吸引力的前提下，合理控制成本。

（3）助力活动

这是一种较为经典的裂变玩法，通常具有明确的成团概念。例如，在一个组团页面，若显示有3个加号或4个加号，用户就能清楚地知道自己需要邀请3个人或4个人组成团才能获得奖励（如图6-12所示）。此类活动的奖励规则通常是明确且透明的“白盒”形式，只要用户成功完成邀请任务，就能顺利拿到奖励。

在奖励类型方面，现金和实物与优惠券有所不同。由于现金和实物的成本相对较高，因此以现金和实物作为奖励的活动，其周期通常会设置得相对长一些，同时邀请门槛也会设置得相对高一些，以平衡活动成本和预期效果。

图6-12

（4）交易完成后分享

从名称即可看出，交易完成后分享的玩法对参与用户存在条件限制，仅完成购买行为的用户方可进行分享。例如，用户在饿了么平台下单后，系统会弹出分享窗口，邀请用户将红包链接分享给朋友，朋友领取优惠券后可用于再次下单。这种玩法在提升用户复购率以及拉新方面效果显著。已完成交易的用户对产品或服务有了一定的体验，其分享行为更具可信度和说服力，能够有效吸引新用户尝试，同时也为老用户提供了额外的福利，促进他们再次消费。

需要注意的是，裂变工具的玩法和呈现形态往往较为复杂且多样。上述内容仅为对主流裂变玩法主要特点的总结，在实际应用中并非所有工具都完全严格遵循这些描述，具体的玩法和规则会根据不同的产品特性、目标用户群体，以及运营策略进行灵活调整和创新。

6.3.3　裂变效果评估

完成用户裂变活动的设计后，接下来需要构建一套用户裂变的数据指标体系。该体系主要分为两部分：首先，要实现对被推荐人的来源归因，即能够清晰明确地追踪每一个被推荐人是由哪个具体的推荐人邀请而来的；其次，需构建一个全面的裂变评估体系，通过一系列数据指标，对裂变效果进行有效衡量。

下面依据这些指标的业务价值，采用价值分类的方式对裂变活动进行评估。通常会从活动吸引力、传播率、推荐转化率、成本和风控这五个维度来评估裂变活动（如图6-13所示）。其中，前三个维度主要用于评估裂变的业务成效，通过这三个维度，可以全面考量裂变活动的业务表现。

工具类型	指标	计算口径
活动吸引力	活动触达用户	活动触达的用户数
	参与活动用户	进入落地页的用户数
	分享率	分享活动用户数 / 参与活动用户数
传播率	用户发起的邀请次数	用户一共发送多少次邀请（去重计算）
	*K*系数	完成激活的被推荐人数 / 推荐人数
	二次分享率	（完成激活的被推荐人数−种子用户推荐获取的人数）/ 种子用户推荐获取的人数
推荐转化率	被推荐人参与率	进入落地页的被推荐人数 / 被推荐人数
	被推荐人过程转化率	完成过程目标的被推荐人数 / 进入落地页的被推荐人数
	被推荐人激活转化率	完成激活的被推荐人数 / 被推荐人数
成本	被推荐人的获客成本	被推荐人的成本+推荐人的成本+渠道成本/ 完成激活的被推荐人数
风控	异常用户数	发生异常行为的用户数

图6-13

值得注意的是，由于裂变活动存在被黑产利用的风险，因此在评估时，需要着重关注正常裂变用户所产生的裂变成本，并深入分析裂变活动吸引了多少异常的黑产用户。这样可以全面评估裂变活动的整体质量和风险状况。

1. 活动吸引力

活动吸引力主要从整体上观测用户看到活动后的参与意愿。种子用户数指的是裂变活动触达的用户数量，而参与活动的用户数以及分享率都能体现出活动本身的吸引力是否足够高。这些指标能够为我们选择用户画像、确定用户投放触点以及设计落地页提供指导。各指标的计算口径如下。

- 活动触达用户：主要是指裂变活动通过 Push 消息、弹窗等形式触达的用户数量。
- 参与活动用户：指点击触达信息后，进入裂变活动落地页的用户数量。
- 分享率：即分享活动给好友的用户数除以参与活动的用户数所得的比例。

2. 传播率

传播率用于考核活动裂变的传播能力，主要涉及三个指标：用户发起的邀请次数、*K*系数和二次分享率。这些指标有助于我们更清晰地了解活动的传播力度。各指标的计算口径如下。

（1）用户发起的邀请次数

它表示用户一共推荐过多少个好友或者推荐了多少次。需要说明的是，通过邮箱和手机号可以统计推荐好友的具体数量，而在微信生态中，只能统计到分享次数。

（2）*K*系数

*K*系数是衡量产品或服务通过现有用户推荐带来新用户能力的指标。它有两种度量方法：转化路径的*K*系数和转化结果的*K*系数。

1）转化路径的*K*系数。裂变过程可以拆分为推荐方和被推荐方的转化两部分。对于转化路径的*K*系数，其公式为：

- *K*系数 = 平均邀请的人数 × 邀请转化成功率

其中，平均邀请的人数用于衡量每个推荐人向多少个好友发出推荐邀请，其计算公式为：

- 平均邀请的人数 = 被推荐人总数 / 推荐人总数

邀请转化成功率用于衡量被推荐人最终完成指定动作的转化率。若以激活作为最终指定动作，则公式为：

- 邀请转化成功率 = 完成激活的被推荐人数 / 被推荐人总数

这两个公式能够清晰地呈现裂变过程，对于推荐人和被推荐人的效果都能一目了然。它们比较适用于以邮箱或手机号作为推荐渠道的业务，因为这些渠道可以统计发送用户的数量。

2）转化结果的*K*系数。鉴于大部分裂变活动基于微信生态开展，在技术上通常难以统计推荐人每次邀请的被推荐人数量，因此不方便进行过程化统计。针对微信生态的裂变，更常用的计算裂变结果的*K*系数公式如下：

- *K*系数 = 完成激活的被推荐人数 / 推荐人总数

在上述两种*K*系数的计算方法中，一种是分别查看推荐人和被推荐人的转化情况，另一种则着眼于整体的转化情况。然而，这两种方法都未考虑链式反应中被推荐人处于第几层裂变。也就是说，通过当天或当周的数据，我们无法知晓被推荐人的推荐者是被触达参与活动的用户还是之前的被推荐人。尽管如此，这种时间切片数据已足以观察*K*系数（即裂变速度）。

（3）二次分享率

若要考核裂变的传播力度，则可借助二次分享率指标。二次分享率用于衡量裂变力度，它反映的是有多少被推荐用户并非由种子用户直接带来，而是通过二度人脉甚至多度人脉获取的。其计算公式为：

- 二次分享率 =（完成激活的被推荐人数– 种子用户推荐获取的人数）/ 种子用户推荐获取的人数

3. 推荐转化率与其他指标

推荐转化率的相关指标更关注被推荐人接受邀请后的转化情况，各指标计算口径如下。

- 被推荐人参与率：进入落地页的被推荐人数除以被推荐人数。该指标主要用于了解对活动感兴趣并参与其中的被推荐人比例。

- 被推荐人过程转化率：完成过程目标的被推荐人数除以进入落地页的被推荐人数。
- 被推荐人激活率：完成激活的被推荐人数除以被推荐人数。被推荐人的过程转化率和激活率有助于我们了解被推荐人的整体转化情况，以及明确在达成最终目标过程中可能存在的卡点。

除了评估业务效果，成本评估同样不可或缺。成本评估涵盖两部分：其一，整体裂变成本，也就是被推荐人的成本。例如，在成团的裂变活动中，需要向所有团员发放优惠券，此时就需要计算推荐人和被推荐人的成本。其二，渠道获客成本，例如，通过短信发送邀请相较于微信裂变，会额外增加渠道获客成本。

最后，风控对监控黑产至关重要。在当前渠道获客成本高昂的背景下，任何裂变活动都必须重视黑产问题。即使裂变奖励低于渠道投放成本，这也是一笔不小的开支，很容易吸引黑产介入。如果门槛设置得过低，例如，以注册作为激励条件，那么黑产就会想尽办法伪装成正常用户来骗取激励。此时，风控将监控到大量异常用户。

因此，在设计裂变活动时，必须在规则上考虑如何防范黑产。比较好的方式是将补贴形式与拉新目标相结合。例如，如果目标是获取购买课程的用户，则可以设置规则为被老客邀请的新客购课可享受折扣；如果目标是获取电商用户，则可以设计规则为被邀请的新客首次购买享受优惠。只有当被推荐人完成激活购买后，推荐人才能获得激励。这种规则设定能够确保获取的用户符合我们的目标，同时也能有效防止黑产介入。

需要注意的是，使用现金或类似现金的奖品作为激励物的裂变规则，尤其是将其用于被推荐人的裂变目标时，可能存在被黑产攻击的风险。因为此时激励物已经脱离了业务场景，如果目标容易达成，就很容易吸引非目标用户或黑产。现金激励物可能会扭曲用户的真实行为，使用户为了获取奖励而迎合规则。不过，只要整体收益划算，一定程度的“薅羊毛”行为是可以接受的。关键是要在正常用户的转化率和提升黑产作弊门槛之间找到平衡点。

另外，在设计裂变活动时，还需要针对可能出现的异常行为或异常用户构建监控指标并加以监控。

小结：拿来就用的模板

拉新思考框架	解释说明	我的思考
1.判断业务是否适合线上投放	是否能够形成网络效应	
	是否为面向全国的在线业务	
	毛利率是否足够高，或者用户生命周期价值足够大，足以分担线上CAC	
2.构建渠道评估体系	业务的用户价值和商业价值是什么	
	哪些用户，以及他们的行为对平台有真实贡献	
	投放预算为多少，预计获客目标是多少，以及底线的CAC是多少	
	激活用户后续贡献的LTV是多少	
	付费渠道的CAC和总体费用的CAC分别是多少	
3.评估拉新渠道质量	每个渠道目标用户和人均CAC是多少	
	基于当前渠道投放的情况，哪些渠道应该扩量，哪些渠道应缩减预算	
	活跃用户数、订单数与CAC之间的关系是怎样的？在全部获客用户中，免费渠道的占比是多少？这一比例是否在逐渐提升？此外，免费渠道中用户来源的构成是怎样的	
4.拉新的年度策略	当前业务中的用户画像、产品定价、产品服务和选择的渠道是否互相匹配	
	目前各渠道的数据转化情况如何？为了完成目标，需要将哪些指标优化到什么程度	
	针对投放，需要构建哪些获客渠道的长期能力	

第7章

激活购买的核心策略

7.1　总被忽视的高价值环节：激活

在互联网行业竞争异常激烈的当下，用户的迁移成本极低且缺乏耐心去长时间深入了解一款产品。因此，如果产品在初期无法让用户迅速理解其价值，那么用户就会快速离去。而硅谷增长黑客理论的创始人Sean Ellis也曾指出："在增长黑客框架中，第一步是激活。这意味着要让用户在首次接触产品时就体验到'啊哈时刻'，察觉到产品的价值，从而更有可能持续使用。"由此可见，激活环节若处理不当，用户就会流失。

1. 激活收益高

激活是连接拉新与留存的关键纽带。如果用户未被激活，就无法体验到产品的核心价值，而拉新获客的任务就未真正完成。从留存角度来看，激活环节的干预至关重要。通过提升激活率，留存曲线也会随之提升。这意味着，因激活率提升而新增的用户会在后续时间里持续留存，并贡献新的价值。

如图7-1所示，假设某产品当日新增了1万名用户，其中渠道1的用户激活率较高，次日留存率达到40%，而渠道2的用户激活率相对较低，次日留存率仅为30%。那么在这1万名新增用户中，渠道1的次日留存用户为4000人，而渠道2的次日留存用户只有3,000人。随着时间推移，激活率更高的渠道1的用户留存数量和价值会持续高于渠道2。

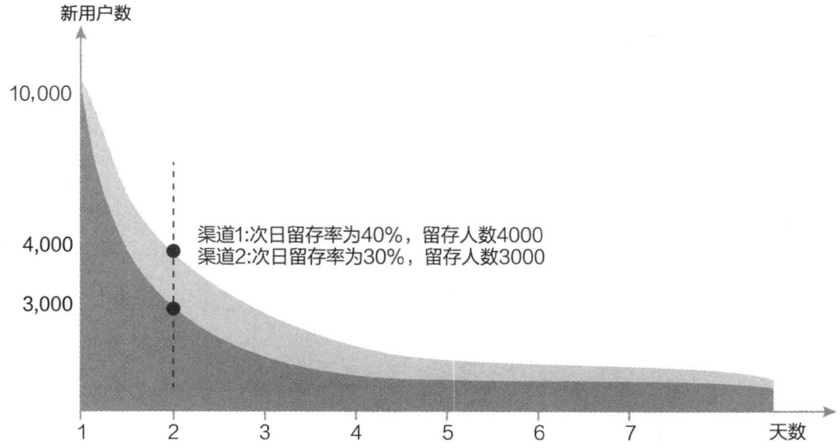

图7-1

2. 激活环节容易被忽略

尽管许多公司已经依据增长模型对组织架构进行了调整，但激活环节依旧是容易被忽视的部分。拉新部门的运营人员通常更关注直接的业务指标完成情况；产品人员则更专注于核心功能和基础产品能力的建设；市场团队则侧重于渠道扩展、预算调整和投放效果。在这种情况下，激活环节往往沦为产品、运营、市场三方都不太主动关注的“真空地带”。

然而，实际上无论是运营、产品还是市场团队，只要投入一定精力去优化激活环节，往往都能带来显著的业务收益。激活环节蕴含着大量易于摘取的“低垂果实”，投入产出比极高。在绝大多数情况下，仅仅重新梳理一遍激活流程，就能发现许多可以持续优化的空间。

7.2 如何寻找激活的关键点

不同业务对于激活的定义有所不同，但其核心都是让用户迅速了解产品或服务的价值，并激发他们继续使用的意愿。当用户首次体验产品或服务后，就会产生一种明确的感受，迎来“啊哈时刻”，即清晰了解这个产品的用途。在用户首次使用产品时，为他们带来这种惊喜体验是从感性层面成功实现用户激活的关键所在。

7.2.1 优化激活的整体思路

在实际的业务中，我们该如何探寻激活策略并构建激活的核心框架呢？激活的核心目标是让用户尽快认可产品或服务的价值。因此，我们首先要明确产品究竟为用户提供了哪些核心价值，并将这些核心价值作为观察激活的切入点。然后，以终为始地构建留存曲线，其核心目的是让用户在短时间内充分认可产品的价值，从而实现持续留存和长期使用。

在构建留存曲线的基础上，需要进一步结合业务属性确定激活周期。对于核心功能明确的产品，要洞察用户激活窗口和用户使用核心功能的次数；而对于功能相对多样的业务，除了引导用户使用核心功能，还可以引导用户体验与留存有强因果关系的功能。在激活窗口期内完成这些功能的多次体验，以此提升用户留存率。

最终，通过实验验证这些关键行为是否确实提升了用户的激活率。提升激活指标与提升商业收益有着明确的因果关系。一旦提升激活指标，用户就能够快速体验到产品的核心价值，进而提升用户的激活率和整体留存率。激活和留存的提升会增加用户使用产品的频率和时长，从而增强用户对产品核心价值的感知，最终使商业收益的提升水到渠成。

1. 明确激活环节

首先，企业必须明确提供给用户的核心价值。以电商平台为例，用户购买商品这一行为就意味着他们在体验电商平台的核心价值；而对于资讯或短视频平台来说，用户花费时间浏览内容，便是在体验其核心价值。当用户产生相关需求时，企业自然期望这些用户会选择使用自家产品，进而实现用户留存。

在明确了核心价值，以及用户持续使用哪些产品或服务可算作留存之后，下一步就需要确定激活的时间窗口。确定激活的时间窗口主要有以下两种方法。

（1）按业务逻辑明确激活窗口期

对于新产品而言，由于尚未完整掌握用户的留存周期，因此可以依据对业务的理解来进行判断，并根据产品的需求频次确定激活窗口。比如，电商、出行、餐饮等被高频使用的产品，其激活期一般在3天到1个月不等。这里需要注意的是，激活期并非指用户从注册到首次使用产品的时间，而是用户从注册开始，到相对稳定地留存下来并稳定使用产品的时间。

（2）按当前业务形态明确窗口期

在实际业务中，工作一般分为获客和留存两部分。如今，新用户获取的责任几乎都要延伸到激活阶段。首先，根据用户使用核心功能的情况拟合留存曲线，然后观察曲线的拐点，也就是用户留存曲线变平稳的阶段，拐点前所对应的时间就是新用户的激活周期。更严谨的做法是对留存曲线求二阶导数，以此得到留存曲线的拐点。

在实际业务操作中，部分业务人员负责提升新客激活率，另一部分业务人员负责提升老客的留存率。业务方需要根据优化结果不断尝试缩短激活周期。在激活周期内，业务方不仅要让用户首次使用产品的核心功能，体验到产品的“啊哈时刻”，还需要帮助新用户养成使用习惯，使其认可产品的核心价值，这些工作通常由拉新团队来具体实施。

2. 洞察激活的三个维度

提升激活率的方法可以从以下维度展开思考。

首先，要判断用户对所提供的核心价值是否满意。最简便的方式是查看留存率，观察随着时间的推移，留存情况是趋于稳定还是持续下降。如果留存率持续下降，则说明产品的核心功能未能充分满足用户需求，此时就需要对其核心功能进行持续优化。

其次，需要助力用户发现产品价值。对于激活流程简短或功能聚焦的产品，如网约车、地图、网盘、笔记和长短视频等，尽管它们功能丰富，但核心业务路径较短，核心功能突出，因此这类产品核心功能的激活使用显得尤为重要。而对于功能多样、流程复杂的业务，如社交、电商、金融等产品，虽然最终以核心功能的使用作为激活目标，但在此之外，将用户引导至与核心产品或服务关联紧密的其他功能，或者使核心交易环节前置，让用户感知到产品价值，也是有效的激活策略。以脉脉为例，它具备聊天、加好友、职场信息、求职和建立个人简历等功能。创建简历是基础功能，能让用户留存的行为可能是聊天、浏览信息等。因此，除了关注核心功能的使用，还应留意哪些行为与交易环节紧密相关，并对这些功能进行优化运营，降低用户使用门槛。例如，金融产品中，用户在购买前往往需要更新个人信息，并依据新手引导完成一些配置才能实现购买。

在上述过程中，激活策略的核心是确保目标用户在特定时间内完成关键行为的次数，或者说体验核心价值的次数。这既涉及时间因素，也关乎用户的感知强度。在激活窗口期内，用户的感知越强烈，就越容易留存下来。因此，企业需要通过优化产品功能、引导用户行为等方式，让用户在短时间内充分体验到产品的核心价值，从而提升激活率和留存率。

此外，对于内容丰富的业务，洞察激活还可聚焦于用户需求的匹配，并通过对匹配情况的洞察来优化激活策略。一方面，要审视渠道引入的用户是否为目标用户。例如，对于面向高消费人群的电商平台，转化率的考量首先要看各渠道引来的用户是否具备相应的购买力。另一方面，要重点关注内容匹配问题，即能否迅速向用户推送其感兴趣的内容。

3. 度量激活效果

我们应从哪些角度来度量激活效果，进而评估策略是否切实提升了激活环节的效率呢？主要可以从以下三个维度进行观察，这些数据最终会反馈到用户从首次激活到后续留存的转化看板上（如图7-2所示）。

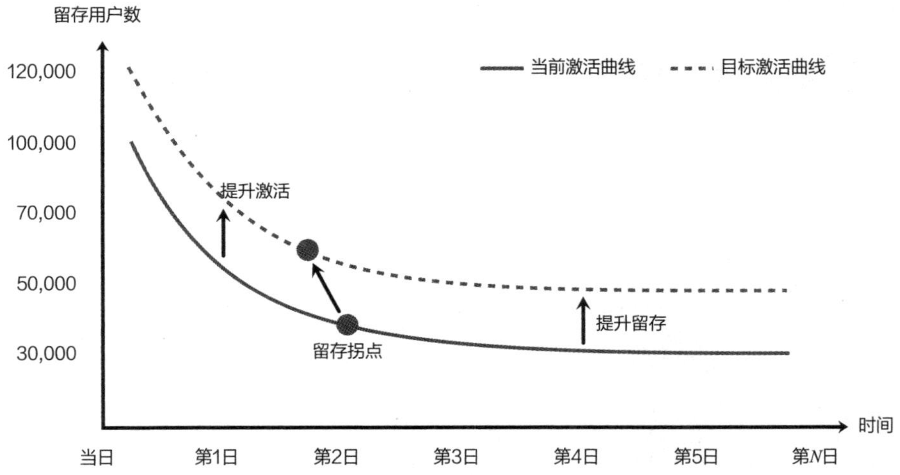

图7-2

第一， 激活率的提升。如果激活阶段的激活率提高，那么整体的用户激活量也会随之增加。

第二，激活速度的加快。在相同的转化周期内，激活用户的速度会加快。具体表现为从激活到留存曲线的拐点前置。拐点前置意味着激活周期缩短，用户能够更快地体验到核心功能，进而更快地留存下来。

第三，留存曲线的上升。整体留存曲线会上升，表明更多的用户在激活后选择持续使用产品。

此外，还可以从用户交易行为的维度进行观察。在激活周期中，用户的交易次数和交易单价通常会有明显提升。

综上所述，通过综合衡量激活率、激活速度、留存曲线，以及用户交易行为等维度，可以判断激活策略是否对用户激活阶段行之有效。

7.2.2 寻找激活关键点的策略

若想让用户尽快发现并体验到产品的核心价值，那么可从以下三个维度入手优化激活策略（如图 7-3 所示）。

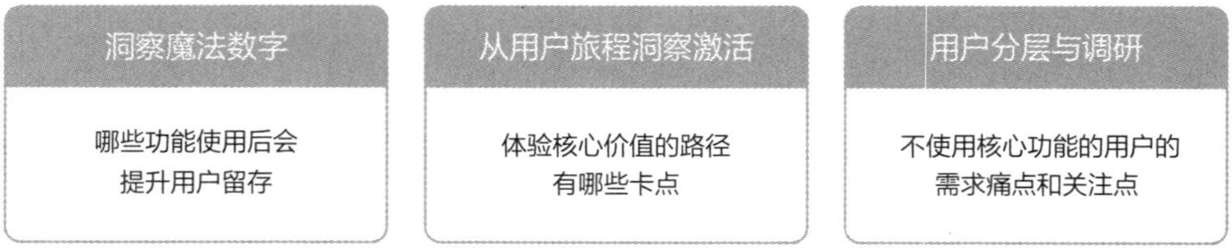

图7-3

1. 洞察魔法数字

利用“魔法数字”的目的在于引导用户多次使用产品的特定功能。当用户使用这些功能达到一定次数后，就更有可能留存下来。其核心策略是观察用户在特定时间窗口内完成的关键动作，这些关键动作能够带来高于平均水平的留存率。

我们之前已经探讨过如何确定激活的时间窗口，接下来便是定位关键动作。我们需要深入分析高留存行为次数与留存情况之间的关联程度，进而锁定关联程度最高的行为次数。也就是说，当用户完成该行为特定次数后，其留存率会显著提升。这就是从功能层面洞察“魔法数字”的完整思路，而我们的最终目标是找出与高留存率紧密相关的行为及其对应的次数。

激活指的是用户首次活跃，而留存则意味着用户的持续活跃。我们不妨以终为始，先确定所有用户的留存情况。一般来说，留存曲线是依据使用了产品核心价值的用户后续活跃情况来绘制的（如图7-4所示）。

（1）对比留存，定位关键行为

在全面了解所有的用户留存率较低的情况后，我们可以按以下步骤来定位关键行为。

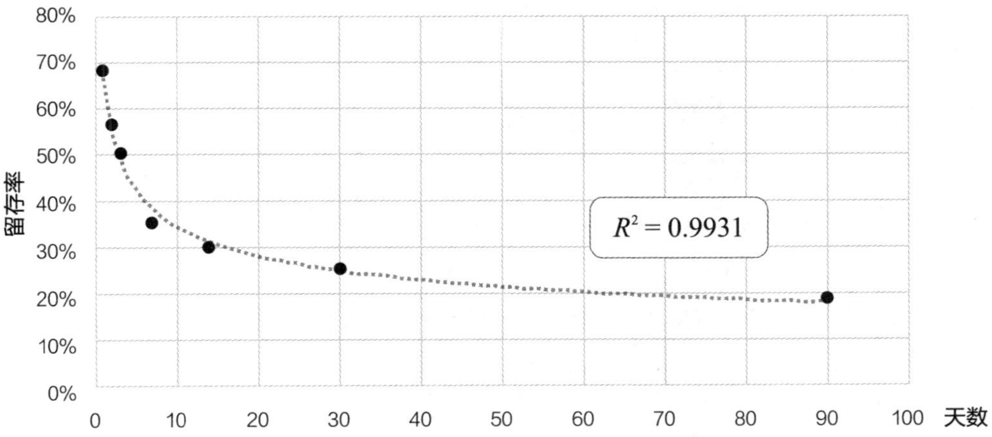

图7-4

第一步：单项行为留存曲线对比。将用户是否发生某一行为的留存曲线与整体留存曲线的平均值进行对比。以一款职场社交软件为例，用户可能产生的行为包括浏览文章、浏览信息流、回复帖子、点赞评论、发布问题、发布简历、添加好友、与猎头沟通等。其中，“与猎头沟通”这一行为既体现了用户价值，又体现了商业价值。因此，我们可以将其视为核心留存行为，并依据是否与猎头沟通来绘制留存曲线。

第二步：功能使用与否的留存曲线对比。这一步是将使用过某项功能的用户留存曲线和未使用过该项功能的用户留存曲线进行对比。由于此阶段的目标是定位关键行为，因此在绘制留存曲线时，计算口径应设定为用户在发生该行为后，是否持续与猎头沟通的留存情况。图7-5对比展示了某功能使用与否的留存曲线。

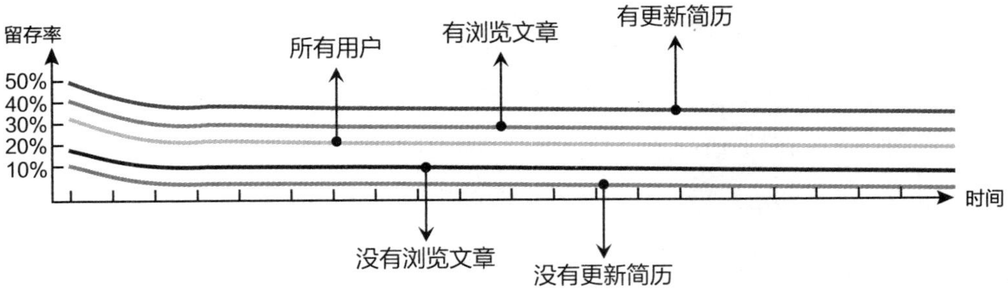

图7-5

第三步：筛选留存差异显著的功能。挑选出那些使用过和未使用过某项功能的用户留存情况差异巨大的功能。例如，在职场社交应用中，浏览文章、更新简历这两项功能，使用与否对用户留存的影响截然不同。如图7-6所示，我们分别对比了使用与未使用点赞文章、评论文章、浏览文章、更新简历、添加好友等功能的用户，观察这些功能的使用情况对用户与猎头沟通的影响。假设使用过某功能的留存相关系数为*R*1，未使用过该功能的留存相关系数为*R*2，那么*R*1与*R*2的差值越大，表明该功能对核心功能（与猎头沟通）的留存影响就越大。通过这种方式，我们就能确定在激活窗口期内，引导用户进行哪些行为更有助于提高用户留存率。

用户行为	有该行为的留存率*R*1	无该行为的留存率*R*2	*R*1−*R*2
点赞文章	45%	15%	30%
评论文章	40%	20%	20%
浏览文章	35%	20%	15%
更新简历	35%	25%	10%
添加好友	50%	35%	15%
……	……	……	……

图7-6

（2）确定魔法数字

在明确了哪些相关功能的使用对核心功能留存影响最为显著之后，接下来便是确定用户在窗口期内使用该功能的具体次数，以使用户养成使用习惯，进而实现更好的留存效果，这就是确定最终的“魔法数字”。

由于不同业务的用户激活周期存在差异，通常情况下，用户留存进入稳定状态大约需要3 到4周时间。这意味着，我们应当尽可能促使用户更早地完成激活，因为随着时间的推移，让用户再次感知产品价值的难度会越来越大。

这里仍以职场社交应用为例，假设该产品用户在 15 到 30 天的时间内留存情况会逐步趋于稳定，那么我们可以通过以下方法找到一周用户点赞文章次数与留存之间的关系，从而找到“魔法数字”（如图 7-7 所示）。

一周点赞文章次数	人数	次周留存率
0	4,000	20%
1	3,200	34%
2	1,900	37%
3	800	42%
4	400	47%
5	150	50%
总数	10,000	32%

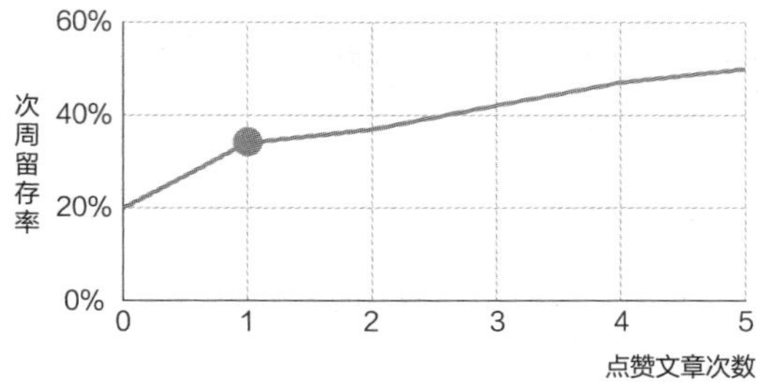

图7-7

首先，基于一周内点赞文章的人数及其次周留存情况，生成相应的图表。接着，结合该图表，将留存率与点赞次数对应起来，绘制出图7-7右图的曲线。在该曲线图中，我们所看到的曲线拐点即为“魔法数字”。这一数字所对应的行为次数与用户留存之间的关系最为明显。虽然在达到该次数后，点赞文章次数继续增多会使用户留存率进一步提高，但可以明显观察到曲线增速逐渐放缓，这表明投入产出比开始降低。

2. 从用户旅程洞察激活

除了洞察“魔法数字”，观察用户使用核心功能的路径效率也是一种常用的激活洞察的方法。而洞察激活路径效率最常用的工具是用户漏斗分析。

（1）洞察用户漏斗分析

肖恩·艾利斯（Sean Ellis）曾指出，测量转化率的最佳途径之一是创建漏斗报告，它不仅能显示用户旅程中每个关键步骤的用户比例，还能显示每个环节的流失率。

在业务流程相对固定的情况下，我们可以依据最终核心功能的路径转化来创建漏斗。通过这个漏斗，我们能够观察用户在业务流程中必经的环节，以及这些环节之间的转化率。按照每个环节的用户转化数量创建漏斗，并将相关数据转化为图形化的漏斗展示，有助于我们更直观地发现转化折损率高的环节。

通过转化漏斗，我们可以很容易地发现存在明显折损的地方，这些地方就是关键的优化点。如图7-8所示，从落地页到注册页，仅有30%的用户完成转化，

70%的用户流失；从注册页到登录，流失情况也较为明显，有40%的用户流失。然而，一旦用户完成激活，后续节点的转化率接近90%，损耗并不严重。通过分析转化过程中的折损情况，我们就能找到关键的优化点。

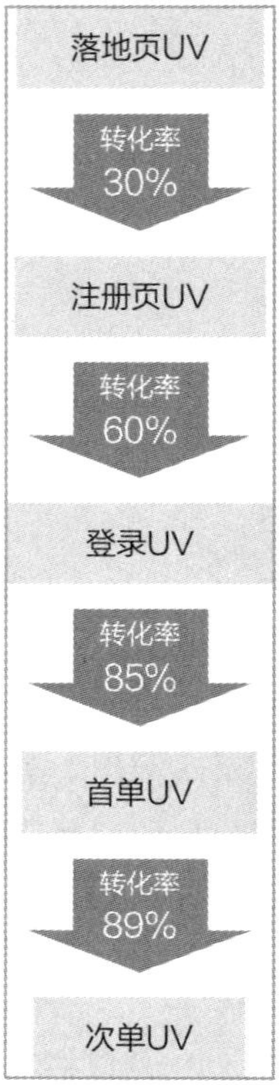

图7-8

在制作漏斗数据时，需要注意以下四点。

第一，明确转化周期。即确定从起点到目标功能所需的时间。一般可以根据业务的使用频次来选择转化的时间窗口，也可以将新用户激活的时间作为窗口期，观察在这个周期内用户到达最终核心交易环节时，转化漏斗的效率状况。

第二，确定转化环节顺序。要清晰地明确每个转化环节发生的先后顺序，即下一个转化节点必然发生在上一个转化节点之后。在实际业务中，部分产品的用户旅程在行为顺序上具有必然性。例如，在金融行业，用户必须先完成身份验证，才能购买保险等金融产品，这两个用户行为的先后顺序是固定的。然而，在有些情况下，用户行为或业务节点的顺序并不固定，此时就必须明确转化的顺序。在漏斗计算中，必须进行条件判断，确保只有完成上一节点的用户，才能进入下一节点的计算，否则，会出现漏斗后续节点用户数大于前面节点用户数的不合理情况。在构建业务节点顺序不明确的漏斗时，尤其要留意这一点。因为在实际业务中，用户使用产品的路径并不唯一，不同顺序的转化漏斗会呈现出不同的用户路径。

第三，明晰统计维度。要确定漏斗的统计维度是基于用户数还是用户行为。漏斗既可以针对用户数构建，也可以针对用户行为构建。如果关注的是用户是否激活转化，那么以用户数来构建漏斗会更合适。

第四，适配产品类型。漏斗相对更适用于路径单一的产品进行激活转化分析。

（2）找到交易路径的关键点

当产品的用户转化路径较多时，用户不一定会遵循我们预先设定的转化漏斗进行转化。面对这种复杂的情况，可以先查看桑基图。桑基图能够直观地展现用户旅程，尤其是当用户旅程比较复杂时，它能清晰地表现出用户的使用习惯，帮助我们了解用户行为。通过桑基图，我们可以找到主流流程，确定转化漏斗中的关键步骤。如果用户量庞大，那么桑基图还能帮助我们识别主要的转化路径（如图7-9所示），从而更精准地定位优化点。

产品平台	用户路径	流量比例	激活转化率
点赞文章	首页—搜索—商品详情—购物车—支付中心—下单完成	4,549,241	24%
	首页—推荐位—商品详情—支付中心—下单完成	1,239,097	13%
	首页—直播—直播间—商品详情—支付中心—下单完成	1,440,296	19%
评论文章	首页—搜索—商品详情—购物车—支付中心—下单完成	938,465	12%

图7-9

从图7-9中可以看到，用户购买产品无疑是核心价值的体现，但购买产品的转化路径并非单一。有些用户会通过搜索进行购买，有些用户则会通过推荐来购买，不同的转化路径在不同平台上的转化率也会有所差异。

对于转化路径较多的产品，每一条路径都相当于一个独立的漏斗。在分析时，我们首先应关注那些流量大但转化率低的路径，思考是否需要弱化这些路径对应的功能入口，或者检查这些转化漏斗中是否存在折损明显的环节。其次，查看流量较大的转化路径中，折损严重的环节是否具有趋同性。通过这种方式，我们可以定位到那些投入产出比高的激活环节，从而针对性地进行优化。

（3）洞察节点转化速度

在明确哪些业务节点的转化率较低后，我们还可以进一步洞察节点之间用户的转化速度，即用户转化所需的时间分布情况（如图7-10所示）。

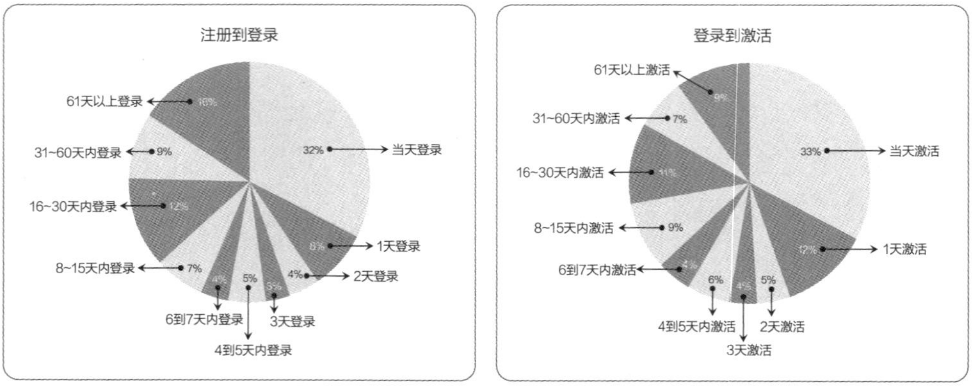

图7-10

漏斗图侧重展示某个时间段内用户的转化情况，而时间分布图则侧重展示转化的速度。例如，漏斗图显示的是两周内用户从落地页注册到下单购买产品的转化情况，而图7-10中的饼图则显示的是从注册页到下载 App 后登录，以及从登录 App 到下单购买激活的节点转化速度。从饼图中可以看到，一半以上的用户在 4 天内完成转化，其余用户则需要在之后的10天内才能完成转化，这表明整体转化速度较慢。

同样，从登录 App 到激活的转化速度也较慢，有一半以上的用户在5天内完成转化，而其余用户则在后续的10天内才完成转化。使用节点转化饼图的最大好处是可以清晰地看到用户转化过程在时间上的分布情况。通过饼图，我们可以进一步了解转化率低的节点之间的具体用户转化周期，从而更好地判断优化空间。

3. 用户分层与调研

无论是“魔法数字”分析，还是用户漏斗分析，本质上都是围绕产品价值发现与产品转化展开的。而激活洞察还有一个重要维度，即从用户层面着手。要知道，对于不同渠道或策略，用户的激活效率可能会有所不同。此前，我们从定量角度找出了用户不转化的环节，并锁定了问题所在。在对用户进行分层后，便可以从定性角度分析用户最终不转化的原因，这就需要借助用户调研做进一步定位。

在此过程中，用户样本的选取至关重要。我们既可以选择注册后未发生核心交易行为的用户，也可以对已激活的用户展开访谈，并结合数据指标体系中的转化率节点，询问用户当时的使用情况。在收集用户问题方面，成本最低的方法是客服听音。但这种方法受用户数量和业务特点的影响较大。另一种可行方法是主动外呼或进行用户访谈，针对激活相关的访谈问题，宜采用相对封闭的形式，主要围绕几个转化点，询问用户为何没有转化。通过这种封闭性问题进行用户调研，更容易了解用户未转化的原因。

最后，将用户反馈的问题进行归类整理，明确各类用户问题所占的比例。如此一来，我们就能洞察到节点之间用户不转化的原因，并依据这些原因制定相应的激活策略。

7.3 优化激活的策略框架

在针对激活环节构建数据监测看板，并对转化率较低的节点展开更深入的分析和用户访谈后，接下来便要针对激活环节的策略框架进行优化。

通常情况下，产品的目标大致可分为两类：一是促使用户使用产品，二是引导用户购买产品。从抽象层面看，这两类目标本质上都是产品与用户之间发生的交易行为。其中，有些交易体现为用户投入时间，而有些则表现为用户支付金钱。因此，激活可以被视作我们与用户之间的首次交易。既然如此，我们便能够借助用户交易模型（如图7-11所示），从多个维度去思考提升交易成功率的策略。

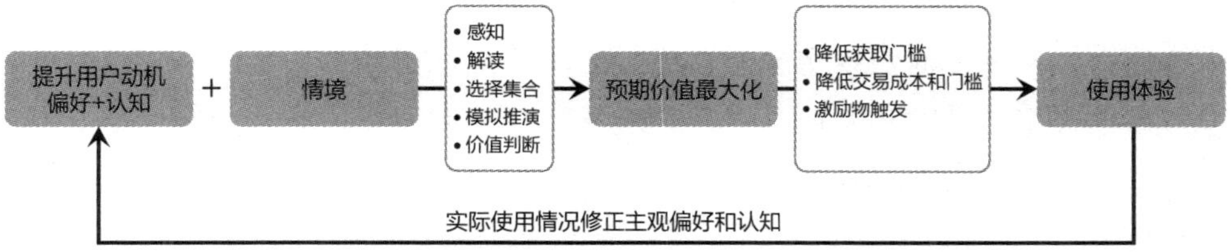

图7-11

从用户交易模型来看，用户往往会在特定情境下产生交易动机。在这个过程中，用户自身的偏好和认知会影响他们对不同产品的选择。此时，我们可以采取的措施是向用户提供更丰富的信息，以便让他们切实感知到产品的价值。当用户感知到价值后，他们会对其进行解读，并寻找与之匹配的产品功能组合。最终，用户会基于自身判断，选择使用他们认为预期价值最大的产品。

当用户做出决策并开始使用产品时，使用产品的行为涉及各种使用成本。首先是用户获取产品的门槛。对于在线产品，获取产品后还包括使用交互界面的成本和门槛。在这个过程中，激励措施能够有效提升用户的动机与意愿，从而助力完成激活。例如，提供奖品或者为新用户给予特别的价格补贴等。总体而言，用户选择使用我们的产品实际上是一个逐步消除顾虑、提升信任度的过程。可以说，信任是能否促成交易的关键因素。

用户完成产品使用后会形成自身的使用体验。这种实际的使用体验又会反过来修正用户原有的偏好和认知。因此，后续的整体激活策略将依据交易模型的各个层面进行详细阐述。

7.3.1 提升用户的购买动机

提升用户购买动机的具体方法既可以包括产品营销、活动营销，也可以包括货品营销。这些方法都可以有效激发用户的兴趣和需求，从而提升他们的购买意愿。通常情况下，提升用户购买动机的方式有以下几种。

1. 兴趣营销

兴趣营销是指通过在产品或营销活动中增加用户感兴趣的IP或内容来激发用户的购买动机。例如，肯德基当年推出的爆款可达鸭便是兴趣营销的典型案例（如图7-12左图所示）。当时，用户购买肯德基套餐就能获得可达鸭玩具，这一举措使得用户在面对快餐选择时，更倾向于选择肯德基，甚至在一些二手平台上，也出现了可达鸭相关商品供用户购买。星巴克同样是兴趣营销的高手。星巴克设计了猫爪杯这一独特IP（如图7-12右图所示），并借助猫爪杯开展营销活动。猫爪杯一经推出，便受到了众多星巴克粉丝的热烈追捧，而且星巴克一直凭借杯子的爆款造型，持续通过兴趣营销的方式来推动其业务增长。

图7-12

2. 沉没成本

当通过沉没成本来激发用户完成激活时，需要在沉没成本的获取和用户激活转化之间进行谨慎权衡。如果设置的门槛过高，那么能够完成转化的用户数量就会减少；如果门槛设置得过低，那么用户就会觉得付出的沉没成本微不足道，同样不会去激活。

此外，沉没成本的策略还可以运用到产品的外部场景。例如，抖音平台设有许多团购入口，用户购买团餐券后，到店消费的可能性就会大幅提升。这种策略通过让用户预先支付一定的费用，增加了用户的沉没成本，从而提高了用户完成消费的可能性。

3. 稀缺营销

稀缺营销是一种非常有效的激活方法，但在实际操作中并不容易实施，主要原因在于制造稀缺性有一定难度。稀缺营销的核心要素是必须拥有真正稀缺的商品或服务。制造稀缺性的方法通常有以下三种。

- 限购或抢购：以相对较低的价格出售有价值的产品，让用户产生物超所值的感觉，进而激发购买欲望。例如，很多电商平台都会推出特价茅台抢购活动（如图7–13所示）。
- 虚拟商品逐层加价：此方法适用于虚拟商品，要求产品具备较高价值，通过逐层加价的方式来制造稀缺性。例如，很多营销活动采用每满1万人购买就加N元的策略，引发用户害怕错过优惠的心理，从而造成时间上的稀缺性。

- 凭借产品独特性：像GPT SORA这样的产品，凭借其独一无二的特性，确实具有稀缺性，可以利用这种稀缺性来激发用户的交易行为。

图7-13

7.3.2 提升用户的信任度

在提升用户的购买动机之后，基于激活或购买行为的设计实际上是一个逐步消除用户顾虑的过程。之前，笔者在辅导一些企业的产品团队时发现，他们曾删掉了网站上的用户证言和奖项展示板块，其理由是认为用户最关注的是产品的质量和价值，而用户证言和奖项属于冗余设计。然而，从交易模型的角度深入分析，我们会发现用户最终的激活行为受到多种因素的综合影响，其中用户对产品价值的感知只是其中一方面。因此，为了增强用户的信任并排除购买顾虑，可以采用以下几种常见的方法。

1. 客服应答与常见问题

在我们购买商品的过程中，很多功能和信息披露其实已经在不知不觉中帮助我们排除了诸多顾虑。通常情况下，商家在销售商品时，会披露商品的数量、是否售罄、基础信息和售后服务等内容。对于一些服务类产品，商家还会在营销页面设置常见问题解答板块，这也是一种有效消除用户顾虑的方式。这些常见问题一般是通过大量的客服反馈和用户访谈确定的，从而精准把握用户最常遇到的问题。

2. 平台认证或担保

对于交易类平台，平台认证或担保是一种有效消除用户信任顾虑的方法。例如，网约车平台会向用户推荐经过平台认证的优质司机，电商平台则会标注出极速退款商家或好评商家等标签。此外，用户的好评也是消除用户顾虑的一种有效手段，尤其是当热卖产品的用户数量众多时，好评能够更有力地帮助新用户消除购买顾虑。

3. 从众心理的运用

利用从众心理也是一种常见的消除用户顾虑的方法。例如，曾经有记者在采访用户为何购买特斯拉或比亚迪汽车时，受访者表示自己对汽车性能并不是很了解，但考虑到特斯拉和比亚迪都是全球销量极高的产品，有众多消费者选择购买，并且已经投入市场运行了很长时间，相对来说让人放心，因此这些用户会在这两款车中做出选择。这就是一个典型的受从众心理影响的案例。此外，很多电商交易平台会提供商品按销量排名的功能，并且在商品列表页和详情页展示商品的售卖数量，以此利用用户的从众心理来促进购买。

4. 奖项背书

对于实体产品或服务类产品，可以借助奖项背书的方法来增强用户信任。许多实物产品会展示获得的奖项，如日本Good Design奖或德国红点设计奖等。这些奖项具有权威性和影响力，能够有效消除用户的购买顾虑。

5. 明星代言

明星代言的作用不仅仅在于借用明星的知名度来推广品牌，更在于依靠明星的影响力为产品背书。因此，使用明星代言也是一种提升用户信任度的有效方法。

6. 降低试错成本

信任的建立与用户的试错成本密切相关。一般来说，用户的试错成本越高，建立对产品的信任就越困难。此时，我们可以通过降低用户的使用门槛，例如，将产品拆分成更小的售卖单元，或者提供试用机会等方式，来提升用户对产品的信任度。

7.3.3 增强用户对产品的价值感知

在前面介绍的用户交易模型中提到，如果想让用户选择我们的产品并达成交易，就需要增强用户对产品的价值感知。以下方法能够逐步增强用户对产品的价值认知。

1. 产品展示

最常用的方法是通过图片或视频展示产品的使用过程与体验。这种方法尤其适用于标准化产品或功能较为单一的产品。通过直观的展示，用户能够更清晰地了解产品的特点和用途，从而提升用户对产品价值的感知。

2. 产品试用

产品试用常用于可拆分的服务或个性化产品。例如，购买服装时会进行试穿，购买化妆品时，公司会邮寄一些其他品类的试用装。对于软件类产品，通常采用限时试用的策略来促使用户完成激活。比如，让用户开通免费限时的会员，体验产品的核心服务。以Spotify为例，它为用户提供一个月的免费畅听功能，之后若用户想继续畅听平台内容，就需要付费订阅。

3. 模拟试用

模拟试用常见于复杂的App，如股票交易软件或金融产品。这些产品会发放体验金，用户使用体验金后，可获得体验金投资的利息收益。通过这种方式，用户能在无实际投入的情况下，体验产品的核心功能与价值，有效降低了用户的决策门槛。借此，用户能切实感受到产品的价值，进而转化为正式的激活用户。

7.3.4　降低用户对产品的使用门槛

当用户感知到产品价值并决定选择使用产品后，降低用户对产品的使用门槛或获取门槛就成为关键所在。

对于实体产品业务，信息触达渠道和获取渠道通常是分离的。例如，一家主打提神功能的功能饮料公司，其目标用户群体主要是加班人群。为了满足这些用户的需求，公司需要确保他们能够在写字楼附近方便地购买到产品。这意味着，在实体产品的运营过程中，需要特别关注信息触达通路与产品获取通路的建设与优化。

对于互联网产品，降低用户的使用门槛主要从以下几个方面入手。

第一，简化产品结构。尽可能减少转化路径的中间环节，让用户能够快速完成核心功能的使用和操作，从而尽快实现激活的“魔法数字”。

第二，优化主要页面布局。这也是减少用户使用阻力的重要方法。这种优化方法主要有以下两种。

- 保持与主流产品的布局类似：这样做的好处在于，当用户从其他产品迁移过来时，所需的学习成本足够低。
- 针对核心环节优化产品布局：其核心思路是让各类信息只出现在对应的用户场景中。这种方法可以减少用户在寻找信息时的困惑，提高操作效率。

第三，在激活环节，通过新用户引导的方式能够有效降低用户的使用门槛。

新用户引导通常在用户初次使用产品或产品进行改版时采用，其目的是帮助用户熟悉产品各个功能的位置，从而快速掌握产品的使用方法。

在设计新用户引导时，需要注意以下几点。

- 避免过度依赖初始化：初始化在某种程度上类似于一份说明书，但用户往往没有耐心去仔细阅读。相比之下，用户更希望产品设计得易于查找和操作。如果确实需要设计初始化的引导页面，则建议控制在3到4个页面，避免引导内容过多。同时，要给用户提供跳过所有引导的选项，尊重用户的自主选择权。
- 关于初始化设置：这里涉及另一种初始化情况，它需要用户完成一些设置，以便为用户推荐更符合其爱好的内容。在这种情况下，需要在初始化过程的便捷性与后续留存效果之间进行权衡。如果不收集任何信息，则可能导致推荐的内容不准确；而收集过多的信息，又可能因为初始化过程过于复杂，导致用户放弃使用产品。

第四，冒泡提醒。通常用于业务上与激活关联度较高的功能引导。这些功能与用户留存的关联度极高，用户使用后基本上就能留存下来。因此，确定冒泡提示的功能需要结合数据看板进行分析，以确保提示的功能确实对用户激活和留存有重要作用（如图7-14所示）。

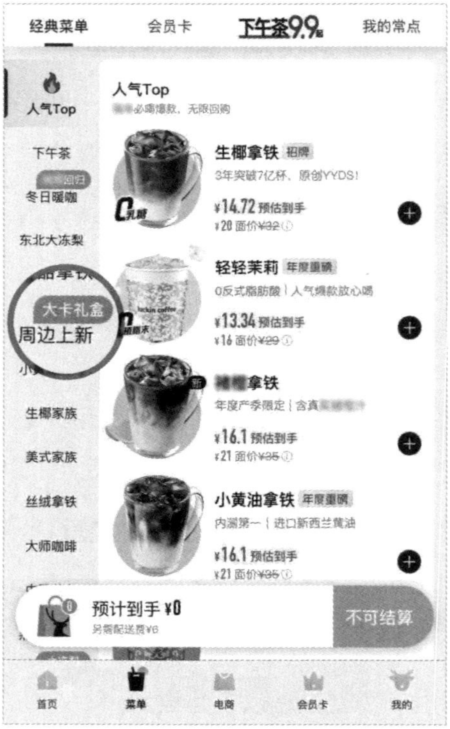

图7-14

注意，冒泡提醒功能的数量不宜过多，否则会让用户感觉页面杂乱无章、主次不分，反而可能导致用户拒绝使用产品。

7.3.5 适时的营销激励

营销激励是一种极为常用的激活手段。激励物本质上是一种补偿手段，其作用是在用户感知到的产品价值较低，或者交易成本过高时，通过降低用户的心理成本或实际成本，来刺激用户激活。不过，在考虑使用激励手段之前，我们应当优先从其他维度进行思考。

激励物对于非刚需且对价格敏感的用户群体效果相对较好。只要产品的交付价格真正降低了，就能吸引相应的用户转化。当然，这种补贴型激励的表现形式丰富多样，其目的在于筛选出真正对价格敏感且有需求的用户，尽量排除那些即使没有激励也能被激活的用户。例如，山姆会员店会把促销产品放置在不太容易找到的地方，一些App中的优惠券也需要用户主动领取、主动勾选才能使用。

尽管激励手段对用户激活有着较大影响，但用户类型多种多样，并非所有的用户对激励都有明显反应。实际上，只有价格敏感型用户，才会对激励，尤其是金额激励最为敏感，效果也最为显著。

小结：拿来就用的模板

激活购买的思考框架	解释说明	我的思考
1.激活优化的整体思路	产品的核心用户价值是什么	
	用户的激活变好后，商业收入是否也会随之变好	
	基于核心用户价值绘制留存曲线，用户需要在多长时间完成多少次关键行为留存才会稳定	
	明确业务激活期的时长	
	在激活周期内，当前从注册到激活的转化率是多少	
2.洞察激活的“魔法数字”	用户用过哪些相关功能后，留存曲线好于平均留存曲线	
	用户使用多少次该功能对留存提升帮助最大，“魔法数字”为多少	
	用户使用核心功能前的路径是什么样的	
	针对路径中的关键节点构建业务漏斗的转化情况如何，漏斗中哪些转化率比较低	
	针对转化率低的节点，用户转化周期的分布如何	
3.用户分层与调研	用户反馈的激活问题有哪些？如何对这些激活问题进行分类？每个问题占比多少	

第8章

留存复购的核心策略

8.1　留存决定经营的最终胜负

百度前副总裁俞军曾把更好的用户体验比作两条平行的河流，这个比喻很好地揭示了留存的重要性。互联网产品的竞争就像两条平行的河流，随着体验变差，用户就会流向另一条河流。

特别是对于高频交易或服务类产品，从根本上说，这是用户体验和用户价值的竞争。由于这些产品存在大量的留存、复购，如果体验不佳或价值不够高，而用户的需求又未消失，他们就会转移到其他产品上。这种此消彼长的结果会非常可怕。例如，一个千万级别交易量的产品，如果每天有1%的用户流失，就意味着竞争对手的产品每天会增加几十万名用户。不好的留存会导致用户数此消彼长，而良好的留存则有两个巨大的价值：一是用户积累效应，二是良好留存的商业价值。

1. 用户积累效应

良好的留存能够让活跃用户产生积累效应，从而实现快速增长（如图8-1所示）。

对于新业务而言，如果留存情况不佳，就好比一个不断漏水的桶；反之，良好的留存则如同桶不漏水，或者漏水速度极慢，这样每次激活的用户都能在后续的时间里留存下来。经过12个月持续不断地拉新获客，留存良好的业务所拥有的活跃用户数会是留存不良业务的数倍。

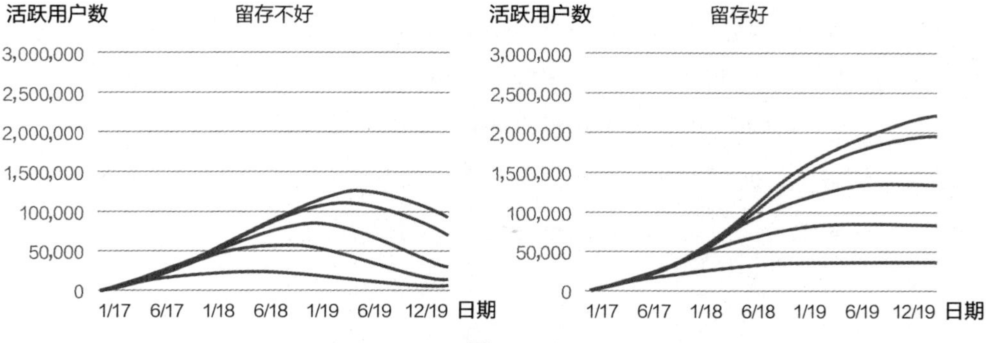

图8-1

2. 良好留存的商业价值

在业务运营中，拉新、留存和变现是企业面临的三大核心挑战，它们相互关联且彼此影响。在相同的市场环境和相似的业务领域中，良好的留存往往预示着更长的用户生命周期和更高的商业价值。

留存作为一个结果类指标，仅呈现了当下的留存状态，而影响留存的因素错综复杂，这使得直接从留存数据中洞察出因果关系的策略颇具难度。正因如此，许多一线员工会下意识地规避对留存的深入洞察与细致拆解。

然而，良好的留存背后蕴含着巨大的商业价值。留存率高意味着更多的用户持续贡献收入，进而为企业带来更丰厚的利润。拥有丰厚利润的企业在激烈的市场竞争中占据明显优势，这些资源既可以用于广告投放，吸引更多的新用户，扩大市场份额，也可以用于强化自身的核心竞争力，构筑坚固的竞争壁垒。因此，提升用户留存能力至关重要，它在很大程度上决定了企业经营的成败。

8.2 如何洞察用户留存

在深入洞察用户留存情况之前，我们需要思考的关键问题是：产品所解决的用户需求究竟是刚需，还是仅仅属于锦上添花的非必要需求。一般来说，越贴近衣食住行、教育、医疗、金融等生活必需领域的行业，其刚需属性就越强。

即便处于刚需业务范畴，不同业务的用户生命周期也存在显著差异。以网约车、外卖、电商等行业为例，其用户生命周期相对较长，用户会在较长时间内持续使用相关服务；而购车、购房、求职等则属于阶段性活跃业务，用户仅在有购买汽车、住宅的需求，或者有求职需求的特定时间段内使用相关产品或服务，一旦需求得到满足，便会离开。对于婚庆业务，由于其具有极强的一次性和阶段性特征，因此更适合通过财务数据来指导经营活动，在这类业务中，关注留存的实际意义并不大。

用户使用业务的频次也各不相同。像游戏、外卖等高频业务，我们可以以天为单位对其留存情况进行洞察，以便及时了解用户的活跃度和留存情况；而电商平台业务的使用频次相对较低，通常以周为单位进行监控。

此外，业务的拓展程度以及用户对价值的感知是否能够被进一步丰富，也是我们需要考量的重要因素。例如，一些业务功能和品类相对单一，像云盘、便签、文档笔记类工具产品，它们的主要功能较为固定，在这种情况下，就需要不断强化核心功能，以提升用户的使用体验和留存率。相反，电商、短视频等产品具有较好的扩展性，留存的提升空间较大。

8.2.1　优化留存的整体思路

留存的本质是不断提升用户对独特价值的使用程度（如图8-2所示）。尽管如今许多业务已转移至线上开展，但实际的使用者依然是现实生活中的人。因此，洞察留存的前提是能够突破线上这层屏障，深入了解现实用户的需求及其支付能力。线上消费数据虽然是对历史行为的总结归纳，但它与实际情况并非完全契合。

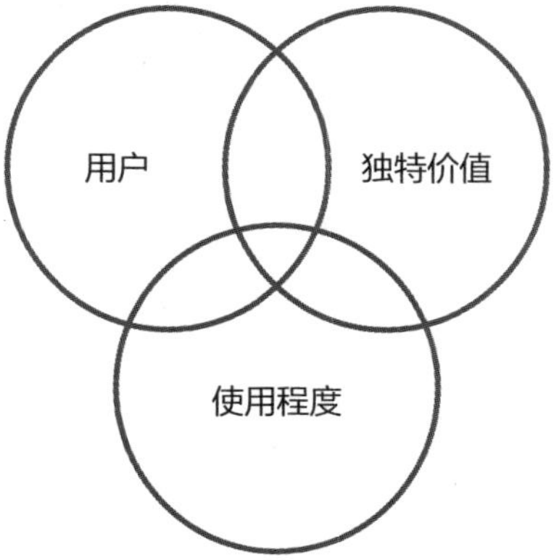

图8-2

接下来谈谈“独特价值”。此处的“独特”意味着综合价值的最大化。也就是说，无论是用户的使用成本，还是产品所具备的价值，对于当前用户而言，都是最优选择。独特价值的塑造需要企业持续不断地夯实业务基础能力。基于产品的独特价值，从用户首次激活并使用产品的那一刻起，留存便成为一个持续提升用户与产品交互程度的过程。

既然提到了用户，自然而然就引出了第二个思考维度：对于平台型产品而言，是否所有的用户都需要制定留存策略呢？答案是否定的。在制定留存策略之前，必须明确哪些用户值得留存，哪些用户无须制定留存策略，原因在于，对部分用户实施留存策略，所耗费的成本可能远超这些用户留存下来所能带来的价值。

在实际业务场景中，用户数量与贡献价值分布符合二八定律，整体呈纺锤形（如图8-3所示）。具体而言，20%的用户可能贡献了50%到80%的收益，而剩下80%的用户则贡献了其余的收益。因此，在考虑哪些用户需要进行留存时，实际上要综合考虑用户给平台带来的用户价值与商业价值，以及不同阶段用户对平台的贡献程度，在这些维度之间寻找一个平衡点。只有深入思考并想清楚这个问题，我们才能准确判断哪些用户是值得留存的。

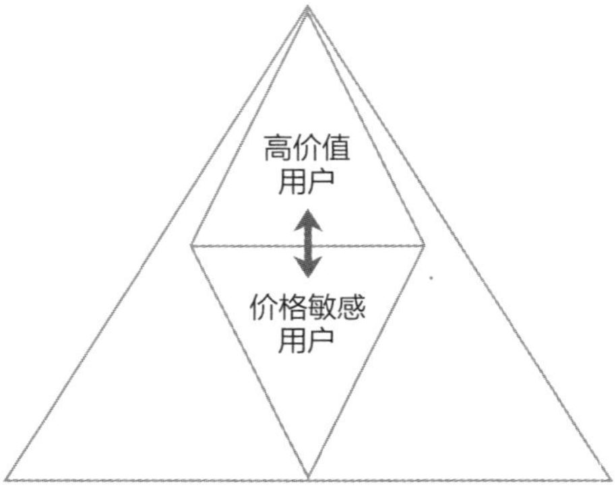

图8-3

以电商行业为例，笔者曾服务过一家公司，他们通过用户价值测算发现，存在一群持续“薅羊毛”的用户。业务方尝试通过一些营销活动，将这些用户转化为正常消费的用户。然而，从整个用户生命周期来看，这些用户使用的补贴远远超过他们贡献的利润。这就表明，持续补贴这类用户只会不断加重公司的损失。

再看出行业务场景，部分乘客存在酗酒、辱骂司机等行为，同时，服务态度差的司机也有类似问题。这类用户虽然为平台带来了一定的商业价值，但其展现出的用户价值较低，对平台来说，属于可留可不留的范畴。若长期维护这类司机和乘客，就会对平台的用户体验产生负面影响，而持续的负面体验会让乘客和司机对平台形成负面预期，不利于平台的长远发展。

因此，基于上述两个维度，我们构建了洞察用户留存的框架（如图8-4所示）。首先，要对整体的用户留存情况有清晰的认识。留存是一个综合性的结果指标，提升用户留存的有效方法是从包括用户价值维度在内的各个维度，将用户细分为不同的用户群体，深入洞察每个用户的留存潜力，并制定有针对性的策略，从而逐步提升整体的用户留存率。

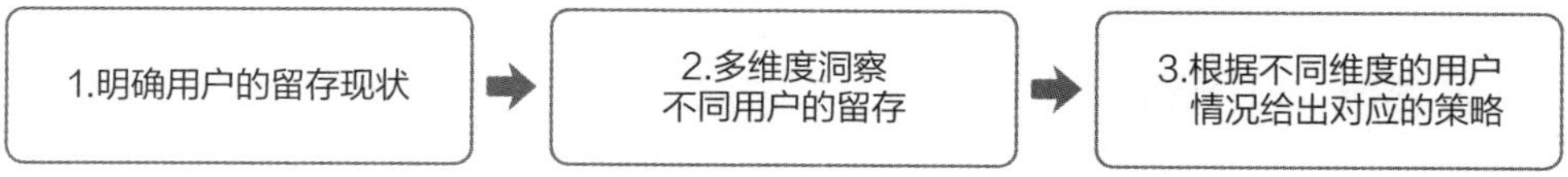

图8-4

1. 明确留存行为与观测周期

在确定留存行为时，我们需要解答以下五个问题。

- 我们为用户提供的核心价值包含哪些?
- 用户持续使用产品的功能是否表明他们对产品或服务感到满意?
- 用户持续使用产品的功能是否能够体现出商业价值?
- 随着时间的推移，用户使用的核心功能是否会出现变化?
- 用户是否具备可识别性? 如果不具备可识别性，那么当用户在一段时间后再次返回时，就难以判断该行为是新用户还是老用户产生的。

“流量”“交易抽佣”“产供销”“会员付费”这四类模式在面对上述问题时，会存在一些差异。首先，核心功能的界定既是一个定性判断，又能进行量化分析。例如，短视频平台针对视频浏览量这一指标，会进一步细分为三秒完播率、六秒完播率和完整完播率。对于社交网络类产品，用户存在一个建立社交网络的过程，在完成社交网络的建立后，用户会逐步将使用重心转移到产品的社交功能上，这就会导致在用户留存的各个阶段需要观测的内容发生变化。

观测周期的设定主要涵盖以下三个维度。

第一，依据当前的用户量生成留存图。可以以日、周、月为单位进行绘制。如果在既定的留存口径下，单日用户量达到几千人以上，就可以日为单位进行深入分析。这样做的好处是，能够基于庞大的用户量开展AB实验，同时用户量还需满足以日为观测单位所对应的商业价值要求。

第二，按照团队可干预的周期来生成留存图。在互联网公司中，团队干预的周期通常以周为单位，每个小组也会定期召开经营周会，因此可以以周为度量单位进行留存图的绘制。

第三，结合业务目标和用户行为的变化来设定观测周期。例如，对于一些季节性或周期性明显的业务，如电商的“双十一”购物节或旅游行业的旺季，需要根据这些特定时间段来调整观测周期，以便更精准地分析用户留存情况。

2. 同期群留存看板

在确定留存的统计行为并设定观察周期之后，就可以搭建留存看板了。留存看板的统计维度有多种，目前通常基于上述核心功能和时间周期来构建。同期群分析是常用的留存看板形式之一，它能够将不同时间维度下用户的后续表现放在同一标准下进行比较。通过这种方法，我们不仅可以判断用户使用情况的变化趋势，还能深入了解和评估用户群的留存变化情况，同时分析特定时间内的特定动作对用户后续表现产生的影响，具体可参考图8-5。

自然月｜相对月	激活用户数（当月）	第1月	第2月	第3月	第4月	第5月	第6月
2024年1月	2,019,411	949,123 47%	626,017 31%	484,658 24%	444,270 22%	323,106 16%	262,523 13%
2024年2月	3,014,081	1,296,055 43%	1,115,210 37%	843,943 28%	632,957 21%	512,394 17%	–
2024年3月	2,196,708	966,552 44%	812,782 37%	680,979 31%	527,210 24%	–	–
2024年4月	2,330,494	1,118,637 48%	745,758 32%	536,014 23%	–	–	–
2024年5月	1,979,380	811,546 41%	712,577 36%	–	–	–	–
2024年6月	2,022,664	930,416 46%	–	–	–	–	–
……	……						

图8-5

通过图8-6所示的看板，我们不仅可以清楚地看到每批次激活的用户随着时间推移的后续留存情况，还可以观察到季节性因素对用户留存的影响。

在看板中，每个周期的计算口径可以根据业务实际需求进行定义。常见的计算口径包括用户登录、产生交易等行为。只要用户在统计周期内使用了这些被定义的功能，就会被纳入统计范围。然而，这种统计方式可能会导致一种特殊情况：后续某个月的用户留存数可能大于前面某个时间点的用户留存数。这是因为用户可能在两个月不活跃之后突然恢复活跃。

此外，看板还可以用于分析用户留存的衰减速度，其计算公式为：

- 当月留存率 = 某月激活用户在第n月的用户留存数 ÷ 某月激活用户数

该公式计算出的结果即为同期群留存看板中灰色字体显示的留存百分比。依据用户留存看板的数据，我们可以绘制出留存曲线（如图8-6所示）。

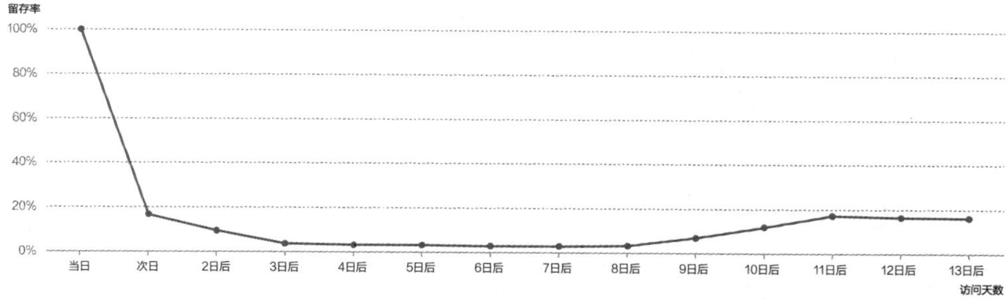

	用户量	当日	次日	2日后	3日后	4日后	5日后	6日后	7日后	8日后	9日后	10日后	11日后	12日后	13日后
全部访问用户	42,378	100% 42,378	16.9% 6,210	9.69% 3,004	3.86% 991	3.42% 817	3.19% 715	3.14% 665	3.18% 638	3.29% 627	7.23% 1,295	12.2% 2,045	17.3% 2,674	16.7% 1,898	16.4% 965

图8-6

留存曲线可以很好地反映出用户对产品持续使用的情况，但无法反映使用的强度。这就需要按照每个周期用户产生的订单来搭建平均订单留存看板。通过平均订单量留存看板，能够清晰地洞察留存用户使用产品的强度。掌握这些信息后，就能对用户留存情况有一个基本了解。

3. 留存分析要点

在做留存分析时，要注意以下几点。

首先，需要解决留存指标滞后的问题。对于高频业务来说，留存滞后现象并不明显；但对于大部分业务，在进行留存分析时，用户可能已经流失，而我们无法确切知晓用户当前的状态。如果仅以用户交易口径进行留存分析，那么该指标会显著滞后。因此，需要结合用户登录口径进行综合分析。如果一个用户在某个时间周期内既没有登录，也没有访问，那么他在后续时间里大概率也不会产生订单或进行交易。

其次，要结合用户分层展开分析。例如，分析不同品类、不同周期、不同行为模式，以及受不同运营策略影响下的用户留存情况。通过这种方式，可以判断哪些用户值得挽留，哪些用户不必再投入资源。

8.2.2 多维度洞察留存要素

用户留存是一个全量用户加总后的综合指标。“综合”意味着这个指标是由各种类型的用户以及各种经营动作共同作用的结果。因此，在制定针对留存的策略时，首先需要对留存进行拆解。通过用户分层的方式，找出不同的用户群体，然后针对不同的用户群体制定相应的留存策略。进行各种维度的拆分目的是生成有效的策略。如果一种用户分层或分群方式无法产生相应的策略，那么这种分析的意义就不大。在对用户群体进行拆分时，一定要注意，切忌为了分析而分析。

1. 洞察活跃用户结构

分析用户留存可以从活跃用户的构成入手。随着业务的发展，留存用户在活跃用户中的占比会逐渐增大，这能从整体上反映用户留存的情况。

整体活跃用户数可以分为以下三部分。

- 获客团队负责的激活用户数：这部分用户是新近加入并开始活跃的用户。
- 留存团队负责的总留存用户数：这部分用户是持续使用产品的用户。
- 流失后召回的用户数：这部分用户是曾经流失但被重新吸引回来的用户。

这三部分共同构成了整体的活跃用户数。通过分析活跃用户的结构，我们可以清晰地了解每部分用户对整体活跃度的贡献及其变化趋势。分析活跃用户结构，还可以帮助我们看清大规模用户群体是否发生了结构性变化，从而解释业务发生重大变化的原因，判断其究竟是由业务基本面的变化引起的，还是由业务结构调整导致的。

例如，当出现整体激活和留存指标下降的情况时，可以通过分析活跃用户结构，判断是否是外部环境因素导致了整体激活留存的下滑；而当整体收入下降时，也能借助这种分析方式，明确究竟是因为新获取的用户数量减少，还是老用户留存情况变差。通过对活跃用户结构的深入分析，可以快速定位业务变化的原因。

2. 用户分层

用户分层是留存分析中最常用的方法之一。通过用户分层，我们能够针对不同层次的用户实施精细化运营，从而实现资源利用效率的最大化。用户分层的核心在于筛选出一批具有相同特征的用户，并依据这些特征为他们量身定制差异化的运营策略。

（1）RFM 分层

用户分层通常是依据用户在业务中所体现的价值或所处的生命周期阶段来划分的。在衡量业务价值的分层方式中，最常见的是RFM模型。RFM分别是“最近一次消费”（Recency）“消费频次”（Frequency）“消费金额”（Monetary）这三个指标英文单词的首字母组合。在实际的业务场景中，R 表示用户最近一次进行交易的时间，F 表示用户在最近一段时间内的交易次数，M 则表示用户在最近一段时间内的交易金额。通过运用这三个指标对用户进行分层处理，可以构建出一个三维立方体模型（如图8-7所示）。

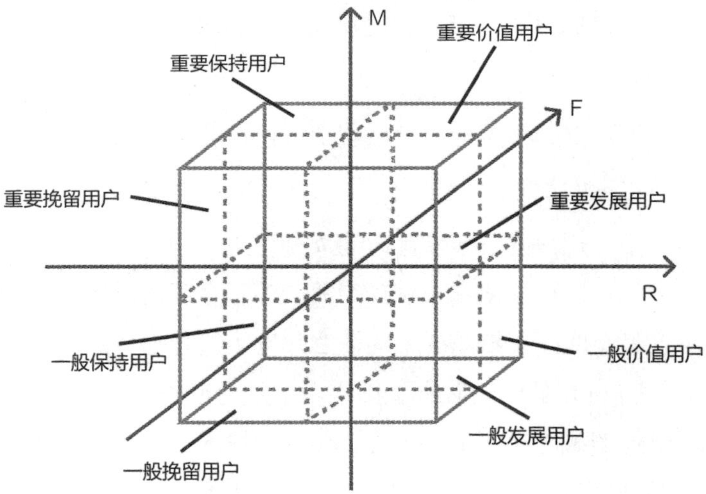

图8-7

在多业务线的运营环境下，需要注意的是，各业务线的运营人员都在留存工作上投入了大量精力，这使得基于 RFM 消费行为的因果关系逐渐变弱。在以前，若用户购买一单，我们就能判定其对该品类感兴趣；如今，用户下单可能仅仅是为了获取优惠，并非真正的消费需求。所以，对于平台级运营来说，仅依靠 RFM 模型制定策略未必能达到预期效果。不过，对于单独的业务线，RFM 模型依旧具有很高的实用价值。

从交易口径来看，留存是一个后置的结果指标。而回归留存的本质是通过线上数据洞察现实世界中的用户画像。我们可以借助一些基础信息，也就是那些更贴近用户现实生活的信息来对用户进行分层。以手机设备信息为例，这是一种容易采集到的数据。研究发现，使用华为手机首次下单的新用户与使用其他品牌手机首次下单的新用户，在消费金额上存在差异，一般来说，使用华为手机的用户消费力更强。若用户使用的是华为最新款手机，则意味着他们不仅消费能力强，而且消费意愿也强，这类用户无疑是最优质的，既有消费实力，又有消费愿意。相对而言，使用华为老款手机的用户并非没有消费能力，只是消费意愿较弱。由此可见，在进行用户分层时，除了运用 RFM 模型，还可以利用一些基础的用户信息来洞察现实中的用户。

用户分层的核心在于明确用户价值。具体来说，就是要找出高价值用户并加以重点维护；识别出留存率低、消耗资源多且转化率低的用户，适当减少对他们的投入预算；挖掘出那些能够被运营策略影响的用户，以此实现资源的优化配置。

根据二八法则，20%的关键用户会创造大部分收益，所以我们要对这20%的最优质用户投入更多的精力与资源。

在实际业务中，用户的真实使用时间周期各不相同。有的用户使用时间仅为一个月，而有的用户则可能使用长达12个月。为了合理地对用户进行分层，我们可以根据用户在各自时间周期内的平均消费额度来进行划分。例如，以2024年为例，1月的活跃用户到6月已经形成了长达六个月的消费周期，而同年6月新加入的用户，其消费周期可能还不足一个月。在这种情况下，我们需要分别计算这两组用户的平均消费情况。具体做法是：先计算1月活跃用户在这六个月内的平均消费总额，再计算6月新加入用户在不足一个月内的平均消费总额，最后依据这两组用户的平均消费额度来确定用户分层情况。

用户分层常常借助分位数来对用户进行分析。分位数在交易额度分析中具有重要作用，它能够有效避免异常峰值对平均数的干扰。举例来说，在计算用户平均交易额度时，如果存在消费金额极大的用户，就可能导致平均数出现偏差，而利用分位数分析可以避免这类问题。因此，在开展用户留存分析和用户分层工作时，引入分位数的概念是十分必要的。

在完成用户交易额分析后，回归到用户价值层面，深入洞察哪些层级的用户值得我们投入精力进行留存，哪些层级的用户已不再值得我们继续投入资源。

此时，计算每位用户的 LTV就显得尤为关键。这不仅要考虑针对每位用户的补贴情况，以及通过补贴所撬动的增量用户价值，还要关注那些补贴完全无法起作用的用户情况。通过这些数据，进一步计算出每个用户的 ROI，同时对站外投放 ROI 、站内活动 ROI 和站内不同品类的 ROI 进行对比分析。在这一系列分析中，拆解ROI是重点，通过分析明确将策略和资源投入哪个人群最划算，最终实现运营资源的重新优化配置与最大化利用。

（2）用户生命周期分层

用户生命周期分层是从用户与产品平台互动的全过程视角进行洞察的，涵盖从用户首次接触平台到最终停止使用的每一个阶段。在用户生命周期中，相对容易划分的层次包括：注册或已激活用户、持续使用的新留存用户、长期使用的留存用户、流失风险用户和已流失用户（如图8-8所示）。

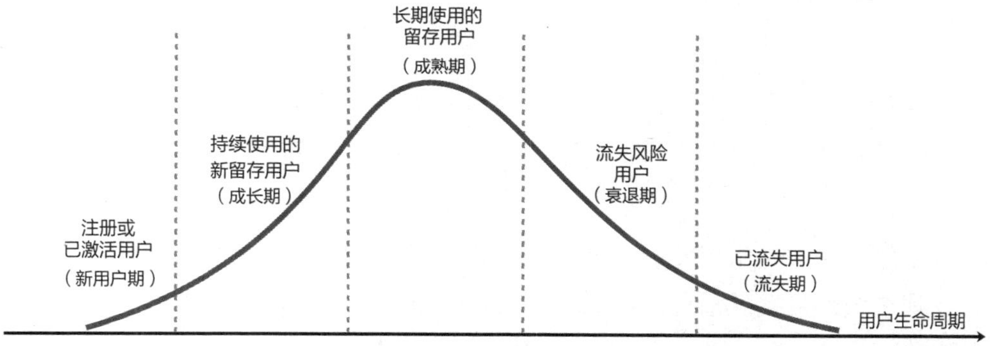

图8-8

在划分用户生命周期时，不能仅依据单一维度，更多时候需要将交易口径和登录口径结合起来进行分析。因为单纯以交易口径判断潜在流失用户和已流失用户，往往会出现判断滞后的现象。在一定周期内，如果用户没有交易行为，则很难直接判断其是流失用户，还是只是暂时没有需求，这种情况下的数据反馈不够直观。而结合用户登录或访问行为进行分析，能够更及时地发现潜在问题。

按照用户生命周期还可以进一步细分，但前提依然是遵循用户分群的原则，即划分出的不同用户群体能够制定出对应的运营策略。从用户生命周期的角度来看，在各个阶段，激活环节的干预价值最大，因为成功激活用户有助于提升整体的用户活跃度。在实际的业务运营中，只要能够依据用户生命周期进行合理划分，并针对不同阶段的用户制定出有效的策略，企业就会积极开展运营工作。这些工作主要聚焦在注册用户、已激活用户、持续使用的新留存用户以及长期使用的留存用户群体上。

虽然针对潜在流失用户和已流失用户制定运营策略的ROI相对较低，但一旦成功挽留这些用户，他们后续为平台带来的价值会显著增加。从用户激活开始，在每个阶段都存在潜在流失的风险，也会出现已经流失的用户。因此，针对用户生命周期的每一个阶段，都必须做好用户识别与挽留工作，以保障用户群体的稳定和平台的持续发展。

3. 分群的留存洞察

除了常用的用户分层方法，我们还可以依据用户的特征与标签对用户进行分群。在运营策略系统中，用户画像通常是借助各种标签来刻画用户形象的。用户分群的整体流程如图 8-9所示。

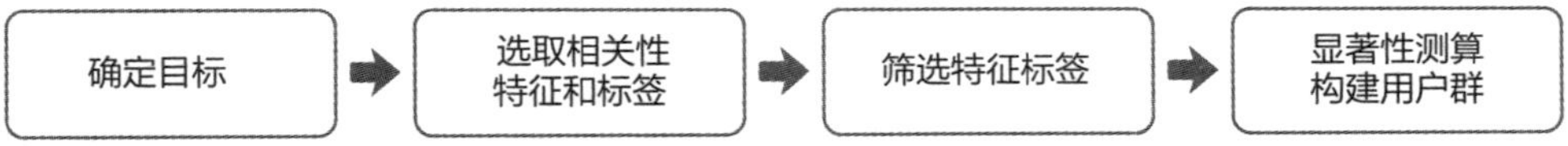

图8-9

首先，要明确用户分群的目标。例如，若目标是提升交易口径下的用户留存，那么我们需要凭借业务经验，预先估计哪些特征或标签可能对留存产生显著影响，并将所有可能相关的标签罗列出来。像用户的性别、订单金额、会员等级、购买频次、访问频次、搜索使用频次、购物直播观看频次等，这些因素都有可能影响用户的购买决策。然后，结合业务实际情况，筛选出可能与留存相关的标签，比如订单金额、会员等级、购买频次等。

需要注意的是，用户分群与用户分层存在差异。用户分群旨在找出具有明显特征、能够运用特定策略进行运营的用户群体，这在一定程度上是一个概率问题。例如，若随机选择一个用户群开展运营活动，转化率或许仅有10%，但利用标签筛选用户群后，转化率有可能提升至15%甚至更高。因此，用户分群的关键在于用户群具有明显特征；而用户分层则更倾向于使用用户的基础信息，因为标签会依据算法推算而发生改变。举例来说，在新用户期，用户可能被贴上消费意愿强或对价格敏感的标签，随着用户对产品使用的逐渐深入，其行为更加明确，标签也会发生相应的变化。当出现对价格不敏感的用户留存较多的情况时，用户的标签就会改变。此外，在使用标签时，尤其是通过算法为用户设定的标签，一定要明确标签的判定方法。

在明确标签之后，我们首先针对这些标签进行筛选，获取带有这些标签的用户留存数据。接下来，通过计算数据的方差来判断每个标签的显著性，从而确定该标签是否对留存率产生影响。具体操作步骤如下：首先计算所有用户的平均留存率，然后计算每个标签对应的用户留存率。在此基础上，进一步计算每个标签用户的组内方差和组间方差。为了评估这些方差的差异是否具有统计学意义，我们需要计算*F*值（*F*值是方差分析中的一个重要指标，计算公式为：*F*=组间方差÷组内方差）。最后，依据*F*值列表判断组间差异是否显著。如果F值大于临界值，则表明组间差异足够显著，该标签确实会对留存率产生影响。

以电商平台为例，若经过分析最终发现会员等级和购买频次对留存的影响具有显著性，那么就可以依据这两个维度构建用户购买频次和会员等级之间的矩阵图。

既然已经洞察到用户的会员等级和购买行为存在很强的相关性，那么接下来的工作就是提升用户的会员等级和购买频次，从而提高用户留存率。针对矩阵中每个分群的用户，可以制定不同的策略，促使用户升级为高等级会员，增加购买频率。

4. 行为与留存相关度

对于功能较多的产品而言，提升用户留存率可以将重点放在分析功能与留存之间的关系上，研究相关功能在用户使用前后对核心功能留存率产生的影响，这一思路与洞察激活策略类似。如图8-10所示，展示了用户使用过的功能以及他们在使用这些功能后的留存情况。通过这种布局，我们可以直观地分析每个功能对用户留存的具体影响。

通过观察图8-10可以发现，不同的功能在被用户使用后，对留存率产生的影响各不相同。针对图8-10中所呈现的留存情况，我们可以采取以下措施。

首先，对于留存率较低的核心功能，要进行优化和迭代，以提高使用过该功能的用户的留存率。

行为事件	当月留存率	第1月留存率	第2月留存率	第3月留存率	第……月留存率	留存评估
购物车	100%	30%	30%	30%	……	低
签到	100%	20%	20%	20%	……	低
新手攻略	100%	50%	50%	50%	……	高
积分商城	100%	60%	60%	60%	……	高
……	……	……	……	……	……	……

图8-10

其次，对于非核心功能，如果其对留存率的提升作用不明显，就减少流量向这些功能的倾斜，通过调整页面布局等方式，降低用户对这些功能的使用频率。如果经过长期评估，发现某些功能的用户体验低于平均留存水平，那么最终可以考虑将其下线。

此外，在产品发展的早期，功能对应的留存情况能够帮助业务团队快速判断用户对产品整体功能的满意度，从而有针对性地快速提升各个功能的用户体验，确保产品在功能留存方面不存在明显的短板。

为了更深入地了解各个功能对留存率的影响，我们还可以进一步分析对比用户使用某项功能与未使用该项功能时的留存差异（如图 8-11所示）。功能的渗透率是指使用过该功能的用户数除以总活跃用户数。结合留存差异和该功能的渗透率，我们能够进行更深入的分析。

由于图8-11的数据反馈不够直观，因此我们可以将其转化为散点图（如图8-12所示），以便更清晰地分析。在散点图中，横轴表示使用某个功能的用户渗透率与平均值的关系，纵轴表示留存差与平均值的关系，气泡的大小则表示该功能的渗透率。通过这种方式，每个功能的具体情况一目了然，我们可以根据不同功能的特点制定相应的策略。

功能	使用和未使用该功能的用户留存率之差	渗透率
热销榜	9%	45%
国际大牌	2%	21%
积分商城	5%	58%
直播	6%	45%
秒杀	10%	30%
搜索	4%	91%
猜你喜欢	8%	86%
发现	8%	65%
会员专项	12%	35%
红包签到	10%	43%
商品问答	-1%	16%

图8-11

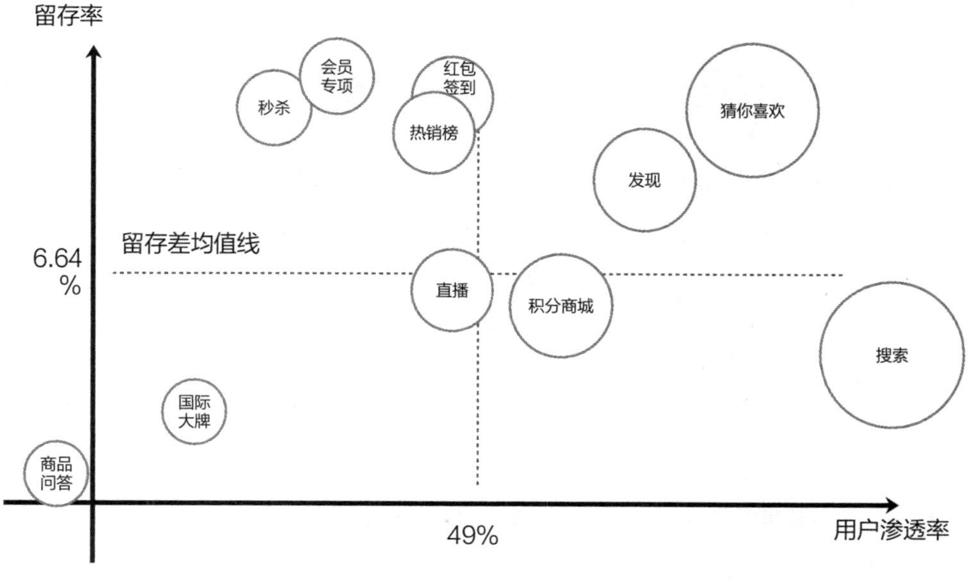

图8-12

散点图中的平均值将坐标系划分为四个象限。位于留存差均值线以上的功能，表明用户使用与不使用该功能时的留存差异较为明显。对于这部分功能，我们需要采取措施提高其渗透率，争取让位于左上角的功能向右偏移。而位于留存差均值线以下的功能，表明用户使用与不使用该功能对留存率的影响较小。虽然可以考虑提升这些功能的渗透率，但优先级相对较低。最后，对于那些处于负向区域的功能，我们需要进行用户访谈，深入了解用户不留存的原因，以便针对性地进行改进。

8.3 优化用户留存的策略框架

在通过多维度洞察用户留存后，就需要依据不同功能和用户的留存情况来制定并优化相应的策略。策略的思考框架可分为以下四部分。

- 从用户价值与经营目标出发，思考用户分层、重点用户群和品类场景，制定具有全局性的留存策略。
- 从用户生命周期维度融入相关因素来进一步完善策略，考虑不同品类、价值、场景的用户在不同阶段的特点和需求。
- 在完成整体策略的初步构思后，我们要思考如何使这些策略实现系统化、自动化。
- 提升用户的迁移成本，一方面可以利用用户在使用产品过程中自然形成的价值沉淀，如数据资产、社交关系等；另一方面，也可以通过构建会员体系和成长体系来实现。

8.3.1 构建体系化的留存策略

整体留存策略的制定需要有清晰的思考框架，按照各个维度进行拆解，并制定出相应的策略。如图8-13所示，该图展示了依照策略思维模型思考得出的系统性留存策略。

首先，在长期用户留存方面，要明确用户到底是谁，即哪些用户值得挽留，以及为用户提供什么价值。在前面已经介绍过，有些用户虽然能带来商业收入，但对业务的长期发展可能存在负面影响，这些用户是否要挽留，需要仔细权衡。之后，要明确留存侧的年度收入目标和业务指标，分析基于当前的留存情况能够实现的收入，以及与目标之间的差距。

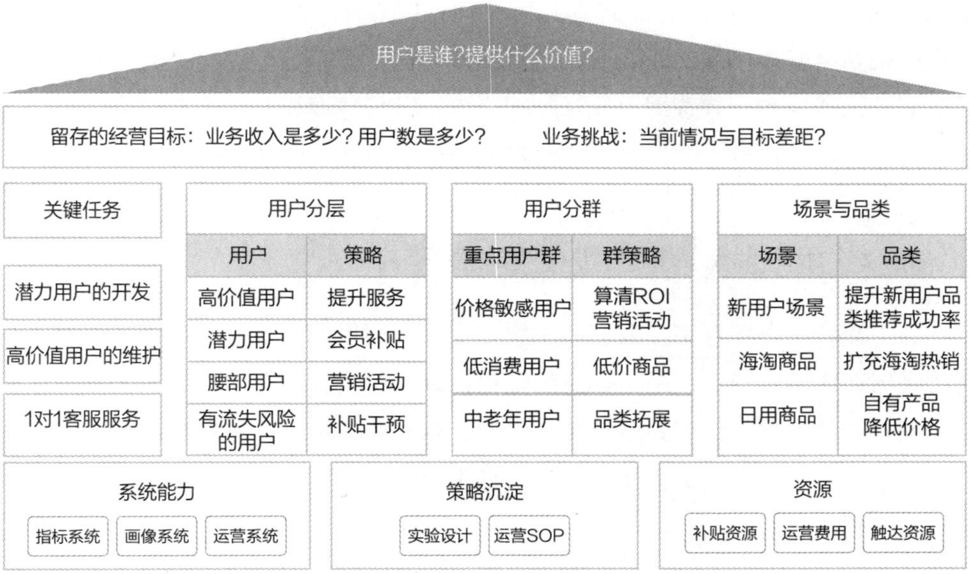

图8-13

其次，考虑用户分层，深入了解每个用户层级的需求。按照用户交易总额和活跃程度，可将用户划分为高价值用户、潜力用户、腰部用户，以及有流失风险的用户等。针对不同层级的用户，思考采用何种策略来提升用户留存。

接着是用户分群，即找出特征明显且能够制定有效策略的重点用户群。需要明确这些用户群要实现的目标和相应的策略。与用户分层不同，用户分群只需找到特征相符且能通过策略拉动的用户群体即可，而用户分层则要求尽量做到全面、不重叠、无遗漏。

最后，要思考在品类和细分的主要场景中应采取哪些行动。对于很多交易类产品而言，如果仅针对交易和用户分群制定策略，则很容易进入边际效应递减的状态，而拓展品类则能够持续推动整体交易量的增长。

完成整体留存策略的制定后，就要提取其中重要的策略，将其作为年度关键任务。这些关键任务一旦完成，业务目标就可能实现。

除此之外，还需要思考留存侧的业务需要构建的系统能力和整体运营需要投入的资源。因为这些能力可以更好地支撑用户留存。例如，为做好用户分层和分群，需要完善哪些标签系统；为实现对业务的有效观测，需要完善哪些指标体系，构建哪些用户画像。同时，要注重策略沉淀，明确哪些策略对特定的用户群提升留存率有效，并加以总结归纳。不断通过AB实验发现更加有效的策略，并且将策略制定流程标准化。之后就是对整体的运营策略进行资源盘点，测算全年需要的补贴资源和运营费用，针对触达渠道，做好建设规划安排和预算，包括需要做哪些具体的建设工作，以及这些建设工作的预算花费是多少。

8.3.2 用户生命周期的留存策略

为了提升用户留存率，我们基于用户生命周期搭建了留存策略体系。根据不同时间周期的用户特点，制定相应的策略，确保用户在生命周期的各个阶段都能匹配到合适的策略。从用户留存曲线来看，越早对用户进行策略干预，越能促使用户与平台产生高频互动，从而有效提高用户留存率。因此，我们需要针对每个阶段制定具体的策略。

对于处于激活阶段的用户，策略重点应聚焦于引导其深入使用核心功能。这一阶段的策略可以包括：通过营销类运营手段，提升用户关注度；优化新用户常用的产品功能，并完善激活类任务、签到，以及新用户引导等功能；针对已经出现低频使用或流失迹象的用户，应开展针对性的营销活动。

当用户度过激活阶段后，需要根据其在激活阶段的使用情况，按照RFM模型对用户进行分层，识别出不同价值的用户。如果业务品类丰富或内容多样，则需要进一步挖掘品类和场景，以提升用户的使用频次和强度。

在场景挖掘阶段，除了继续促进用户对核心功能的使用，还需要针对每个分层的用户构建精准的运营能力。这包括：精准识别各类用户，做好用户监控，制定有效的留存策略，并将这些策略标准化，逐步沉淀出一套优质高效的策略体系。

对于流失用户，首先需要进行归因分析，识别出哪些关键行为的发生或未发生会导致用户流失风险增加。其次，根据用户分层情况，针对已流失的用户开展召回策略。

8.3.3 构建分层运营系统

在实施运营策略的过程中，可以对多个常用的运营策略进行系统化抽象，将常用且有效的运营动作沉淀为一套体系，以此持续提升用户的留存率。具体操作步骤如下。

第一步，建立数据化的标签和用户画像系统。

通过收集用户在平台上的行为数据以及平台采集到的用户基本信息，不断丰富和完善用户的标签体系，从而更精准地对平台用户进行分类。常用的策略有两种：一是新用户引导策略，即引导新用户填写兴趣偏好等平台所需信息；二是通过分析已识别用户及其相似用户的行为，挖掘潜在需求。

第二步，构建自动化数据监控系统。

随着平台用户数量的增加，人工监控效率会降低。因此，需要通过软件系统进行数据监控。数据监控主要包括两部分：一是异常行为的识别，二是异常行为的触达与干预策略。理想状态下，软件系统应能实时监控用户的异常行为，并立即进行干预，同时提供具体的应对策略。然而，在实际的业务场景中，很难达到这种完美程度。因此，可以先实现对异常行为或特定场景的监控，例如，设置流失预警或异常操作提醒等功能。在不断测试各种策略后，针对那些被证明有效的策略，开发相应的自动化干预方法，并逐步推广应用到更多的人群和场景中，根据不同情况设置相应的自动化程序。

软件系统识别异常行为的依据是用户在平台上的行为数据。这种监控包括正向监控和负向监控两个方面：正向监控主要识别留存强度增加和使用频次提升的用户；负向监控则侧重于发现具有潜在流失风险的用户行为。例如，如果一个用户过去一个月下单四次，但最近一个月没有下单，这种行为变化可能意味着用户存在流失风险。在早期的用户分层运营系统中，优先强调异常监控的准确度，尤其是当异常提示后的策略需要人工干预时。如果推送的策略不准确，那么，一方面会产生大量提醒信息，另一方面，负责处理异常提醒的人员如果发现这些提醒存在误判，系统的提醒价值就会下降，相关人员跟进处理的动力也会降低。因此，在前期，更应注重异常监控的准确性，系统可以将用户数据中波动较大的值设定为异常提醒触发的阈值。

第三步，搭建触达渠道系统。

触达渠道系统可以分为应用内部触达和应用外部触达两种形式。其中，应用外部触达形式主要包括短信通知、外呼沟通、邮件发送等；应用内部触达形式则包括弹窗提示、操作引导、红点提醒等。此外，微信生态中的订阅号消息推送和微信群通知也是重要的触达渠道。在搭建触达渠道系统时，可以从以下三个方面思考策略。

- 通过具有用户价值的场景进行触达。例如，“美味不用等”应用中的定时提醒功能，虽然频繁告知用户排队情况，但从用户价值角度看，并不被视为打扰。再如，一些咖啡或奶茶品牌在用户扫码下单后，申请用户授权接收通知提醒，以便告知用户饮品的制作进度和领取时间。这种场景化的方式成功完成了用户对订阅消息的授权。
- 针对多业务线平台，合理设定每天触达次数的上限，并明确各业务线的触达优先级。这样可以避免过度打扰用户，同时确保重要信息能够及时传达。
- 针对各个用户分层所制定的策略，实现最终营销效果的量化评估。通过量化评估，找到在各类用户分层和不同场景中投入产出比最高的策略。经过足够长时间的策略迭代优化，可以根据以往策略的实际表现，收集并沉淀出高优先级的优质策略。这样，当用户出现相似情况时，就能为运营人员提供相似的策略支持，帮助他们更高效地开展运营工作。

8.3.4 提升用户迁移成本

我们主要可以从两方面提升用户迁移成本：一是加强用户价值的沉淀；二是利用用户的损失厌恶心理。通过这两方面，可以有效增强用户对产品的依赖，从而降低用户流失的可能性。

1. 加强用户价值的沉淀

用户在使用产品过程中的价值沉淀与业务形态密切相关。价值沉淀是提升用户留存率的重要手段，它可以通过多种方式实现，进而显著提升用户体验。

第一种是基于用户使用行为的个性化推荐。用户在使用产品过程中积累的数据资产，以及在平台上构建的社交关系等，都是价值沉淀的重要组成部分。从本质上说，用户使用产品所产生的数据会反哺产品，使其更贴合用户需求。以短视频平台或电商平台为例，这些平台积累了海量的用户浏览数据。基于这些数据，平台能够深入了解用户的偏好，进而在推荐内容时更精准地满足用户需求，从而极大地提升用户体验。

第二种是数据资产的形成，这在工具类产品或资讯类产品中表现得尤为明显。例如，在豆瓣平台，用户对电影和音乐发表的评论，形成了大量的数据资产。这些数据资产对用户而言，就如同专属的观影记录和音乐品鉴记录。用户标记的内容越多，他们与平台之间的黏性就越强，越不愿意离开。同时，用户标记的内容越多，为整个平台贡献的价值也越大，平台基于这些标记生成的评分越能为大众提供有价值的参考。

2. 利用用户的损失厌恶心理

另一种提升用户迁移成本的方式是利用用户的损失厌恶心理，常见的手段有会员体系和激励体系。

（1）会员体系

会员体系的核心在于建立和维护用户与企业之间的身份关系。如今，传统的实体会员卡已较为少见，其作为身份证明的功能逐渐被弱化。取而代之的是数字化的会员体系，它已成为维护企业与用户关系的关键纽带。企业通过出售会员权益、主动发放会员权益，或者依据用户交易情况返还权益等方式，增强了用户对品牌的忠诚度。用户因担心失去已获得的权益，会更倾向于继续使用产品，从而提升了用户迁移成本。

会员体系主要分为以下两种。

第一种是储值型会员体系。其本质是通过预存款的方式，利用用户的损失厌恶心理，锁定用户未来的消费，属于预付款模式。企业通过这种方式获得现金流后，通常会为预付款用户提供一些折扣优惠。这种模式在理发、美甲、美容等服务体验行业较为常用，这些行业具有周期性消费和强需求的特点。用户成为会员后，在较长周期内跨店或换店消费的可能性会大幅降低。因此，储值型会员体系本质上是一种锁客的金融工具。

第二种是权益型会员体系。设计权益型会员体系的难点在于明确几个关键问题：权益对用户价值体现在何处？用户在使用权益时，是否随着使用量的增加能获得更多优惠？权益提供方的实施成本是否会随着用户规模的扩大而降低？权益能否帮助企业形成规模化的结构优势？

以山姆会员店和开市客为例，它们的会员模式就属于典型的权益型会员体系。在山姆和开市客，只有会员才有资格购买商品。这种模式改变了传统商超依赖坑位费和商品进销差价的商业模式。通过会员体系，山姆和开市客为用户精选商品并集中采购，使优质商品更具性价比，真正实现了物美价廉。其日常经营主要依靠商品利润维持，而利润几乎全部来自会员费。这种会员体系不仅重构了商业模式，还使山姆和开市客与用户的价值趋于一致，即选好商品、争取最低价格、为用户节省时间，更贴近零售业的本质。

相比之下，传统商超的主要收入来自坑位费和售卖价差，这种收入方式与用户价值并非完全一致。随着用户购买量的增加，会员卡费用会显得更加划算。随着用户数量的增多，山姆和开市客的会员收入增加，其溢价能力也随之增强。由于收入主要来自会员费，商品可以不赚取差价，仅收取制造成本、物流和运维成本，这使得山姆和开市客在同样的产品上能够以最低价格出售。

再看麦当劳的早餐卡，它相当于用户购买了为周期一个月的券包，为用户提供早餐折扣。用户每天早上都能以折扣价购买一份麦当劳早餐。用户使用的次数越多，享受的折扣也越多。一个月内早餐卡的使用次数和折扣率都是明确的，成本也在可控范围内。

还有像Amazon Prime这样比较复杂的权益型会员模式，其难点在于对用户价值和成本的估算。实际上，Prime刚推出时备受质疑，主要争议点在于成本核算。贝索斯认为，为消费者提供更好的体验，能吸引他们购买更多的产品，这具有飞轮效应，从长期来看是可行的。Prime推出了免费送货服务。此前很多公司也推出过类似的会员权益，如免费配送、会员折扣、专属客服等，但大多以失败告终。

那么，成功与失败的关键区别在哪里呢？这涉及一个基础的财务知识：商品本质上应有正毛利。用户购买量越大，企业通过不断优化品类、提高物流效率，最终会突破临界点。电商平台的包裹价值会越来越高，突破临界点后，包裹的物流成本会越来越低，因为物流存在规模效应且边际成本递减，只有这样才能实现收支平衡并盈利。通过不断优化品类和效率，飞轮转动得越来越快，用户也会越来越多。即便像Prime这样成功的会员模式，也需要搭配一些边际成本很低甚至为零的品类，比如电子书或流媒体等数字产品。

航空公司热衷于推行会员制度，也是基于同样的原理。在会员权益中，像优先登机，以及提供拖鞋、水或点心等服务，对航空公司来说成本很低。权益类会员的核心在于，单笔交易提供的权益成本是否能被商品毛利所覆盖。

（2）激励体系

激励体系是通过积分、奖励等方式进一步增强用户忠诚度的。例如，用户通过消费或参与活动获得积分，这些积分可以兑换礼品、优惠券或其他福利。这种机制让用户感受到自己的付出得到了回报，同时也让他们担心失去这些已积累的权益，从而更愿意继续使用产品。

用户在平台上的某些行为能够获得权益，而这种权益大致分为两种情况。

第一种是偏向收益类的权益。这类权益主要是针对用户消费行为的激励。以航空公司、信用卡发卡机构、网约车平台和电商网站为例，它们通常会依据用户的消费金额给予相应的积分作为激励。例如，在“网赚”模式中，用户通过花时间观看内容或广告，平台会对用户进行激励。在这种情况下，用户的行为（观看内容或广告）促进了广告收入的增加。消费金额中的一部分会转化为利润，此时积分作为权益便可以被兑付。从企业角度来看，积分是针对用户消费行为的一种激励措施。

另一种是偏向运营类的权益。网站常常会通过发放积分的方式来引导和激励用户行为，这种方式在论坛或游戏中应用广泛。具体来说，网站会根据自身需求，针对用户需要产生的内容，或者需要用户完成的任务来设置积分。例如，论坛会根据用户发布的优质帖子或评论给予积分奖励，游戏平台会根据用户完成的任务或达成的成就给予积分。

积分的本质是企业对用户基于平台交易的一种价值反馈。它来源于交易中的利润，体现为企业愿意拿出多少利润作为用户权益进行兑付。这里的核心在于利润和运营成本，即企业需要确定拿出利润或运营成本的多大比例作为激励。由于利润和运营成本所能提供的可用于激励的最终金额分摊到用户每次行为上的额度可能并不高，因此需要考虑时间因素。用户在平台上停留的时间越久，参与的激励行为越多，获得的积分也就越多，这有助于增加用户的迁移成本。

除了提供消费积分这种方式，更重要的是，积分对用户而言是一种债权。用户能够在一定周期内行使这种权益，而企业则需要兑付相应的权益。正因如此，积分通常设有时效，目的是在一定周期内消除企业的这种债务。通过这种方式，企业既能激励用户行为，又能有效控制成本。

小结：拿来就用的模板

留存复购的思考框架	解释说明	我的思考
1.优化留存的整体思路	业务的核心用户价值是什么	
	用户持续使用产品是否意味着对产品或服务满意？随着时间变化，用户使用产品是否会发生变化	
	功能是否体现商业价值	
	用户是否可以被识别	
	用户观测周期为多长	
	基于观测周期的用户留存情况如何？用户的留存曲线如何	
	基于观察周期的用户平均订单量有何变化	
2.多维度洞察留存要素	当前活跃用户的构成是怎样的	
	基于用户的消费额度，各用户分层的占比如何	
	基于用户生命周期有哪些洞察结果	
	当前产品中有哪些明显的用户分群	
	用户使用哪些功能的留存率较高？使用哪些功能的留存率低？这些功能的用户量是多少？有哪些留存率高的功能可以提供更多流量？哪些功能需要优化	
3.提升用户留存的策略	基于当前的经营目标，留存承担的指标有哪些	
	基于当前的用户分层有哪些策略	
	重点用户群有哪些	
	从场景和品类上提升用户留存的策略有哪些	
	提升策略需要的资源有哪些	
4.搭建运营体系	用户画像标签有哪些？还有哪些需要拓展和完善的标签	
	目前还有哪些对业务价值影响很大的异常场景可以优先进行监控	
	如何优化更多的用户触达渠道？用户有哪些场景需要我们触达	
	目前有哪些运营策略对某类用户有效？请描述用户群体的标签和策略方案，以及该策略具体的投入产出	

第9章

从零开始组建量化经营团队

在为一些行业的企业老板提供咨询服务的过程中，笔者发现了一个普遍现象：当企业着手组建增长团队，或者尝试将工作流程进行数据化改造时，往往会遭遇各种各样的难题。随着服务企业数量的增加，一些共性问题愈发明显。通常情况下，业务负责人为了推动数据驱动的工作流程，会考虑购置一套数据工具系统。然而，在年底进行复盘时，却发现团队的工作方式依然如故，数据工具系统也未能得到充分利用。

在实际的交流场景中，业务负责人普遍关心以下几个关键问题。

- 数据使用标准：究竟怎样才算是充分利用数据来驱动工作？又该如何判断团队是否真正依据数据进行决策？
- 人才引入与融合：如何寻觅到精通量化决策与经营的可靠人才？如何让这些新引入的人才迅速融入现有团队，避免出现团队排斥新成员的情况？
- 现有团队转型：如何循序渐进地提升公司现有员工的数据决策思维，从而实现全员利用数据辅助决策的目标？公司的组织架构应当朝哪个方向转型？在转型过程中，又该如何精准把握节奏？

这些问题都是笔者在服务客户的过程中，客户极为关注的。如果您也正在思考这些问题，那么接下来，笔者将分享自己多年服务的经验，希望能助力业务负责人和团队真正实现依靠数据辅助经营决策，提升企业运营效率与竞争力。

9.1 判断业务是否适合采用数据驱动模式

在判断一项业务是否适合采用数据驱动模式之前，我们首先要明确一个关键概念：究竟什么是数据驱动？当下，数据驱动的理念虽被广泛提及，许多业务负责人也能敏锐地意识到其对业务发展的重要价值，但谈及“数据驱动”的定义与边界，许多人却一知半解。实际上，只有清晰界定数据驱动的具体内涵，我们才能有针对性地组建专业团队，搭建适配的工作流程。

9.1.1 数据驱动概述

数据驱动是指决策过程依赖数据，而非单纯依靠经验和直觉。为了更深入地理解数据驱动，我们可以从它的对立面入手进行分析。数据驱动的对立面并不是“非数据驱动”，因为在实际业务场景中，几乎不存在完全没有数据参与的决策情况。事实上，随着科技的不断发展，新一代的经营者总是比上一代更倾向于采用数据驱动的方式进行决策。我们可以将数据驱动的对立面划分为以下两种主要类型。

第一种：事实驱动。在事实驱动模式下，企业基于业务的实际表现或财务结果进行决策。例如，当业务数据或财务数据呈现出不良的结果后，企业才采取相应的行动进行调整。这种决策方式存在的问题是迭代周期较长，可能需要三个月、半年甚至一年的时间，直到财务数据产生或业务问题明显暴露时，企业才能做出决策调整。而数据驱动则追求在业务过程中更快、更早地发现问题的迹象，或者捕捉到潜在机会，从而做出更敏捷的决策。

第二种：“拍脑袋”决策。在“拍脑袋”决策的过程中，业务负责人在没有数据支持的情况下，仅凭发现业务中出现的一些问题端倪，就综合不同层面的信息在更广泛的范围内得出结论并做出决策。这样的决策结果不一定是错误的，但它过度依赖个人的综合判断。由于主观观念和经验混杂在一起，使得相关性判断难以量化。这种决策方式在业务过程错综复杂、迭代周期极快的情况下，往往变得不可靠，效率也会大打折扣。

为什么强调数据驱动？在当今全球化和线上化的大背景下，消费者的表达和行为更多地发生在线上，这使得获取数据并依据数据进行决策具备了可行性。在企业竞争中，那些能够摆脱过去长周期的事实驱动模式（即业务出现问题后才进行调整的困境）的企业，更有可能在当今的商业环境中脱颖而出。数据驱动是一种商业能力，它对环境有一定要求，不容易掌握，但却具有巨大的价值。

9.1.2 从三个维度看业务是否适合用数据驱动模式

既然数据驱动决策在业务发展中占据着至关重要的地位，那么是否所有的业务都适合采用数据驱动模式呢？实际上，一项业务能否实现数据驱动，需要结合具体情况综合判断。我们可以从以下三个维度出发，评估组织完成数据驱动转型后，是否能够切实为业务带来实际价值。

1. 业务价值足够大

判断一项业务是否适合采用数据驱动模式，首先需要看它是否属于效率型业务，同时要关注市场的用户量和用户价值。在实际业务场景中，我们会发现，有些业务能够借助算法工程师对某些环节进行优化，而有些业务仅需数据分析师参与其中。造成这种关键差异的原因就在于业务的用户量以及数据所能创造的价值。由于不同业务的数据价值各不相同，因此基于数据的决策方式也会有所差异（如图9-1所示）。这里有一个简单的计算公式：

- 用户的日活跃规模 × 每个用户可挖掘的增量利润 ≥ 数据分析团队与组织建设的运营成本

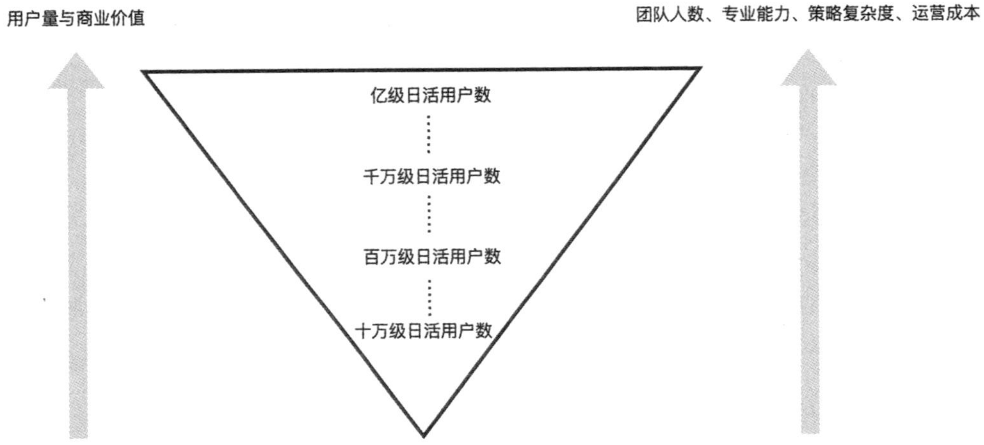

图9-1

很多人认为数据驱动能够直接促使业务增长，然而事实并非如此。数据驱动决策的作用在于充分挖掘并发挥市场本身所具备的潜力。也就是说，这些业务增长的可能性是原本就存在的，但如果不进行精细化经营，就很难洞察到这些潜在的增长机会，更难以将其转化为实际的业务增长。业务价值的大小，在很大程度上决定了所需人才的密度和数据驱动的具体方法。

作为业务负责人，必须清楚地认识到：数据分析师的工作并不是凭空创造市场用户量，而是基于业务已有的潜在市场空间和用户基础来进行的。换言之，用户量和数据量是制定策略的重要依据，而不是策略实施后导致用户量增加的结果。

因此，判断一项业务是否适合采用数据驱动模式的第一个条件，就是要综合评估业务的用户量、未来行业的发展空间和行业形态。如果市场空间足够大，并且行业形态需要通过数据化经营来实现高效发展，那么就应当尽早组建数据分析团队。在业务发展初期，能够运用数据对经营情况进行有效核算即可。毕竟，数据驱动是一项需要长期投入和建设的能力，数据分析师应当根据用户规模的逐步扩大，循序渐进地搭建与之适配的组织架构。

2. 数据线上化

如果业务要实现数据驱动，那么数据的产生和存储就应发生在线上，并且业务流量要能够被切分。

（1）数据的产生和存储都在线上

在互联网业务中，整个业务流程都在线上完成，这一特性极大地降低了数据被污染的风险。相比之下，传统行业虽然也可以采集一些用户信息，但由于业务形态的限制，数据天然存在被污染的可能。以传统零售便利店为例，尽管收银机能够录入用户年龄等特征信息，但人工录入过程容易出现误差，很可能导致数据受到污染。

与之不同的是，线上业务的数据产生和存储过程可以经过精心规划与设计，这是传统行业难以实现的。在线上领域，我们可以设计用户表达自身想法和需求的环节，以此引导数据的产生。例如，资讯类或音乐类应用程序在新用户引导阶段，会询问用户的内容偏好或乐曲风格，通过这些特定环节获取用户的明确反馈。

（2）业务流量能够被切分

数据驱动的最佳实践模式之一是源自硅谷的增长黑客模式，其核心在于通过对业务流量的切分来实现业务优化。判断业务流量是否可被切分的关键标准是：业务流量是否能够独立运行，并且不会对其他流量或供给端造成任何影响。一旦业务流量具备可切分性，我们就可以通过局部优化进行验证。如果效果良好，则将其推广至全局，进而实现业务收益的增长。

通常，业务会被细分为拉新、激活、留存等多个环节。将与增长紧密相关的模块独立出来，专门收集数据并进行快速迭代。这种切分方式的最大优势在于，它能将业务拆解为多个独立单元。这样，对从业者的商科知识和市场认知的要求相对降低，对人的综合能力要求也随之有所下降。因为业务被切分为独立单元后，其内部就形成了相对封闭的环境，复杂度大幅降低。在这样一个小范围内，我们可以通过策略实验迅速得出下一步迭代的方向：如果数据呈现增长态势，则快速跟进；如果没有增长，则及时放弃。这种基于指标的封闭迭代模式能够高度聚焦于商业价值的提升。

不过，需要注意的是，这种方法对业务流量分割的要求极高，必须确保局部问题的解决方案能够成功推广至整体业务，否则可能会适得其反。

3. 需求迭代快或者多样化

业务要实现数据驱动，通常需要具备以下特征之一：产品或服务迭代速度快、SKU数量多、交易频次高。满足的特征越多，数据驱动的难度越低，价值越大。首先，产品或服务的迭代速度决定了基于数据的分析是否可以快速验证。快速修改并上线后，很容易通过数据反馈验证想法是否正确，从而最大限度地发挥数据价值。其次，海量的SKU需要精准匹配与推荐。最后，交易频次越高，基于用户历史数据的积累就越容易，推荐成功率也越高，数据价值也就越大。

下面将结合具体行业，用这三个特征来分析数据驱动的价值与难度。

如图9-2所示，从左往右，数据驱动的难度逐步增加，而其适用性则逐渐降低。最左侧的互联网行业，由于业务的线上化，团队能够在明确业务中的机会点并发现问题后，快速上线优化方案，并及时获取数据反馈，以此判断是否需要进一步跟进优化措施。这种快速反馈机制为业务的敏捷性提供了有力保障。

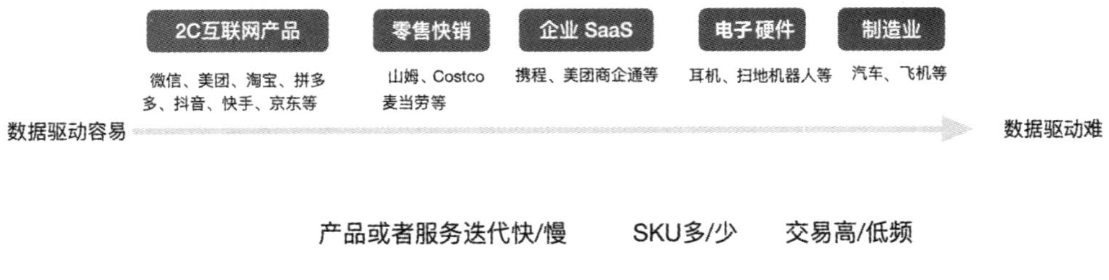

图9-2

对于零售快消行业和基于海量内容的互联网产品（如商品、资讯、音视频内容等），通过深入的数据分析，精准把握用户喜好并向其推荐符合偏好的内容，能够显著提升用户价值。零售快消行业属于高频次交易，业务能够更快地积累数据，为优化迭代提供丰富的数据支撑。

企业SaaS行业由于面向企业用户，存在用户需求复杂、反馈周期长的问题，且很多企业受限于使用场景，使用频次低，这进一步限制了数据的积累和快速反馈。

对于右侧的电子硬件和制造业行业，由于行业特性，从设计到生产，再到上市的周期长，迭代速度慢，难以快速响应用户需求。

9.2　数据驱动业务的难点

在企业向数据驱动决策转型的过程中，常常会暴露出一系列问题。例如，在数据汇报环节，不同部门所呈现的数据存在不一致的情况，甚至相互矛盾。以GMV数据统计为例，新用户组和老用户组汇报的数据总和与商业分析团队所掌握的数据存在差异。此外，业务方在提出业务方向时，常常无法提供有力的数据来佐证自身观点，缺乏数据支撑的业务方向，难以在企业内部形成共识，也无法有效推动业务的发展。同时，部分业务方为了避免受到上层的问责，自行操控数据结论，使得数据失去了对业务的指导价值。

这些乱象在企业的日常工作中屡见不鲜，它们深刻反映出数据驱动业务在落地过程中所面临的困难。只有清晰地认识到这些困难，企业在组织转型过程中才能采取针对性的措施加以解决。

9.2.1　数据驱动需要满足多个条件

数据驱动的难点主要体现在四个方面：一是数据获取能力的建设；二是数据分析能力的培养；三是数据驱动工作机制的适应；四是转型期间效率下降对业务造成的损失。要成功实现数据驱动决策的转型，企业必须同时攻克这四个难点。这也正是许多公司在尝试数据驱动时遭遇失败的原因：限制条件过多，仅仅解决单个问题并不能带来整体的显著改善。只有在多个方向的难点都取得突破，企业转型才能够真正成功。

数据获取能力是数据驱动的基础，因此必须确保数据便于提取。实际上，数据采集、存储、提取和可视化是一个持续迭代的过程。在数据驱动决策模式下，首先需要确保数据的可获取性，并通过可视化手段降低数据使用的门槛，让业务部门能够及时获取所需数据。如果数据基础建设存在缺陷，例如，数据采集不全面、关键数据未被存储，或者获取数据的成本过高，就会阻碍数据驱动的实施。此外，如果缺乏数据看板或便捷的数据提取工具，那么每次进行数据分析都需要专门提出需求，这必然会导致响应不及时，从而影响工作效率和决策的及时性。

数据分析能力是数据驱动的关键。当团队的数据分析能力不足时，即便获取了数据，也可能因为不知从何下手而无法挖掘出有价值的见解。这样，团队就会更倾向于凭借经验或直觉进行决策，而非真正基于数据驱动。因此，团队需要逐步提升自身的分析能力，学会将业务转化为可量化的指标，掌握指标拆解的方法，明确管理业务时需要重点关注哪些指标，并且在面对具体业务问题时，清楚应该通过哪些数据指标展开分析，从而为决策提供有力的数据支持。

工作机制的变更也是数据驱动的重要环节。为了适应数据驱动的机制，任何对现状的判断、对策略的评估，以及对价值的贡献都需要基于数据展开。这可能引发团队内部冲突。部分成员具备较强的数据分析能力，而另一些成员仍习惯依赖直觉进行决策，这种差异容易在协作过程中产生矛盾。此外，业务量化后，一些原本隐藏的问题可能会暴露出来，这同样可能引发内部阻力，对数据驱动的进一步推广造成影响。

在转型过程中，企业需要承担一定的成本。数据驱动意味着员工分析能力的不断提升，随着个人能力的增强，工作流程也会逐步向数据驱动模式过渡，团队成员也会慢慢习惯运用数据来阐述业务观点。然而，这一调整过程需要时间，在适应新流程的阶段，工作效率短期内可能会低于传统的经验决策方式。这种效率的暂时下降，可能会给业务发展带来一定的压力，需要企业有足够的耐心和应对策略。

9.2.2 业务负责人的认知是关键

数据驱动的实现需要跨越多个部门，最终由业务负责人进行协调统筹。在大多数企业的数据驱动转型过程中，这往往是业务负责人的重要任务之一。业务负责人需要对数据驱动有清晰的认知，判断业务是否已经发展到需要引入数据驱动的阶段。同时，他们要明白数据驱动是一个复杂的转型过程，需要分阶段进行观察，并适时调整组织架构。这种正确认知是数据驱动转型成功的关键所在。然而，在实际推进数据驱动的过程中，业务负责人常常会陷入一些误区，常见的误区包括以下几类。

第一类：对数据驱动效果期望过高。

业务负责人对数据驱动的效果抱有不切实际的过高期望，误以为只要引入数据驱动，业务就能迅速实现增长。实际上，数据驱动的本质是一种提升经营动作质量的保障机制，而非一种立竿见影的解决方案。它需要时间来逐步优化业务流程，增强决策的科学性和精准性。

第二类：将业务任务完全交付给分析团队。

在转型初期，由于业务方的数据分析能力较弱，CEO通常会直接把增长任务派发给分析团队。这种做法看似让CEO省心省力，但实际上难以实现真正的数据驱动。如果将任务完全交给分析团队，则可能导致业务和数据脱节，无法充分发挥数据驱动的作用。如图9-3左图所示，CEO 直接让数据分析师洞察业务问题。首先，分析团队的职责是辅助经营决策，而不是具体业务的实施方。因此，即便发现了问题，他们也很难将问题的解决方案落到实处。更大的问题是，业务团队没有参与数据分析过程，其数据洞察能力无法得到锻炼，这导致业务方要么始终处于旁观状态，要么无法在不参与数据分析的情况下，基于数据分析师的洞察跟进解决问题。

正确的流程如图9-3右图所示，应该是业务负责人直接与业务部门沟通业务需求，涉及业务中的分析和洞察工作则依靠分析团队来辅助完成。在这个过程中，通过将业务决策逐步数据化，不断提升业务团队自身的数据分析能力。

第三类：将数据驱动任务交给平行部门或增长团队。

当把数据驱动任务交给平行部门或增长团队时，部门之间的协作就会变得困难重重。每个部门都有自己的业绩任务，而增长团队更像是辅助其他兄弟部门的角色。在这种情况下，很难打破“筒仓”效应，实现高效协同。如果希望组织具备数据驱动能力，那么，要么由业务负责人亲自负责推动，要么由一位在公司内部职级足够高且具备跨部门调动能力的负责人来统筹协调。

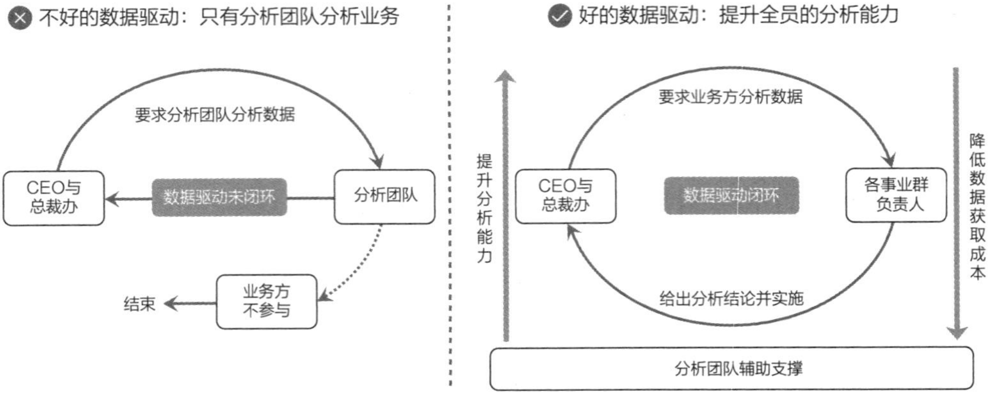

图9-3

第四类：试图通过专项项目解决长期问题。

一些企业尝试借助专项项目来解决长期问题。这种做法虽然能够满足短期需求，但由于专项项目通常与日常工作流程相互割裂，无法帮助组织完成真正的数据驱动转型。此外，有些公司期望通过分析工具提升业务团队的分析能力，然而工具的作用主要是提高数据分析中一些耗时操作的效率，比如埋点、渠道投放管理、点击热图、漏斗分析和数据可视化等功能。工具本身并不具备分析思维，业务人员还需要适应工具的框架，这实际上对他们提出了更高的要求。

因此，在转型初期，企业的最佳实践是采用“分析师 + 业务人员”的协作模式。分析师负责数据的获取与分析，业务人员则从业务视角提供具体的见解和建议。这种合作方式能够更灵活地应对业务问题，更好地推动业务团队逐步完成向数据驱动的转型。

9.3 数据驱动的组织架构

数据驱动的组织架构实际上是围绕数据度量来构建的。要实现数据驱动，关键在于让数据分析师深度融入组织架构与日常工作流程中。在确定具体的组织架构之前，应先明确业务适合应用哪种数据度量方法。一旦明确了数据度量方法，就可以依据它来搭建与之匹配的组织架构，并挑选出契合业务需求的数据分析师。

9.3.1　数据度量方法的变化

随着市场环境的变化，数据度量方法也在不断更新。在传统的消费品市场，企业主要依据财务营收数据进行决策。然而，进入互联网行业后，数据度量的范畴得到了极大拓展，从对市场机会的精准把握，到日常经营活动的每一个细微动作，都被纳入其中，数据度量由此经历了一轮又一轮的迭代升级。

下面将介绍四种常见的数据度量方法。

1. 传统的用户心理度量

传统的消费品行业受限于自身条件，难以实现数据驱动，其度量方法如图9-4 所示。该行业主要依赖用户心理研究，通过访谈或观察用户的心理决策过程，了解用户的财富水平、选择偏好、性别、年龄、收入、所在地等基本属性，进而构建用户画像，以此预测消费者行为，并评估用户在面对各类产品时的识别方式与选择倾向。这样的研究基本不涉及特别量化的分析。

在传统的消费品行业，企业通常通过洞察市场机会、进行产品研发和开展投放销售等环节来提升市场渗透率。产品上市后，企业则依据经营业绩或相关事实依据来制定经营决策。然而，这种决策方法存在明显的不足：发现业务问题的速度较慢，过度依赖结果反馈。

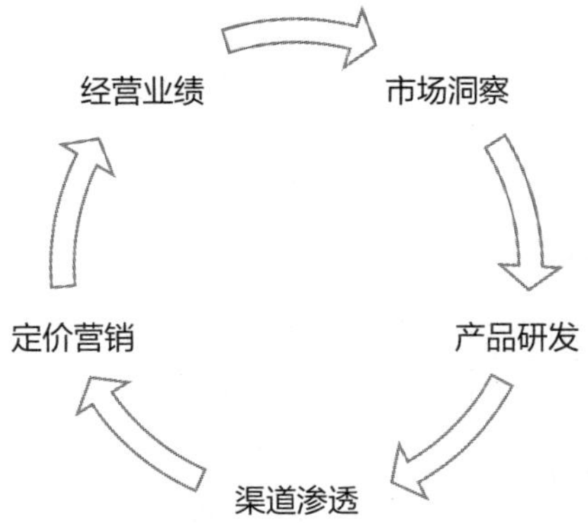

图9-4

2. 新消费行为度量

在中国，许多新零售企业常常采用一种新的消费行为度量方法。该方法的工作流程和传统的用户心理度量方法有相似性，但关键差异在于，它以用户的行为度量和流量选择取代了传统的用户心理度量。

行为度量具有显著优势：一方面，无须开展用户访谈或调研，就能高效地构建用户画像；另一方面，它对用户选择偏好的依赖程度较低。通过构建庞大的数据湖，这种方法不仅能精准构建用户画像和选择偏好，还能深入了解各个渠道的流量状况，以及用户在面对产品时可能做出的选择。

在细分市场研究方面，新消费行为度量方法表现尤为出色。以消费品市场中排名第七至第十的企业为例，过去，由于头部企业牢牢占据大部分市场份额，这些企业经营难度极大。在用户数量有限的情况下，开展小众产品的用户研究效率极低，而通过用户调研来寻找目标用户的成本也较高。如今，行为度量方法巧妙结合线下信息和线上数据，可以帮助许多领域的小品牌进行有效的经营。

然而，这种方法也存在一定的局限性。首先，它需要采集到足够丰富的数据；其次，它高度依赖多个行业之间的紧密协作。在分析环节，分析师需要结合业务实际情况进行深入剖析。由于业务的复杂性和多样性，这就要求消费品领域的专业人员参与其中，协助解释业务度量相关情况。此外，一些App中的用户行为数据匮乏，无疑给用户选择的预估工作带来了较大阻碍。

3. 增长黑客度量

增长黑客度量模式依赖一个完善的度量体系，该体系通过对流量进行分割，并将独立的业务模块切分出来形成闭环（如图 9-5 所示）。这种模式最大的优势在于速度快，能够在经营过程中即时呈现各项动作的优劣，方便企业快速调整策略。

然而，增长黑客度量模式也存在缺点。它通过切分独立单元进行封闭迭代，一旦企业陷入路径依赖，过度追求快速迭代，并且过于依赖既有的业务框架，就容易对外部市场机会变得不够敏感。以 TikTok 进入美国市场为例，TikTok 不仅在中国取得了巨大成功，进入美国市场后，也为美国众多互联网巨头展现了新的业务可能性。但美国的互联网巨头们因受自身过往经验的束缚，在推出类似的短视频产品时，速度相对较慢。这表明，在重大市场变革面前，那些在封闭模块中专注于快速迭代和实验的团队，对新市场和新机会的感知能力相对较弱。

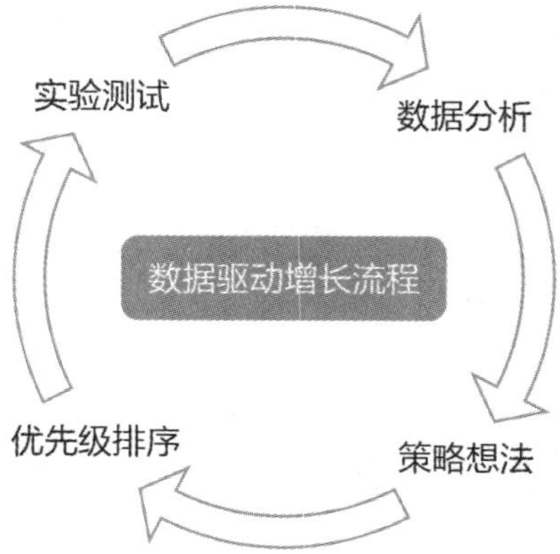

图9-5

因此，当出现新的市场机会时，我们不能仅仅依靠内部实验。要知道，业务或产品内部的实验反映的主要是现有业务中的用户需求。此时，建立对外观察体系至关重要。借助这一体系，我们能够观察潜在用户或竞争对手的用户需求，从而避免业务人员丧失对市场的敏锐洞察力，及时捕捉新的市场机遇，为企业的发展开拓新的空间。

4. 数据综合度量

随着企业持续开展经营活动，并在数据驱动决策方面不断实践与迭代，许多企业已经从单纯的增长黑客阶段发展到综合度量业务的阶段（如图 9-6 所示）。

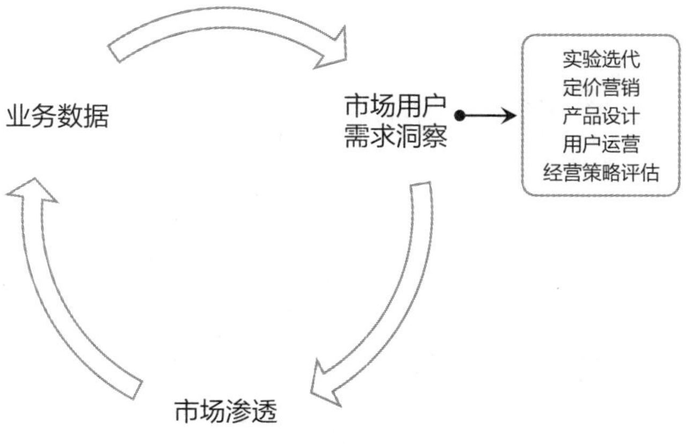

图9-6

在这个阶段，企业不仅要对现有业务构建监控体系，实现业务数据化，还要做好以下工作：分解经营目标、监控与监督目标的执行情况、合理分配资源。此外，分析师还需要基于业务数据洞察市场用户的需求，针对用户进行流量切分，并在各自的业务模块下开展实验迭代、定价营销、产品设计和用户运营等工作。同时，企业需要实时反馈业务现状，评估产品对当前市场的渗透情况，并准确度量各个业务动作的价值。

然而，这种综合度量方法也面临一些挑战。它对团队整体的数据能力和数据分析师个人的能力都提出了更高的要求。企业需要在团队中配备各领域的数据分析师，以满足复杂业务分析的多元需求。

9.3.2 数据驱动离不开数据分析师

在确定了度量方法之后，接下来需要思考如何搭建组织架构。其中，关键在于如何让数据分析师融入组织，从而协助各个业务部门看清业务现状、深入洞察业务情况、借助数据辅助业务决策，并有效度量各个业务部门的经营动作贡献。最常见的组织形式是分析团队直接向业务负责人汇报，负责监控业务现状和度量各部门的贡献。同时，企业可以根据不同的业务环节进行切分，为每个业务环节分别构建相应的团队，并为每个团队配备专门的分析师，以支持其业务需求（如图 9-7 所示）。

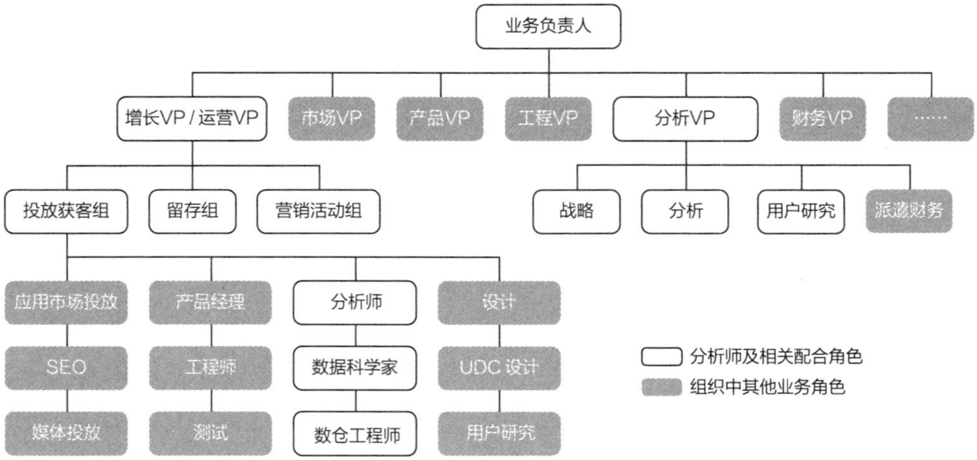

图9-7

向业务负责人汇报的团队是一个独立的战略分析团队，负责人为副总裁（VP），该部门直接服务于 CEO 及高管团队，承担以下四个关键职责。

第一，构建全面的观察体系，包括为业务搭建的指标体系、监控系统和可视化工具，并运用该体系评估当前业务状态。由于 CEO 和高管团队需要从宏观视角把控业务，他们的数据体系相较于各个业务部门，拥有更多的业务观察维度，能够获取业务的全景数据。这部分工作主要由数据分析师负责完成。

第二，建立外部观察视角，即对行业动态、市场趋势、竞争对手和潜在替代品展开持续跟踪和研究。通过这些研究，辅助 CEO 和高管团队清晰洞察行业趋势与竞争格局，进而制定长期经营策略，并将其落实为年度经营策略。此项工作通常由部门内的战略人员与数据分析师协同完成。

第三，开展针对自身业务的用户心理度量研究，以及对竞争对手的用户分析。这部分工作对深入了解用户需求和市场竞争态势至关重要，通常由专业的用户研究人员负责执行。

第四，度量各个业务部门的经营动作对整体业务的贡献，以及评估资源配置的合理性。同时，数据分析师和派驻的财务人员共同监控年度策略的实施情况，确保经营活动朝着既定目标推进。

在战略部门为高管提供数据支持的基础上，还需要向各业务部门派遣数据科学家或数据分析师。例如，在增长团队或运营团队中的投放组，会配置分析师、数据科学家，以及对应的数仓工程师。分析师深入参与具体的业务环节，负责搭建数据观察体系，甚至针对特定的业务环节建立算法模型。他们在工作中既要向业务部门负责人汇报，又要向战略分析部门汇报，以此确保数据口径和指标体系在整个组织内的统一性。

这种双线团队模式虽然在一定程度上可能造成人员和工作的冗余，但其优势在于能够提高沟通效率。通过决策团队和分析团队的紧密协作，一方面保证了高管团队与业务部门数据口径的一致性；另一方面，有效提升了决策与执行之间的配合度，使战略决策能够更迅速、更准确地在业务层面得到落实。在资源条件允许的情况下，这种模式无疑是搭建企业组织架构的首选方案。因为组织架构中分析师的配置方式本质上是在沟通效率和成本之间进行权衡。业务负责人必须明确自身的核心需求，毕竟鱼与熊掌不可兼得。

9.3.3 数据驱动常见的组织架构

组织架构的划分受多种因素的影响，其中包括团队的数据分析能力、业务流量是否具备可切分性，以及工作内容能否被有效地指标化。这些复杂因素的存在使得组织架构难以有统一的标准。下面介绍一些常见的组织架构。

1. 增长小组型

增长小组型是最常见的一种组织架构。在这种架构下，那些易于数据化的业务模块会被独立划分出来，进而组建为独立的增长团队，而其他部门则维持原有的架构形态，继续负责各自的业务模块。

通常，这种组织架构会依据海盗模型或者功能模块来搭建增长团队。在这样的增长团队中，每个环节的人员配置都较为齐全，能够满足数据驱动的各项需求。以图9-7中的案例为例，投放获客组依据不同的投放渠道进行人员分工，并配备了产品经理、工程师团队、测试人员，以及设计与用户研究团队等。这种配置能够全方位满足数据驱动的需求，确保各个相关人员围绕业务目标开展工作。

然而，在专业领域内，各岗位人员仍然向各自所属的职能部门领导汇报工作。例如，工程师主要负责开发工作，其工作的审核和汇报对象依旧是工程部的领导；数据分析师负责业务度量工作，其汇报对象是分析部门的领导。

2. 全局数据驱动型

全局数据驱动型是在增长小组型的基础上发展演变而来的。在增长小组型组织中，数据驱动往往只聚焦于容易量化的业务部门，而全局数据驱动型组织则将数据驱动的覆盖范围进一步拓展，延伸至所有的业务部门。例如，运营和市场投放等部门，其为业务创造的价值相对容易度量，然而，像一些负责支付功能和结算功能的团队，量化其贡献就存在一定难度。在全局数据驱动型组织里，会依据业务环节进行细分或拆解，并针对每个模块构建相应的观察与监控体系，同时确保该体系与分析团队达成一致。

图9-8展示的是业务线采用数据驱动的架构。其中，纵向列出了各个业务环节或功能模块，横向则展示了参与这些环节或模块的部门与人员。对于每一个业务环节，都需要对参与部门的匹配程度进行评估，并从中挑选出负责人。这种管理模式与独立团队类似，每个业务环节的人员需要对自己负责的指标承担责任，

并向纵向职能序列的管理者汇报工作。职能管理者则负责把控对应岗位人员的产出质量。

汇报与管理关系

针对指标驱动的团队

指标与方向/部门	市场部	运营部	产品部	数据分析部	数仓部	研发部
拉新	应用商店投放 SEO、媒体投放	拉新运营	增长产品	分析师	数仓工程师	增长开发
留存	市场	留存运营	增长产品	分析师	数仓工程师	增长开发
商家管理	市场	运营	商家产品	分析师	数仓工程师	基础开发
物流管理	市场	运营	物流产品	分析师	数仓工程师	基础开发
支付结算	市场	运营	支付产品	分析师	数仓工程师	基础开发

图9-8

在具体操作中，首先需要为图9-8中第一列的每个业务环节设定明确的指标。接着，针对矩阵中各个方格里的决策，设置需要达成的指标。基于这些设定，图9-8可以转化为如图9-9所示的新组织架构。

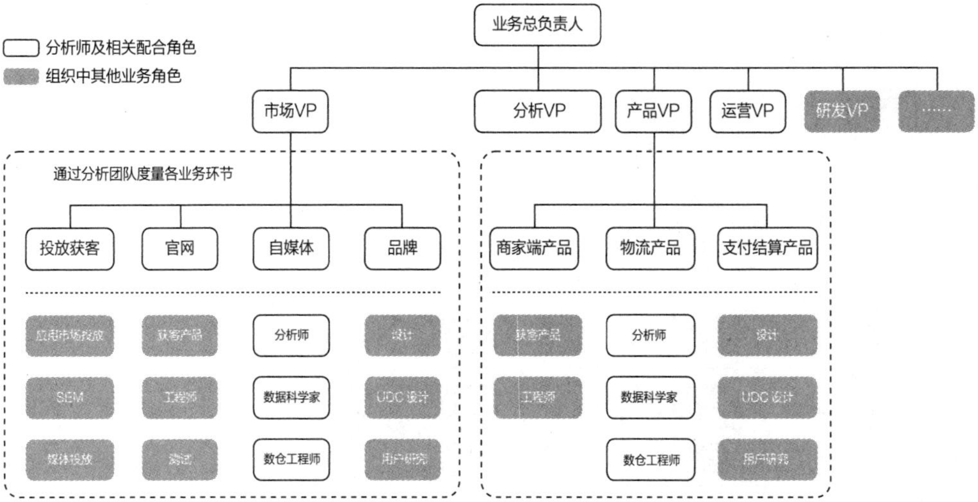

图9-9

在为每个业务环节设定指标之后，我们可以对这些指标进行层层拆解，并依据拆解后的指标，逐步将任务分配到各个团队。这种组织分工方式将公司整体视为一个核心指标体系，每个子指标或模块通过产品团队形成独立的闭环进行迭代。每个指标都由一个独立的闭环小团队负责，而小团队中的每个角色仍然向其对应的职能部门领导汇报工作。以图9-8的案例为例，市场部配备了分析师和数据科学家，而市场部所需的软件开发部分则由对应的产品经理和工程师负责。

这种分工方式的优点在于，每个团队分工明确且相互独立，互不干扰，从业务层面也很容易区分各团队的贡献。此外，对于那些相对难以量化贡献的部门，例如，案例中负责基础设施建设的产品部，其负责商品或商家模块的产品经理可以通过配置分析师，并为上线功能设置观测体系的方式，来度量其贡献，从而更全面地实现数据驱动在整个组织内的有效运作。

3. 营销增长型

营销增长型组织常见于快消行业或涉及产供销的业务领域。在这些业务中，供应链要实现数据驱动并不容易，主要原因在于供应链数据采集存在诸多限制。然而，在互联网时代，产品销售大多依托线上渠道，这使得市场营销环节的量化变得更加容易。基于此，市场营销环节可以独立出来，作为一个增长团队进行运营，其组织架构如图9-10所示。

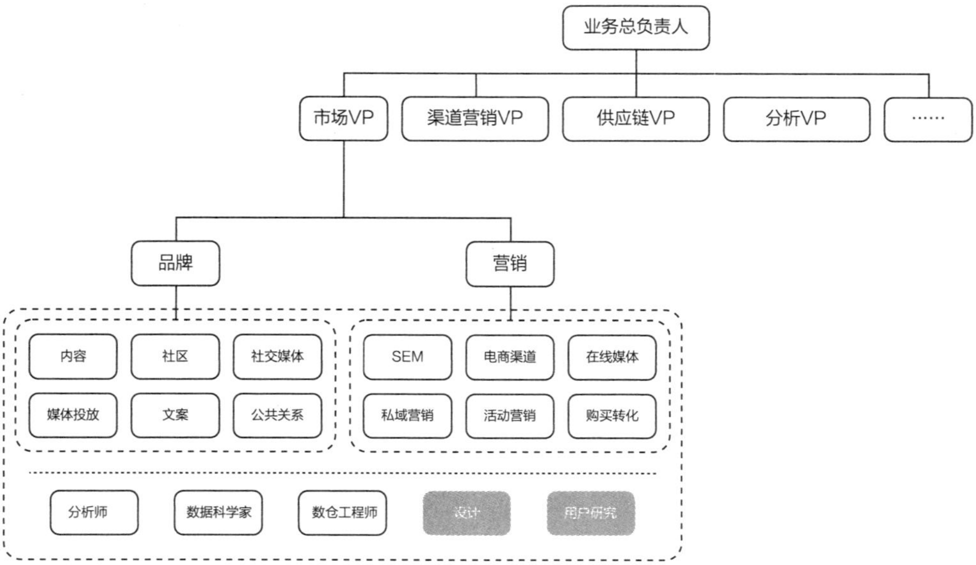

图9-10

这种运营模式具有显著优势：一方面，通过数据可以构建用户画像，精准把握用户的选择偏好，清晰了解每种流量可能产生的用户选择倾向，从而有效降低用户研究成本；另一方面，能够从电商平台的数据中洞察潜在机会，对市场需求进行量化分析。

9.3.4　不同层级的数据分析能力

当完成数据驱动的组织架构搭建后，一个关键问题随之而来：究竟什么样的业务流程才符合数据驱动的标准呢？事实上，数据驱动大致可划分为四个层级（如图9-11所示）。

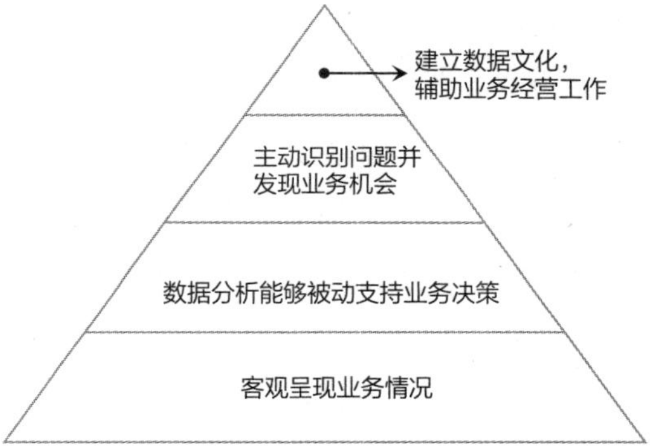

图9-11

第一层级，客观呈现业务情况。这一层级的核心在于通过数据客观地展现当前的业务状态。例如，我们可以获取昨天或上个月的业务指标数据，包括订单数量、收入情况、毛利水平和产品的用户体验等信息。此时的分析重点是回答“发生了什么”，以此评估业务是处于盈利还是亏损状态。然而，在这一阶段，数据口径和指标度量的不一致性可能会成为阻碍。不同部门对同一业务现状的评估可能会得出不同的结论。因此，统一信息并准确呈现业务现状是迈向数据驱动的重要一步。

第二层级，数据分析能够被动支持业务决策。这里的“业务”是一个广义的概念，涵盖产品、运营、市场等多个领域。分析师需要解释过去的经营动作对业务产生的影响。例如，分析用户购买三件商品与购买一件商品时的行为差异，或者探究使用优惠券与否对后续用户留存的影响及其具体表现。对于这类由业务方提出的问题，数据分析师需要依据业务数据给出解答和结论。

第三层级，商业分析不再局限于被动响应业务方提出的问题，而是能够主动识别问题并发现业务机会，甚至引导业务方重新审视和定义问题。这里的“主动识别”是指在没有业务方明确提问的情况下，分析师通过数据分析主动发现潜在的业务痛点或增长机会。例如，在没有任何人提出相关问题的情况下，数据分析师可以主动提出问题，如“一次糟糕的购物体验会对用户的长期留存产生什么影响？”或者“哪些用户行为与提升用户留存率高度相关，我们可以通过哪些方式引导用户更多地进行这些行为？”这些分析框架的意义在于明确问题的内涵，并将其转化为可度量的指标，比如把“不好的购物体验”转化为对“用户留存率”的度量，进而评估其对业务收益可能带来的潜在风险。要达到这一层级，需要分析师具备“问题框架能力”，即分析师不仅要具备扎实的数学和统计学知识，还需要在商业理解、业务洞察和业务逻辑梳理等方面具备足够的能力。

第四层级，即我们的最终目标是建立数据文化，让工作的各个方面都以数据作为辅助决策的依据。尽管有些环节难以度量，或者度量成本高昂，尤其是长周期的业务（如前几章提到的壁垒能力的搭建），通常会采用目标与关键成果法等方式进行评估，但让业务的各个层面都有数据辅助决策，始终是我们不懈追求的方向。

9.4 分析师是数据驱动的基石

当完成组织架构的规划后，我们不难发现，前面提及的几种组织架构都离不开一个关键角色：分析师或数据科学家。组织向数据驱动辅助决策的转型能否顺利落地，不仅需要CEO自上而下地推动变革，还需要让分析师深度融入工作流程。然而，最重要的是找到优秀的分析人才，也就是那些具备出色“数据大脑”的分析师（即数据分析师）。下面，我们将介绍数据分析师的能力模型、工作内容、数据分析师的类别与职级，以及如何与数据分析师合作的内容。

9.4.1 数据分析师的能力模型

通过对前面内容的学习，我们可以清晰地认识到数据分析师应具备的能力模型如图9-12所示。

首先，数据分析师需要深刻理解业务逻辑和商业模式。只有透彻理解业务，才能建立起行之有效的对外观察体系，同时清晰地明确该如何度量业务，从而为后续的分析工作奠定坚实基础。

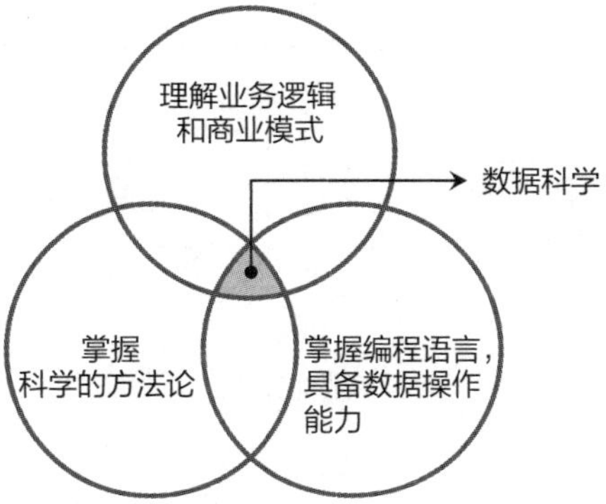

图9-12

其次，掌握一定的编程语言和具备数据操作能力也是必备技能。凭借这些能力，数据分析师能够从复杂多样的数据源中精准提取关键业务数据，并围绕这些数据展开深入分析，挖掘数据背后的价值。

然后，掌握科学的方法论同样不可或缺，这包括统计方法和商业分析方法等。这些方法论是数据分析师进行数据分析和解读的有力工具，它们能够帮助数据分析师从数据中获取有价值的信息，为决策提供科学依据。

这三大领域的能力相互交织，共同构成了数据分析师的核心能力。

9.4.2 数据分析师的工作内容

在明确了数据分析师的能力模型后，接下来了解一下在数据科学领域，数据分析师的工作内容及其产生的价值。

1. 工作内容

数据分析师在业务中承担着核心的量化分析与决策支持角色，其工作内容与前面章节所描述的组织数据分析能力存在重叠部分，主要包含四个方向（如图9-13所示）。

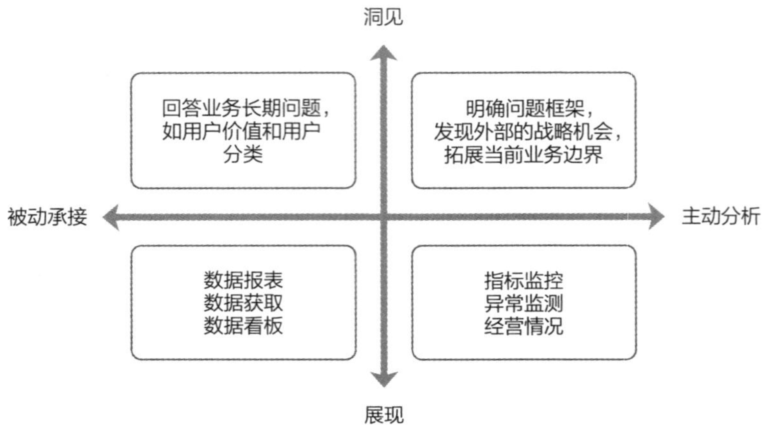

图9-13

在纵轴方向上，数据分析师的工作从单纯展现当前业务情况逐步深入到能够对业务产生干预效果。这意味着数据分析师不仅要了解业务现状，还要具备洞察力，能够敏锐地察觉并理解业务中存在的问题，明确在某些业务场景下应如何处理，并针对当前业务开拓新的细分领域。

在横轴方向上，工作内容则侧重于为业务决策提供支撑。例如，用户分群和分层，以及搭建数据看板或指标体系等，这些属于分析师的基础工作。在此基础上，更进一步的工作则是主动对业务进行监控，依据数据变化提前做好业务预警，及时发现潜在风险，并进行更复杂的经营情况评估。

2. 工作价值

数据分析师的核心价值在于辅助业务决策。他们通过对数据的深入剖析，为业务方清晰呈现业务问题，让业务方基于这些数据做出高质量决策。因此，判断数据分析师的工作价值，关键在于其对业务决策的影响、对业务结果的改变，以及为工作成果带来的增量。通常体现在以下四个方面。

其一，影响业务收入或业务指标。例如，数据分析师通过数据分析优化产品或内容的匹配精准度，提升下单转化率，进而提高业务收益，这便是对业务收益产生了直接影响。

其二，推动产品改进。数据分析师通过数据洞察挖掘出影响产品形态的因素，并借助AB实验验证其价值；或者通过定性分析推动产品改进，最终促使产品形态发生变化。

其三，优化业务流程。以补贴策略为例，数据分析师经分析发现可以降低补贴档位。在业务流程调整方面，数据分析师的影响尤为显著。

其四，提升效率。例如，数据分析师针对某个业务环节构建算法模型，实现该环节的自动化运行，这相当于提前预判并优化了业务后续的发展情况。

总体而言，数据分析师的工作价值主要体现在上述四个方面。而评判其价值的核心在于评估这些商业分析究竟给业务带来了哪些改变（如图9-14所示）。

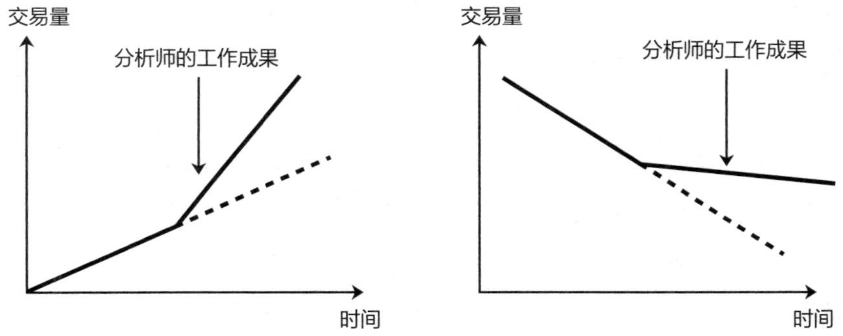

图9-14

这里所指的工作价值，并不是指数据分析师的工作必然会直接带来业务的持续增长。毕竟在多数情况下，业务增长并非完全由数据分析所决定。然而，如果因为数据分析师的参与，业务增长速度得以提升，或者原本处于持续下滑萎缩的业务，因数据分析的介入而使恶化速度明显减缓，那么这同样属于有价值的影响。

那么，哪些工作是没有价值的，或者说不能被认定为对业务产生了影响呢？以下这些情况并不能被称为“对业务有实质的影响”。

第一，片面追求进行高统计学含量的分析。然而，评判这类分析的关键，在于看这些统计学方法究竟对业务产生了哪些影响，以及为业务方的决策提供了哪些实质性的支持。比如，这些方法是成功消除了无意义的讨论，还是有效排除了一些不可行的业务方向？实际上，只有当统计学分析能够与业务相结合并创造出价值时，它才真正具有意义。

第二，数据分析师花费大量时间开展问题结构性分析专题。制作专题和报告的确是数据分析师的一项基础能力，但关键在于这些工作是否切实影响了业务方的决策，是否为业务带来了实际收益。即便报告的部分内容成功洞察潜在机会并被业务方采纳应用，但如果这类分析未能带动整体分析能力的提升，那么它对业务发展的推动作用仍然有限。

第三，一味追求获取更多的业务核心信息。数据分析师为了更好地辅助决策，期望离核心决策层更近，从而获取更多决策层的视角，这本身并无不妥。然而，更关键的是要依据所掌握的数据，提出独到见解，以此切实支撑决策层的决策。如果这些见解大多只是基于对高层决策的简单推导，而非数据分析师凭借自身能力构建的洞察体系得出，那么即便在前期看似决策能力提升迅速，这种提升也极易快速衰退。

第四，部分数据分析能力强的分析师热衷于完成某项高难度分析任务。这类分析不仅需要运用统计学方法，而且涉及的业务本身极为复杂，往往需要借助多种复杂模型才能完成。然而，在完成分析后，最终可能仅仅得到一个分析结果，对于后续如何将该结果应用到实际业务中，以及实施应用后业务会产生哪些变化，却缺乏必要的跟进。

9.4.3 数据分析师的类别与职级

在明确分析工作的价值后，我们来了解一下数据分析师的类别与职级。

1. 数据分析师的类别

按照度量方法，数据分析师大致可分为三类。企业可依据自身业务特点与度量方法，选择配置不同类型的数据分析师，以满足业务需求。

（1）行为度量模式的数据分析师

行为度量模式主要通过流量开展用户研究，适用于快消品细分领域，如美妆、电子产品等大众品类，以及小众产品或品牌，能够助力企业实现更精细化的运营。在运用这种模式时，分析师需要深入了解用户需求，例如，用户对美妆产品颜色的喜好、对电子产品细节的偏好等，同时，还需要结合用户调研或线下判断，解读流量数据。这项工作通常由行业专家完成。而在互联网公司中，产品经理则更多地负责功能迭代或业务调整。

在这种模式下，数据分析师需要监控流量，完成一些技能性的工作。然而，对于每一种流量变化的解读，都需要具备相关行业知识的人员来完成，并判断下一轮的迭代方向。因此，这种模式要求分析师与行业专家密切配合。在流量利用方面，行业专家通常掌握更多的主动权。分析师的工作可能是基于流量和业务数据构建数据看板，并持续引导行业专家利用数据进行启发性分析，从而调整业务策略，与用户进行互动。

（2）采用硅谷增长黑客模式的数据分析师

当产品适合采用实验迭代的方式追求发展速度，且业务框架完善可靠时，可采用硅谷增长黑客模式。在这种模式下，数据团队能够依据小样本的业务结果，精准确定迭代方向。每个流量闭环不需要大量数据，在有限范围和较短时间内就能解答业务问题。该模式能有效判断哪种方案更优，以及如何修正，其核心在于流量闭环能实现快速迭代。

这种业务形态要求数据团队具备较强的专业能力：不仅要擅长实验设计，针对不同经营动作有精准的度量方法，还要在埋点的规范、流程控制方面具备丰富的经验，同时全面掌握统计学方法并保持客观中立。由于这类业务对分析要求较高，业界相关分析师的资源相对较多。因此，企业在挑选分析师时，应重点关注其统计和数据提取技能，优先选择那些既能熟练掌握固有流程和实验流程，又能理解局部业务逻辑的人才。

（3）业务经营数据分析师

在特别注重效率的头部互联网公司，通常会组建商业分析部门，该部门一般直接向业务负责人或CEO汇报工作。其核心职责是协助高层领导统一各个业务团队的目标，跟踪目标进度，并进行目标预测。这种业务形态对分析师的商科知识、沟通能力，以及搭建单位经济模型和商业经济模型的能力要求较高。拥有MBA学位或接受过商科相关专业教育的人才是较为理想的人选。他们能够协助高层领导合理预估目标，与各个业务方有效沟通并下达目标，同时充分理解公司的业务和经营策略。

这类数据分析师专注于商业领域，注重沟通能力。他们有时会借助算法辅助分析，但并不追求算法的深度，而是以中立科学的态度消除争议。因此，他们提供的不仅是数据解读，更是较为综合的决策支持。在一定程度上，他们相当于决策者的角色。

此外，这类数据分析师还会通过业务数据助力公司梳理上市所需的数据。他们首先要明晰公司的经营数据和业务数据，但关键在于寻找某种逻辑或业务关联度，以便利用当前数据支撑自身观点。与一般的数据分析师多基于数据审视业务，推导观点和结论不同，这类数据分析师更多地围绕结论与目标（如确定估值数额）进行论证。因此，其工作模式更接近咨询公司、行业研究公司和投资公司的专业人士。他们需要深入理解估值逻辑，同时具备业务理解能力、商科背景，能够解读数据，并建立当前业务数据与目标估值之间的论证关系。

2. 数据分析师职级进阶

（1）初级分析师

初级分析师在进行数据分析时，重点在于准确表述业务现象，并构建完善的业务监控体系，而不能仅仅停留在数据呈现层面。例如，他们不能只简单地汇报“今天的交易量为1000万件”，而应该进一步说明“今天的交易量为1000万件，交易量无异常”。别小看这一句“交易量无异常”，它起着关键作用。如果缺失这句话，就意味着缺乏对业务的基本判断，业务监控体系也无法有效构建。将“交易量无异常”与“交易量为1000万件”相结合，所传达的信息更丰富，既清晰地呈现了当前的业务状态，又对业务数据进行了评估。

如果数据分析师仅告知业务方成交量数值，就相当于把数据分析的关键责任转嫁给了业务方。这就好比分析师抛出一个问题：“当前交易量1000万件是否异常？在当前的竞争环境下是否良好？”让业务方去解答。这不仅会使业务方感到困惑，也表明分析师并未真正理解业务。

（2）中级分析师

中级分析师需要具备综合权衡的能力，对业务目标、决策过程和关键抓手有深入的理解。在进行数据分析时，面对众多可拆解的维度和方向，中级分析师必须具备筛选和优先排序的能力。他们需要明确哪些分析能够直接服务于业务目标，哪些分析能够提出切实可行的实施方案，并优先开展这些分析。对于那些作用不大的分析，除非有额外的精力和信息输入，否则应减少投入，学会取舍。因为对业务过程与目标的了解，以及具备合理取舍的能力，是中级分析师的必备素养。

（3）中高级分析师

中高级分析师需要在商业层面与业务方保持高度一致，对业务的认知深度要与业务方相当。对他们来说，商科知识尤为关键，包括对市场、竞争对手、增长模式以及财务基本概念的深刻理解。此外，中高级分析师还必须具备准确判断问题重要性和可行性的能力，以避免分析工作与业务重点脱节，从而确保所提供的分析能够切实为业务决策提供有力支持。

（4）高级分析师

高级分析师的核心能力在于能深刻洞察业务，从而成为业务关键决策环节中不可或缺的一部分。当业务方制定重大决策时，应邀请高级分析师参与讨论，因为他们能深刻洞察某些领域，显著影响决策结果。这类分析师不仅需要管理分析师团队、处理统计学问题，而且需要融入业务核心团队，成为核心决策层成员。其出色的专业能力和敏锐的洞察力，使得高级分析师在商业分析领域占据不可替代的地位，成为推动业务发展的重要力量。

9.4.4　如何与数据分析师合作

在挑选到合适的数据分析师后，鉴于不同职级的分析师在能力、经验和专业技能等方面各有优势与不足，所以与之合作的方式也应不同。

1. 不同职级的数据分析师的合作方式

对于数据获取能力强但分析能力弱的分析师而言，他们能够确保数据获取的准确性，并且能够通过多种渠道收集信息。然而，他们在理解商业问题方面存在明显不足。在面对业务问题时，他们通常难以主动从商业角度去领会业务方的意图。因此，业务方需要清晰地阐述分析的背景和目标，详细说明数据的获取方案，列举可能的数据来源，明确指出希望从哪些角度进行分析，重点关注哪些指标，解释这些指标的具体含义，以及与哪些对象进行对比。同时，业务方还需要说明出现何种迹象代表情况良好，何种迹象表示情况不佳。只有将分析的方向、参照系和度量判断的依据阐述得十分详尽，才能与这类分析师实现良好的沟通。这种合作方式通常适用于比较初级或偏重技能的分析师。

再往上一个层级，会有一些见识广博、对商业问题具有较强感知能力的分析师。当业务方讲解完业务背景和目标后，这类分析师能够主动反馈一些分析方法或方案供业务方参考。这表明他们具备更专业的分析方法。在与这类分析师合作时，业务方需要在目标层面、逻辑层面和解决方案层面加强沟通，以此获得更好的经营决策支持。更理想的情况是让分析师直接参与到决策过程中。他们在接收到背景信息后，会与业务方共同探讨目标和可能的数据分析方案，并且凭借自身的专业知识和经验，帮助业务方补充一些潜在的信息来源，从而对方向性的决策产生影响。这类分析师往往会在项目的前期就参与进来，并深度融入项目流程。

因此，根据分析业务的复杂度和模式的差异，以及分析师能力侧重点的不同，与分析师沟通的重点也会有所变化。通常情况下，业务方很容易判断出与之合作的分析师处于哪个水平。在实际工作中，业务方未必能够直接获得高级分析师的服务。因此，业务方往往需要找到合适的分析师，并且将参照系和衡量标准清晰准确地传达给对方，才能够实现较高的合作效率。在这个合作过程中，稍有疏忽就可能导致双方虽然都在独立开展工作、输出成果，但对于决策的实际推动效果却大打折扣。所以，作为业务方，务必清晰、完整地表达业务诉求。

2. 与数据分析师沟通的内容

在与数据分析师进行合作时，清晰且有效的沟通至关重要。沟通内容主要涵盖以下几方面。

首先，明确分析的背景与目标。业务方需要与数据分析师共同确定分析的背景和目标（至少给出定性目标），让分析师透彻理解分析的意图，从而在分析方法选择、数据源筛选，以及观察体系搭建等方面避免出现重大偏差。例如，在进行酒店预订分析时，定性目标可以是：业务方期望为酒店的整体业务开拓更多的需求场景，推动交易增长；或者想要了解下一个层级的市场状况，探究是否有非原有细分市场的用户开始使用产品；或者希望通过优化商旅酒店服务，满足原有用户的需求，使整体均价降低10%，进而在与竞争对手的较量中构建竞争优势；或者聚焦商务出行高峰期，通过增加供给来提升高峰期的用户体验。当然，实际情况也可能包含上述多种目标。总之，清晰地阐述商业目标有助于分析师在分析过程中精准判断信息取舍，同时思考如何协助业务方构建上游观察体系并进行有效评估。

其次，确认信息边界。业务方需要与分析师共同明确针对特定目标的信息边界，即在多大范围内探讨目标的实现方式。例如，在进行商务酒店预订分析时，若目标是提升高峰期的运营效率，那么实现该目标的可行路径有哪些？是从工程角度持续提高效率，还是与酒店供应链展开合作，在高峰期进行资源切换？必须明确哪些路径值得探索，以及每条路径所需的信息边界与范围。

最后，沟通决策思路。探讨如何区分事情的轻重缓急也十分关键。每个团队都有其独特的决策方式和优先级排序，背后反映出不同的决策思路。有些团队在做决策时高度重视实际可操作性，对于不可行的策略，根本不会纳入讨论范畴。在这种情况下，即便某些领域的商业分析价值极高，但如果不符合团队的实际操作要求，那么对团队而言也毫无实际意义。不同团队区分轻重缓急的方式各有不同：有的优先考虑可行性，有的优先考量现有资源，有的优先关注商业目标的重要性，还有的优先考虑项目协调配合的难易程度。业务方权衡策略的逻辑对分析师而言极具参考价值。

3. 与数据分析师沟通的误区

在与数据分析师的沟通协作中，有些业务方常常会陷入一些误区，这些误区不仅影响沟通效率，还对数据分析成果及业务决策产生负面影响。主要的沟通误区如下。

第一，过度追求数据的准确度。有些业务方在与分析师进行沟通时，对数据的准确度要求极高，无论分析师采用何种数据处理方式，都要求最终给出绝对准确的数据。然而，实际情况并非总是如此。在某些情形下，给出准确数据并无问题。但在另一些情况下，数据采集、存储环节的固有缺陷，以及数据量大小导致的误差等因素，确保数据完全准确并非易事。当数据涉及的边界与范围过大时。是保证数据的准确性就会变得异常艰难，并且，在风险不明确的情况下，也不可能调配无限的资源去对某个线上数据源进行数据收敛。因此，对数据而言，分析变化趋势比追求绝对精准更关键。在结合实际情况的前提下，一定程度的误差是可以接受的。

第二，盲目要求增加观察维度。业务方还容易陷入“总觉得数据不够，进而要求分析师建立更多的观察维度”的误区。出现这种状况通常是因为业务方脱离了业务本身和既定目标，孤立地看待数据。首先应该明确的是，分析师当前提供的数据能否满足业务决策的实际需求。如果不能满足，就需要与分析师深入沟通，详细说明当前数据在哪些方面无法支持决策判断，或者同步告知业务判断的依据，以及数据要达到怎样的程度，才能清晰阐述需要决策的业务问题。在与分析师进行交流时，要清晰地交代进一步分析的原因和目标，而不是简单地抛出一句“数据不够”。

第三，希望分析师从各个维度去观察和评估收益。例如，在某个AB实验中，原计划从两个结果指标来评估实验效果，但实验结束后这两个指标均未达到预期标准。此时，业务方往往会要求分析师从其他维度重新度量，或者换个方向看看是否能找到好的结果。但实际上，在实验前设定的指标通常是与实验目标关联度最高的。当预设的观察指标不理想时，若仍然想在更大范围内寻找收益，那么其他指标对实验效果的解释能力可能会受到较大影响。

第四，期望分析师在任何情况下都做预估分析。在做目标预估时，部分事情由于存在历史规律，所以能够进行预测。但有些问题既没有历史规律，也缺乏历史数据用于趋势分析，这种情况下进行预估分析就极为困难。同时，受业务当前状态的限制，也可能无法做出准确预估。并非分析师优化统计方法或者排除干扰因素，就能对没有历史样本的业务进行估算。因为一旦业务突破了当前模式，即便投入更多的时间、开展更深入的研究，也难以提升其决策参考价值。

9.5 构建数据驱动组织

前面我们已经讨论了业务数据驱动需要考虑的各个维度。现在，我们将目标聚焦于如何通过数据辅助业务决策，从最终目标出发，探讨具体的实施流程（如图 9-15 所示）。

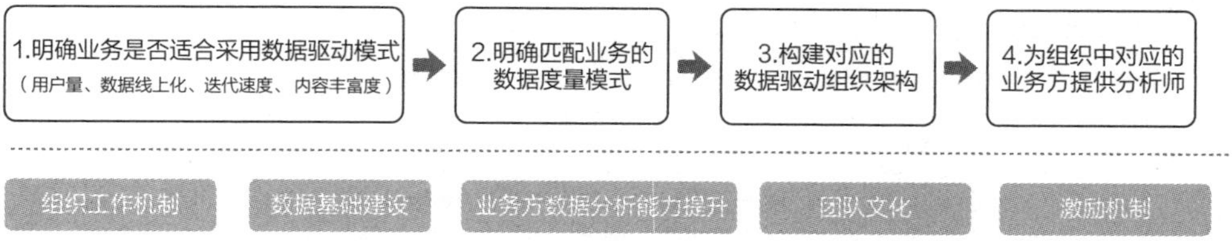

图9-15

为了更好地推进这一目标，我们首先需要回顾9.1 节的内容。作为业务负责人，深入思考数据驱动能够带来的价值是至关重要的。在明确了数据驱动的目标之后，接下来需要审视适用于自身业务的数据度量方法。基于这些度量方法，进一步构建数据驱动的组织架构，组建分析师团队，并确定分析师与业务方的有效配合方式。在实施过程中，建议优先从业务中易于度量的部门入手，逐步积累经验，然后将数据驱动模式推广至所有的业务部门。

完成组织架构的调整后，就需要深入思考哪些数据驱动要素需要长期投入精力与资源进行提升。例如，数据基础建设、业务方数据分析能力和团队文化等。在这些要素中，对于自上而下的组织转型而言，找准业务工作流程中的关键数据驱动点尤为重要。例如，高管层的经营周会和各业务部门的经营周会等。在这些关键的组织工作会议中，必须明确在哪些环节引入数据、由谁提供数据、谁负责分析数据等细节。只有持续明确这些细节，才能切实让业务工作实现数据驱动。

数据基础建设同样不容忽视。当分析师介入后，针对业务量化工程，需要梳理出尚未被采集和存储的指标，并持续迭代各个业务环节的存储要求。同时，通过强化基础建设，不断降低业务方获取数据的成本。此外，如果在此之前业务没有数据驱动的实践经历，那么团队成员在数据分析能力方面可能较为薄弱。在这种情况下，如何系统地提升业务方的能力呢？一方面，借助日常工作和关键业务工作流程，以任务驱动的方式促使员工提升能力；另一方面，通过有针对性地安排培训，快速补齐员工的基础分析能力。

在整个推进过程中，可以通过激励机制进行引导，以此逐步培育团队文化。这种文化倡导用数据佐证业务决策，同时要求在经营活动结束后，对行动的价值进行评估。

小结：拿来就用的模板

组建量化经营团队的思考框架	解释说明	我的思考
1.业务是否具备数据驱动的条件	当前业务具体处于哪个环节？现有用户量是多少？未来用户量预计会达到多少？该业务的竞争力是否依赖于运营效率和经营策略	
	哪些业务模块可以进行线上采集	
	业务整体是否可以根据指标和公式进行切分	
	业务是否需要匹配大量的SKU？用户使用频率是否处于较高水平？产品迭代后的反馈速度如何	
2.数据驱动的组织架构	业务模式适合哪种度量方法	
	分析师如何融入组织架构，是采用增长小组型、全局数据驱动型，还是营销增长型	
	业务适合招募哪类数据分析师辅助决策	
	综合考虑业务创造的价值、可提供的薪资水平，以及未来的潜在价值，我们大概需要招募多少分析师？这些分析师将分别负责哪些业务	
	哪些人员向业务负责人汇报工作？哪些人员对业务部门起辅助作用	
3.量化经营团队的实施	当前数据基础设施建设情况如何？业务数据存储了哪些具体内容	
	基于对业务实际情况的感知与判断，确定从哪些部门或者哪些职级率先推行数据驱动？这些部门应该分配哪些指标	
	为了找出对业务有重要意义的业务环节和指标，团队应该包含哪些角色	
	如何通过工作机制保证团队可以将数据融入日常的经营决策中	